AF361995

UNIVERSIDAD
PANAMERICANA®

Editorial
NUN

Consejo Académico

Representaciones de la peste

Perspectivas
de las humanidades

Ficha bibliográfica

Claudio Calabrese, Ethel Junco (coordinadores), Ma. Inmaculada Delgado Jara, Gabriel Dumont, Gustavo Adolfo Esparza Urzúa *et al.*

Representaciones de la peste. Perspectivas de las humanidades
1a. edición, 2024

ISBN: 978-607-5913-08-7

Editorial Notas Universitarias, S. A. de C. V.
Colección Sapientia

Impreso en la Ciudad de México, en febreror de 2024
Formato: 15 × 21 cm

284 pp.

Editorial NUN

Es una marca de la Editorial Notas Universitarias, S. A. de C. V.

Xocotla 17, Tlalpan Centro, alcaldía Tlalpan,
C. P. 14000, Ciudad de México

www.editorialnun.com.mx

Versión impresa NUN ISBN: 978-607-5913-08-7
Versión digital NUN ISBN: 978-607-5913-09-4
Versión impresa UP ISBN: 978-607-8826-46-9
Versión digital UP ISBN: 978-607-8826-47-6

Los textos aquí presentados fueron arbitrados (doble-ciego) y dictaminados por especialistas nacionales.
Posteriormente fueron revisados, corregidos y modificados por los autores antes de llegar a su versión final.

Director de la colección Sapientia: Vicente de Haro Romo
Dirección editorial y diseño de portada: Miryam D. Meza Robles
Cuidado de la edición: Felipe G. Sierra Beamonte
Corrección de estilo: Patricia Martínez Galindo
Lecturas: Ma. Magdalena Álvarez Malo Durón
Diagramación: Carlos A. Vela Turcott

Impreso en México

Representaciones de la peste

Perspectivas de las humanidades

Claudio Calabrese y Ethel Junco
(coordinadores)

Ma. Inmaculada Delgado Jara, Gabriel Dumont,
Gustavo Adolfo Esparza Urzúa, Vicente de Haro, Ethel Junco,
Ignacio Leonetti, Jesús María Nieto Ibáñez,
Luis Alberto Pérez Amezcua, Miriam Darnok Sandoval Gómez,
Sandra Julissa Timaure Gómez, Pablo Úrbez Fernández,
Pablo Zambruno, Nelu Zugravu

Índice

Capítulo 3

La función estética y pedagógica del cine de zombis
Reflexiones de la pandemia a partir del horror   73

Gabriel Dumont y Gustavo Esparza

Capítulo 4

La negación del rostro del prójimo en *La peste* e intento
de recuperación   97

Ignacio S. Leonetti

Introducción

El presente volumen surge de los planteamientos que se realizaron en el IV Simposio Internacional "Mito, conocimiento y acción", que se llevó a cabo en junio de 2022, cuya temática giró en torno a las representaciones que en distintos momentos de la historia tuvieron las pestilencias que acontecieron. Sin embargo, no nos ocupamos de ellas propiamente como suceso histórico, sino en el modo en que se representaron, es decir, atendiendo al contenido simbólico que puede alcanzar una búsqueda estética.

El primer punto es acerca de los términos del título: ¿qué entendemos por representación? Si el cuerpo, en el sentido material más concreto y también en el teológico, en cuanto lo consideramos portador de una imagen que no se ha dado a sí mismo, es nuestro modo de estar en el mundo, entonces esta coparticipación de la materia y del espíritu expresa de manera inagotable aquel modo de estar presente, abriéndose paso mediante la comunicación del propio ser, con la espontaneidad profunda de la interioridad; por ello, captar sentido es al mismo tiempo captar belleza: cara y ceca de un cierto lenguaje que busca la unidad de lo disperso (tal vez uno de los sentidos más profundos de aquella afirmación que sostiene que la interioridad es posibilidad de comunicar). En cuanto tal, esta tensión es también complementariedad y representa el camino para recorrer como trascendencia:

concentrarse en el ser mundano y encontrarse a sí mismo como imagen y semejanza.[1]

¿Qué hemos entendido por peste? En el tratamiento de esta realidad transversal, desde el punto de vista humano y cósmico, la "peste" implica siempre un punto de inflexión respecto de la "salud" individual y comunitaria; así, para las mentalidades arcaicas, una enfermedad instalada en el seno de una comunidad implicaba la expiación de un desorden o de una culpa. Nuestra experiencia de la pandemia ha recorrido (todavía recorre) otros caminos de comprensión; en principio, hemos hecho experiencia de un tema de enorme magnitud, que parecía reservado al estudio de la historia. Así vivimos cómo, durante el transcurso del confinamiento, casi todo quedó detenido; esto sucedió justamente en nuestra época: en ella, el movimiento (no sólo entendido como circulación de personas o bienes, sino también de autopercepción de salud, de futuro, de dignidad) es valorado en sí mismo y las dificultades de "volver a empezar" ponen de manifiesto la magnitud del detenimiento de nuestro mundo. Todos percibimos el modo en que el miedo y la desconfianza, de la mano de la enfermedad y de la muerte, se afincaron entre nosotros, con los nombres de aislamiento y soledad. La pandemia resultó un escenario privilegiado para comprender cómo funcionó y cómo funciona el mundo de símbolos que genera esta problemática.

En este contexto, la pregunta que hilvana nuestro texto podría ponerse en estos términos: ¿pudieron/pueden la filosofía y el arte dar orientación ante el dolor que ponen de manifiesto las pandemias? En cuanto somos seres en el tiempo, ¿qué ha significado, en cada momento de la historia, la presencia de la peste/pandemia? Considerando el pasado y el valor que le asignamos a nuestras vidas, ¿es posible afirmar que se ha abierto un nuevo espacio de realización de la humanidad, de nuestra humanidad?

A fin de ordenar una respuesta, tenemos presente un párrafo memorable de Hegel:

---

[1]   Hans Urs von Balthasar, *Gloria. Una estética teológica*, t. 1, Madrid, Ediciones Encuentro, 1985, 24-25.

Por lo demás, para decir aún una palabra sobre su pretensión de enseñar cómo debe ser el mundo, la filosofía llega siempre demasiado tarde. Como pensamiento del mundo sólo aparece en el tiempo después de que la realidad ha cumplido su proceso de formación y se ha terminado. Lo que enseña el concepto lo muestra necesariamente igual la historia, de modo que sólo en la madurez de la realidad aparece lo ideal frente a lo real y se hace cargo de este mundo, en su sustancia, erigido en la figura de un reino intelectual. Cuando la filosofía pinta su gris sobre gris, entonces ha envejecido una figura de la vida y, con gris sobre gris, no se deja rejuvenecer, sino sólo conocer; el búho de Minerva sólo levanta su vuelo al romper el crepúsculo.[2]

Veamos adónde nos lleva el vuelo del búho. Si el orbe entero fue afectado por la pandemia, cada lugar contó con diferentes recursos culturales para enfrentar, primero, el confinamiento y el miedo al otro que estaba fuera de ese posible lugar seguro, que todos sabíamos ilusorio, porque no había mucha idea de cuáles eran los mecanismos de contagio (hasta que por fin se logró circunscribir el tema razonablemente). A ello se sumó después una creciente incertidumbre acerca de la eficacia y de la conveniencia de la vacuna; dos viejos recursos, sin embargo, se mantuvieron más allá de las dudas razonables: agua y jabón, que abuelas y madres convirtieron en premisa de vida, y el cubreboca que todavía, aunque más aisladamente, no nos ha abandonado (esperemos que el agua y el jabón nunca lo hagan).

Sobre este sustrato escaso en certezas, nos encontramos en este libro como el vuelo del que nos advierte Hegel: creemos (vivimos) como si todo hubiera pasado y saliendo del confinamiento intercambiamos pareceres (tenemos la posibilidad de prescindir de los medios telemáticos); nos encontramos así con la peculiaridad del mundo hindú y con nuestras características de un cristianismo que busca reverdecer en un mundo que hace siglos viene diluyendo y renegando de sus valores fundacionales.

---

[2] Georg Wilhem Friedrich Hegel, *Principios de la filosofía del derecho*, Buenos Aires, Sudamericana, 1975, 26.

¿Cuál es el recorrido? En el capítulo de apertura "Pandemias, mitos y la respuesta cristiana según René Girard", Vicente de Haro Romo establece la relación entre la peste y el mito, a partir de la postura hermenéutica de René Girard, exponiendo la relación estructural entre las epidemias y las crisis sociales, puesto que ambas realidades son miméticas. Las conclusiones del trabajo siguen la oposición que establece R. Girard en las figuras de Apolonio de Tiana y de Jesucristo; el taumaturgo pagano, según Flavio Filóstrato en su Vida de *Apolonio de Tiana*, conjura el crecimiento de una peste, hasta hacerla desaparecer, en la ciudad de Éfeso (siglo II), instando a los efesios a lapidar a un mendigo probablemente ciego. Los habitantes de la ciudad al principio vacilan, pero considerando que el mendigo tiene una actitud hostil o desafiante, le arrojan piedras hasta matarlo.

Para nuestro autor es posible trazar una continuidad entre este relato y el intento de lapidación de la mujer adúltera, según el relato de san Juan (8,3-11); el mecanismo de Jesús para detener la lapidación es altamente significativo: llama la atención sobre aquel que pueda lanzar *la primera piedra*. Éste sigue siendo el principio de los fenómenos de masa, a causa del papel que el mimetismo desempeña en la cultura humana y, por ello, Jesús sólo necesita detener la primera de las piedras. Se invierte así el mimetismo, pues al final, Jesús acompañará al lapidado en el mismo destino: la cruz es el modo en que se identifica con todas las víctimas.

Seguidamente, Inmaculada Delgado Jara, en el capítulo 2, "Peste, enfermedad y muerte en la vida y obra de Erasmo (1469-1536)", trabaja los temas aquí mencionados en el *Epistolario*, aquellas cartas que escribió desde París, cuando su estancia coincidió con la peste. Nuestra autora se detiene de manera particular en la *Epistola de morte* (1523), que refleja sus experiencias de aquella época. En relación con ello, ella estudia también el vínculo del holandés con los médicos más representativos de la época, como Paracelso, Cop o Linacre, que nos regresa la imagen de un humanista preocupado, entre otras cosas, por su salud personal y de la comunidad. Las conclusiones reflejan los modos en que Erasmo enhebra la preocupación por su salud (padeció de cálculos renales), con claros tintes hipocondriacos, con su vocación de humanista, a la luz de las dificultades que padeció por las repercusiones de su obra.

Gabriel Dumont y Gustavo Esparza, en el tercer capítulo, "La función estética y pedagógica del cine de zombis. Reflexiones de la pandemia a partir del horror", reflexionan acerca de las posibilidades pedagógicas del cine, especialmente en el género de terror, desde dos perspectivas claramente convergentes: por un lado, como un modelo para representar la experiencia y el desconcierto/descontento social y por otro, ofrecer estrategias sociales para afrontar dichas situaciones. Si bien la estética del subgénero zombi resulta sumamente irreal, la pandemia nos ha hecho presente no sólo la desconfianza, sino fundamentalmente el miedo por el otro, al punto que el personal de salud ocultaba su trabajo para que no se les rescindiera un contrato de trabajo. Aunque el miedo, en estas circunstancias, viaja a una velocidad mayor que la de la luz por el tejido social, los planteos cinematográficos pueden abrir puertas para alcanzar un mayor grado de conciencia sobre ello.

Ignacio S. Leonetti, en el capítulo 4, "La negación del rostro del prójimo en *La peste* e intento de recuperación", realiza una lectura sumamente estimulante de la obra de A. Camus, pues refleja uno de sus tópicos: la invisibilidad de la tiranía. En efecto, cuando no es posible, o se dice que no es posible, trazar una imagen de la enfermedad, ésta se vuelve más mortal desde el punto de vista moral, pues vuelve irreal al prójimo. En este sentido, Leonetti considera que para A. Camus la única cura del mal moral que trae la enfermedad es el amor, que abre al rostro del otro, lacerado y enfermo, como lo muestra la preocupación de algunos de los personajes por encontrarse a tomar un café y comentar las novedades o el sereno heroísmo de Rieux, que define su vocación de médico: "Esta es mi misión en la vida: dar ocasiones".

El quinto capítulo de Jesús Nieto Ibáñez reflexiona sobre la temática de la peste, a la luz del mundo helénico; en "Relatos sobre la peste en la literatura griega: mito, tragedia, historia" nos propone la mitología como paradigma de pestes enviadas por los dioses como castigo. En este amplio marco conceptual Nieto Ibáñez se detiene en *Edipo rey* de Sófocles y en el relato del historiador Tucídides, que nos narra la dramática situación de Atenas durante la guerra del Peloponeso. La memoria mítica y el relato histórico no se desmienten en un dato esencial, pues en ambos casos se pone de manifiesto que la desmesura o irresponsabilidad de un individuo puede tener efectos catastróficos sobre la humanidad; concluye, en este sentido nuestro autor, afirmando que el ser humano sigue siendo básicamente el mismo. El temor puede despertar explicaciones religiosas, míticas, supersticiosas, irracionales y muy alejadas de la ciencia, lo que pone de relieve la actualidad y vigencia de los textos de la antigua Grecia como modelo de comprensión del comportamiento humano.

Mediante un enfoque mitocrítico, Luis Alberto Pérez Amezcua y Miriam Darnok Sandoval Gómez, en el capítulo 6, "Emergencia mítica: el nacimiento de una diosa en *Los días de la peste* de Edmundo Paz Soldán", estudian el designio simbólico de la novela, especialmente las respuestas que allí se encuentran a situaciones de crisis: una enfermedad letal producida por un virus desconocido. Los autores establecen una serie de símbolos, sobre los que se dan los acontecimientos. El principal de ellos, la representación de la Casona, expresa una idea del "centro del mundo", que genera, mediante la violencia, un núcleo de asfixia y opresión. Los autores también se detienen en un tema bastante difundido y que estudia la historia de las religiones: en el mundo mítico de *Los días de la peste*, los dioses pueden morir, si sus creyentes los someten al castigo del olvido; la deidad principal de esta religión, Ma Estrella, no propone la redención sino la venganza de aquellos que han sufrido los dolores de la injusticia.

Sandra Timaure, en el séptimo capítulo, "Repensar el bien común en tiempos de pandemia", expone la debilidad de los vínculos entre el sujeto y el Estado, tal como lo ha puesto en evidencia el covid-19; se trata, en efecto, de la debilidad de los resortes institucionales que sustentan los derechos del ciudadano. A partir de aquí, la autora se pregunta, en este contexto, qué sentido se ha conservado de bien común. Una reflexión de esta naturaleza debe tener como fuente que una comunidad nacional específica determine qué es lo propio y de qué modo se universaliza. En efecto, una sociedad supone un marco de referencia particular, abierto al diálogo o al intercambio con otras culturas; un ámbito que siempre ha de ser permeable a influencias externas, aunque reafirme continuamente su identidad.

El aporte de Pablo Úrbez Fernández, capítulo 8, "La representación de la peste de 1630 en la novela *I promessi sposi* y en cuatro de sus adaptaciones audiovisuales", se detiene en cuatro adaptaciones cinematográficas, que cada una de ellas representa una estética compleja (los años de cada realización pueden darnos una cierta idea de ello: 1922, 1941, 1967 y 2004) y, más específicamente, en los diversos modos de ponderar una de las peripecias más vívidas de la novela: la epidemia de peste bubónica, que arreció en el norte de Italia, en 1630. Si bien Manzoni dio al concepto de peste un alcance simbólico bastante claro en *I promessi sposi*, también, en la continuidad histórica y conceptual entre romanticismo y realismo, hay una descripción clínicamente rigurosa de la enfermedad, de los modos en que se la combatió y de los argumentos de quienes pretendían negarla. Respecto de las cuatro películas y el modo de representarlas, nuestro autor concluye que la versión de 1922 intensificó el patetismo de la carestía y del traslado de enfermos, es decir, en las consecuencias sobre la población; la de 1941, en que las crisis se superan con liderazgo; la de 1967, en la soledad absoluta que genera la enfermedad; la de 2004, en que la pandemia es una coreografía de intrigas políticas.

Pablo Zambruno, en el noveno capítulo, "Covid en Italia, propuesta iconológica", realiza una comparación entre las representaciones iconográficas de la peste negra (1348) y los modos en que los medios de difusión y los organismos italianos e internacionales de salud representaron la lucha contra el covid-19 y las características liberadoras de la vacuna. Así como el medievo puso énfasis en la trascendencia; por el contrario, nuestra época pone el énfasis en el Prometeo humano. Para llegar a estas conclusiones, el autor hace un análisis de los recursos simbólico-míticos con que la humanidad ha plasmado sus vivencias, y cómo han llegado hasta nosotros en la experiencia de la pandemia.

Nelu Zugravu, en el décimo capítulo, "Interpretaciones sobre la peste en fuentes historiográficas tardoantiguas", plantea un trabajo de metodología histórica en el que se propone, hacia el fin de la Edad Antigua o Antigüedad Tardía, las distintas interpretaciones acerca de las graves pandemias (*pestis, pestilentia, lues*) que ocurrieron por esta época: por un lado, el fenómeno epidemiológico asociado a un contexto histórico-social desfavorable; por otro, el modelo imperial de gestionar una situación de crisis. En cada caso, la peste generó formas específicas de espiritualidad en el marco de la tradición romana y modos de caracterizar a los soberanos (tirano, emperador vicioso, emperador indolente, emperador inculto, usurpador), con la clara intención de criticar los mecanismos estatales, corruptos e inmorales, de la administración imperial pagana.

En "La peste en la *Ilíada*", por último, Claudio Calabrese y Ethel Junco estudian la estructura compositiva o "composición anular", que es el recurso organizativo fundamental de esta obra, que pone de manifiesto tal virtuosismo estilístico que les lleva a afirmar que se percibe más armonía de la que se puede conceptualizar. La cólera y la reconciliación, en cuanto opuestos, expresan una búsqueda de equilibrio, tanto en la unidad de las imágenes y en la acción o inacción de dioses y hombres, cuanto también en su estructura formal. Desde el punto de vista de la funcionalidad, los autores disciernen tres significados fundamentales: *a)* los seres humanos tienen un destino, que las propias acciones pueden agravar a causa de la imprudencia o de la desmesura; *b)* el mundo de los dioses no es ajeno a este ámbito y actúan las más de las veces para regresar la armonía perdida; *c)* en el contexto anterior, Apolo, ofendido por la afrenta a su sacerdote, pone en movimiento la peste con sus flechas, estableciendo de este modo las condiciones para que el mundo heroico encuentre una nueva armonía. Mediante la traducción del pasaje que prepara y desata la peste y a través del análisis del vocabulario, los autores ponen de manifiesto el orden semántico que coloca a Apolo como el propagador y la cura de la enfermedad que acarrea la insensatez de los gobernantes.

Los editores esperamos que este libro, pensado al calor de circunstancias agobiantes, facilite instancias de madurez afectiva e intelectual, para que aquellas circunstancias se transformen en nosotros en experiencia, es decir, para que una manifestación subjetiva llegue a ser un alumbramiento del sentido de la vida personal y comunitaria.

Ethel Junco y Claudio Calabrese

Referencias

Balthasar, Hans Urs von, Gloria. *Una estética teológica*, t. 1, Madrid, Ediciones Encuentro, 1985.

Hegel, Georg Wilhem Friedrich, *Principios de la filosofía del derecho*, Buenos Aires, Sudamericana, 1975.

Capítulo 1

Pandemias, mitos y la respuesta cristiana según René Girard

Vicente de Haro Romo
Instituto de Humanidades
Universidad Panamericana (México)
vharo@up.edu.mx

Introducción

Uno de los libros más importantes de René Girard (Aviñón, 1923-Stanford, 2015), quizá incluso la más relevante de sus obras en lo que toca a la antropología social, es *El chivo expiatorio* (1982). En ese volumen, Girard explica su interpretación de los mitos y la pone a prueba ante relatos míticos teotihuacanos, nórdicos y griegos, entre otros. Finalmente, y de modo audaz, propone que es la Biblia —y de manera paradigmática, los Evangelios— lo que nos ofrece la clave heurística de los mitos y de los ritos paganos, en tanto son las Escrituras judeocristianas las que muestran el mecanismo sacralizador de la violencia que opera, *ex hypothesi*, en todo lo sagrado-pagano (que es por eso, siempre ambivalente).[1]

Ese mecanismo es precisamente el del *chivo expiatorio*: es decir, el de una violencia masiva contra un individuo o un grupo minoritario; violencia que se genera de modo mimético en una primera instancia (es porque

---

[1] La propuesta de Girard frente al concepto de lo sagrado la he presentado sintéticamente en Vicente de Haro, "La deconstrucción de lo sagrado como reivindicación del Cristianismo en René Girard", en *La larga sombra de lo religioso: secularización y resignificaciones*, Madrid, Biblioteca Nueva, 2017, 273-291. Sobre la interpretación girardiana del mito es recomendable cf. Alejandro Llano, *Deseo, violencia, sacrificio: el secreto del mito según René Girard*, Pamplona, EUNSA, 2004.

el deseo es mimético, o sea, porque el deseo se copia de los otros, que estos otros son amenazantes y ello genera una agresividad latente), y luego se desahoga también miméticamente con la persecución de alguno o de unos cuantos (es decir, es la imitación de la acusación de los otros lo que dirige el desahogo catártico de cada miembro de la turba contra la víctima señalada que, por tanto, es en un momento vista como la causa de todos los males y, al siguiente, como su remedio, y es por tanto divinizada).[2]

Como es evidente, el mecanismo del chivo expiatorio sólo es plenamente eficaz si no se le reconoce, si opera a las espaldas de quienes lo actualizan cíclicamente ante las crisis —en el paroxismo de la turba enfurecida, los perseguidores no se reconocen como tales; ni ven a su víctima como chivo expiatorio sino como culpable—.[3] La Biblia, según Girard, en cambio, expone el mecanismo del chivo expiatorio como tal, lo abre a la comprensión (especialmente en el relato de la Pasión de Cristo, pero hay adelantos de ello

---

[2] Para una exposición muy clara de las fases del proceso, se puede consultar Agustín Moreno Fernández, "Descripción y fases del mecanismo del chivo expiatorio en la teoría mimética de René Girard", *Endoxa*, 2013, 191-206. Disponible en ‹http://revistas.uned.es/index.php/endoxa/issue/view/721›, ‹hal-01369732›. Moreno señala acertadamente que el mecanismo no ocurre con necesidad inexorable ni supone ninguna clase de determinismo; de hecho, según la teoría girardiana, varias comunidades arcaicas se habrían autodestruido por no encontrar esta manera de encauzar la violencia.

[3] Es por ello que "mito" tiene una connotación, en el habla coloquial actual, de "distorsión o mentira", porque al expresar el mecanismo de chivo expiatorio que sirve de fundación a la comunidad, necesariamente el relato mítico lo hace desde la perspectiva de los perseguidores y verdugos, y en ese sentido está esencialmente distorsionado y resulta distorsionante. Cf. Agustín Moreno Fernández, "Descripción y fases del mecanismo del chivo expiatorio en la teoría mimética de René Girard", 203. Por supuesto, esta propuesta hermenéutica ante los mitos que hace Girard es audaz y arriesgada: muchos relatos míticos no presentan todos los estereotipos del mecanismo del chivo expiatorio o no se muestran *prima facie* como violentos. A la opacidad propia del mito, que —insisto— se articula desde la perspectiva legitimadora de la violencia de los propios perseguidores, habría que añadir, según Girard, la perspectiva evolutiva ante los mitos, las versiones superpuestas, las interpolaciones posteriores, etcétera. Siguiendo a Girard, pues, los mitos *encubren y distorsionan*, al responsabilizar al chivo expiatorio de todos los males, al atribuirle posteriormente todos los remedios generando así una divinidad ambivalente, que envía la peste y la cura, que genera los males y los remedia. En otro sentido, los mitos tratan de lo mismo que tratan las Escrituras judeocristianas: sólo que éstas exponen el mecanismo del chivo expiatorio como tal, dando la palabra a las víctimas. Girard trata esta relación de simultánea continuidad y ruptura entre mitos y cristianismo de modo sintético en *Clausewitz en los extremos: política, guerra y apocalipsis*, Buenos Aires, Katz, 2010, 17-18, donde incluso concluye que "ya había algo cristiano en todos los mitos" (p. 18).

en la negación de Pedro, en la decapitación de Juan el Bautista,[4] en la historia de José, en los Salmos, en el libro de Job[5] y en muchos otros pasajes y conminaciones),[6] y en ese sentido también lo debilita progresivamente, lo desactiva: hay aún persecuciones injustas, linchamientos, violencias masivas infundadas, pero despojadas ya de su poder sacralizador y de su carácter de piedra de toque de toda significación, de toda semiosis.

Si bien una gran parte de este desarrollo teórico ya la había expuesto Girard en su trabajo titulado *La violencia y lo sagrado* (de 1972), es en *El chivo expiatorio* que detalla mejor los estereotipos de la persecución y sistematiza con ello, de modo más completo, su propuesta hermenéutica.

1. El nombre de la peste

De momento, quiero destacar que la argumentación de *El chivo expiatorio* se abre precisamente con el comentario al relato de una pandemia, de una peste: el relato comentado es el del poeta francés Guillaume de Machaut (1300-1377), del siglo xiv, en su *Jugement du Roy de Navarre*. Machaut narra una crisis social e incluso cósmica: se acusa a los judíos de envenenar las fuentes de agua mientras caen piedras del cielo, las ciudades son destruidas por rayos y las personas mueren por racimos. Girard destaca cómo entre los elementos inverosímiles del texto cualquier lector moderno puede identificar uno real y certero: el de la peste negra que afectó a Francia alrededor de 1350. También los asesinatos de judíos por multitudes violentas fueron penosamente reales. Girard subraya un elemento en el poema de Machaut, el de la resistencia a nombrar la peste:

---

[4] Sobre este pasaje y su interpretación mimética a la luz de Girard, es muy recomendable cf. Amalia Quevedo, "René Girard y el juramento de Herodes", *Tópicos*, 57, 2019, 149-174.

[5] Girard le dedica un interesantísimo libro: *La ruta antigua de los hombres perversos*, Francisco Díez del Corral (trad.), Barcelona, Anagrama, 1989.

[6] El deseo mimético se expone y prohíbe en su carácter rivalístico y violento nada menos que en el Decálogo, como comenta Girard en *Veo a Satán caer como el relámpago*, Francisco Díez del Corral (trad.), Barcelona, Anagrama, 2002, cap. 1.

Las comunidades medievales tenían tanto miedo de la peste que su propio nombre les horrorizaba; evitaban en lo posible pronunciarlo e incluso tomar las medidas debidas a riesgo de agravar las consecuencias de las epidemias. Su impotencia era tal que confesar la verdad no era afrontar la situación sino más bien abandonarse a sus efectos disgregadores, renunciar a cualquier apariencia de vida normal. Toda la población se asociaba gustosamente a ese tipo de ceguera. Esa voluntad desesperada de negar la evidencia favorecía la caza de los "chivos expiatorios".[7]

Ojalá, podemos concluir con Girard, que sólo el nombre de la peste hubiera sido "expulsado" catárticamente ante la crisis. Pero entre los seres humanos los sacrificios no suelen ser meramente lingüísticos (contra lo que algunas filosofías posmodernas pudieran sugerir),[8] sino que tienen un referente real y, en este caso, quizás incluso anticipado. Refiero de nuevo *El chivo expiatorio*: "En algunas ciudades, según creen los historiadores, los judíos fueron exterminados antes de la llegada de la peste, por el mero rumor de su presencia en la vecindad. El relato de Guillaume podría corresponder a un fenómeno de este tipo, pues la matanza se produjo antes del paroxismo de la epidemia".[9]

Más llamativo aún es que el poeta cortés Guillaume de Machaut —que además fue clérigo y un importante compositor tanto de música pagana como de música sacra— no reconozca que las muertes todas, desde las iniciales, se deban a la misma pandemia; atribuye las primeras a la acción maligna de los acusados y sólo las últimas a un fenómeno natural, que apenas hacia el final

---

[7] René Girard, *El chivo expiatorio*, Joaquín Jordá (trad.), Barcelona, Anagrama, 1982, 9-10.

[8] Para distinguir la propuesta de Girard de una deconstrucción del deseo, de la de aquellos que manejan esta estrategia de modo meramente "lingüístico" y escéptico ante la realidad de la víctima, conviene cf. Andrew J. McKenna, *Violence and Difference: Girard, Derrida and Deconstruction*, Chicago, University of Illinois Press, 1992. El mismo Girard insiste en ello en el prólogo a James G. Williams, *The Bible, Violence and the Sacred: Liberation from the Myth of Sanctioned Violence*, Oregon, Wipf & Stock, 1991, VI. Esto lo abordo también en Vicente de Haro, "La deconstrucción de lo sagrado como reivindicación del Cristianismo en René Girard", en *La larga sombra de lo religioso: secularización y resignificaciones*, Flamarique y Carbonell (eds.), Madrid, Biblioteca Nueva, 2017, 273-291.

[9] René Girard, *El chivo expiatorio*, 10.

de su texto se atreve a denominar por su nombre griego: *epydimie*. Este reconocimiento final permite concluir muchas cosas: que el mecanismo expiatorio no era, en el siglo XIV, ya plenamente eficaz; que, sin embargo, Guillaume de Machaut escribe aún con la ceguera propia del bando de los perseguidores y se obliga así a reconocer un problema médico para explicarse, y a sus lectores, por qué las muertes continuaron tras el linchamiento de los judíos.

Ante todo, enfrentarnos a este texto nos muestra nuestra propia perspectiva hermenéutica: cuando leemos a Machaut distinguimos la verdad tras su relato —la peste y una matanza injustificable— de lo propiamente mítico y de los elementos distorsionantes en él —las rocas que caen del cielo, el castigo cósmico, etcétera—. Si podemos hacer esta distinción, dice Girard, es porque la revelación judeocristiana nos lo ha permitido, ha abierto progresivamente el paso a lo que el propio Girard llama la "ciencia de los mitos".[10]

También podríamos —adelantándonos a las conclusiones del capítulo, ya con lo apuntado hasta aquí— aplicar la reflexión girardiana a nuestra vivencia reciente de la pandemia de covid-19: aún hubo quienes pretendieron "expulsar" el nombre de la peste para aferrarse a la vida ordinaria —aunque ello resultase contraproducente en términos médicos y humanos—, pero no fueron ya de ningún modo la mayoría. Y aún hubo, lamentablemente, algunos que trataron de culpar a algún grupo étnico o social en particular de la introducción y/o de la difusión del virus, pero tampoco fueron mayoritarios y afortunadamente, por lo general, fueron ignorados. Podría pensarse *prima facie* que la unanimidad de los fenómenos persecutorios y negacionistas se superó por el avance de la ciencia.

Girard propone otra lectura: más bien, la ciencia avanzó porque las persecuciones se deslegitimaron; la mentalidad científica moderna fue posible porque superamos ese paradigma acusatorio. Y ello se logró gracias al mensaje cristiano y a la cultura cristiana; aunque ello requiera una trayectoria de siglos de fenómenos mixtos como el narrado por Machaut, donde comparecen mecanismos sociales míticos, pero truncos en su generación de significado,

---

[10] Cf. *Ibidem*, 127 y ss.

en una era ya cristiana: vino nuevo en odres viejos, por decirlo de la manera correspondiente.[11]

Sin embargo, en lugar de continuar por la ruta de esta arriesgada y difícil filosofía de la historia, quisiera dedicar los siguientes apartados a reflexionar sobre el escenario mismo del relato de Machaut: la peste como crisis mimética y a la vez como metáfora de *toda* crisis mimética. Para ello acudiré a otro texto de Girard, un artículo de 1974 titulado "La peste en la literatura y el mito", publicado originalmente en *Texas Studies in Literature and Language*[12] y recogido después en la compilación *To Double Business Bound*.[13]

2. La Peste y la indiferenciación social

Girard abre el texto con la constatación de la presencia de la peste en múltiples y diversos relatos fundacionales. Lo cito: "El tema de la peste es anterior a la literatura [...] mucho más antiguo, en realidad, puesto que está presente en el mito y los ritos de todo el mundo".[14] ¿Por qué esta ubicuidad? Recordemos que para Girard los mitos y los ritos —que son su evocación reiterada— surgen a la par de la resolución expiatoria de una crisis social, y estas crisis son, a su vez, resultado de una violencia latente en cualquier grupo, violencia generada por el deseo mimético rivalístico; es decir: es porque nuestros deseos son imitados[15] (los otros son los modelos del deseo, que es, por tan-

---

[11]   La idea de usar esta expresión de Mateo 9, 14-17 para explicar la dialéctica del cristianismo en la historia es de Scott Codwell, *René Girard and Secular Modernity: Christ, Culture, and Crisis*, Indiana, University of Notre Dame Press, 2013. Me parece del todo precisa.

[12]   En el número 15, Special Classics Issue.

[13]   Del año 1978, que en castellano se llama *Literatura, mimesis y antropología*, Gedisa, 2006.

[14]   René Girard, "La peste en la literatura y el mito", en *Literatura, mimesis y antropología*, A. L. Bixio (trad.), Barcelona, Gedisa, 2006, 143.

[15]   No debe olvidarse este punto al estudiar la propuesta girardiana: lo primordial en ella es la *mimesis*, la imitación no sólo de las conductas, sino del deseo mismo, que se dirige a su objeto por el prestigio que a este concede su *mediador*. La violencia no es el rasgo antropológico primordial para Girard (cf. Agustín Moreno Fernández, "Descripción y fases del mecanismo del chivo expiatorio en la teoría mimética de René Girard", p. 195): surge de la mimesis cuando ésta es interna (el mediador está "cerca" del sujeto que le imita, en un sentido físico y/o espiritual, por lo que a la par de mediar su deseo lo obstaculiza: es simultáneamente un ídolo y un rival) y principalmente cuando se trata de objetos de deseos que están sometidos a la posible escasez y

to, siempre triangular), que el mismo modelo puede constituirse como un rival (pues el que quiere lo mismo que yo, puede quitármelo: quien da prestigio al objeto de deseo es el mismo que amenaza con su restricción).

La agresividad generada por los triángulos rivalísticos destruiría a la sociedad si no fuera porque el mecanismo expiatorio la desahoga cíclicamente, fundando así sobre la violencia misma, la noción pagana de lo sagrado y renovando a la vez el vínculo social. Justo antes de la resolución violenta, se presentan escenarios en los que la imitación descontrolada destruye el sistema de diferencias que estructura cualquier comunidad.

Justamente ahí radica la similitud entre las pestes o epidemias y el descontrol social: la *ratio analogiae* está en *la pérdida o destrucción de las diferencias*. Obviemos que las pandemias generan descontrol social y que también pueden ser, en cierta medida, su consecuencia. Girard apunta más bien a una "afinidad recíproca" en lo estructural. En las pandemias, como en las crisis sociales, la indiferenciación suele manifestarse como inversión: el honesto se hace ladrón; el amigo se convierte en asesino; el rico en pobre; las autoridades, que debían serlo por su reconocimiento social, son, en cambio, despreciadas.[16] Las pandemias desconocen, como las convulsiones sociales, distinciones y fronteras, y conducen a la muerte, que es la máxima indiferenciación. Y es que en ellas los contagios proceden precisamente igual que la transmisión de la violencia: ni el virus ni la rivalidad pierden fuerza al transmitirse, sino al contrario.[17]

Esta afinidad es lo que explica, para Girard, que en muchos mitos y en diversas obras literarias incluso se traslapen epidemia y crisis comunitaria: los términos se intercambian y se puede usar —y es frecuente que así sea— "peste" o "plaga" para designar genéricamente los males sociales y las tensiones intersubjetivas. Luke Burgis, siguiendo la sugerencia

---

generan por ello conflictos distributivos (el territorio, el alimento, la pareja, el dinero, una posición social; no ocurre esto por ejemplo con el conocimiento, que no se tiene menos cuando algún otro lo adquiere). Así, el deseo mimético no es necesariamente violento, y hay relaciones positivas, pacíficas, igualmente miméticas, como ha insistido recientemente Rebecca Adams, "The Goodness of Mimetic Desire", en *The Girard Reader*, James Williams (ed.), Nueva York, Crossroads, 1996.

[16]   Cf. René Girard, "La peste en la literatura y el mito", 143-144.

[17]   *Ibidem*, 146.

girardiana, apunta que el griego *nosos*, que significa "enfermedad" y en varias ocasiones designa la plaga en autores como Sófocles y Tucídides, también se usa de modo extendido para hablar de la guerra civil.[18] Girard evoca un interesante pasaje de *Crimen y castigo*, de Dostoyevksi, en el que Raskolnikov sueña con un microbio que causa violencia recíproca. Dostoyevski estaría subrayando lúcidamente la afinidad explicada: pandemia y tensión social (de cualquier tipo, también la generada por la pandemia misma) son igualmente crisis miméticas. También destaca Girard que, en *Troilo y Crésida*, Shakespeare use precisamente la metáfora de una fiebre contagiosa para explicar la rivalidad mimética en el ejército griego: "la fiebre envidiosa de una pálida y cobarde emulación".[19] En la misma obra, el discurso de Ulises apunta a la causa de la crisis: la pérdida del *gradus*, dice él; esto es, de las diferencias.[20] En ambos casos, estos autores geniales descifran que la crisis de indiferenciación es también una crisis de desorientación moral: Dostoyevski escribe de los infectados por el microbio que "no sabían a quién inculpar ni a quién justificar",[21] y Shakespeare describe la crisis rivalística diciendo que "el derecho y la culpa pierden sus nombres".[22]

Girard consideró a ambos, Shakespeare y Dostoyevski, como verdaderos maestros de antropología mimética: a cada uno de ellos dedicó sendos libros monográficos mostrando que el bardo inglés es el gran autor para comprender la decisiva influencia de la envidia en la naturaleza humana,[23] y que el novelista ruso es el máximo expositor de la psicología del resentimiento y de la mediación interna; es decir, de aquella imitación en la

---

[18] Cf. Luke Burgis, "Prophet of the Pandemic: Psychological Contagion and the Roots of Conflict". Disponible en ‹https://luke.medium.com/prophet-of-the-pandemic-ce58ffba0da9›, consultado el 7 de julio de 2022.

[19] William Shakespeare, "Troilo y Crésida", Acto I, Escena III, en *Obras dramáticas*, tomo VIII, Madrid, Librería de Perlado, Páez y C., 1922, 43.

[20] Cf. René Girard, "La peste en la literatura y el mito", 148; y William Shakespeare, "Troilo y Crésida", Acto I, Escena III, 1922.

[21] Fiódor M. Dostoievski, *Crimen y castigo*, Rafael Cansinos Assens (trad.), Barcelona, Penguin Clásicos, 2015, VI, cap. VIII.

[22] William Shakespeare, *Troilo y Crésida*, Á. L. Pujante (trad.), Madrid, Espasa, 2002, 70-71. Cf. René Girard, "La peste en la literatura y el mito", 149.

[23] Cf. René Girard, *Shakespeare: los fuegos de la envidia*, J. Jordá (trad.), Barcelona, Anagrama, 1995.

que el modelo resulta tan cercano que su presencia es insoportable.[24] Sobre Shakespeare, agrega también Girard la mención de que en *Romeo y Julieta* a la rivalidad entre familias se le llama explícitamente una "peste" (así lo hace el moribundo Mercutio); de modo que la muerte de los amantes funciona justamente como sacrificio purificador.[25] Es por esta clara conciencia mimética que Girard acude especialmente a Shakespeare y a Dostoyevski para mostrar la afinidad entre peste y crisis mimética. Los ejemplos podrían multiplicarse, pero quizá lo que conviene es ahora apuntar a un relato mítico y a uno particularmente importante para Girard: el de *Edipo rey*.

Edipo es, para Girard, el chivo expiatorio paradigmático, porque en el relato comparecen todos los estereotipos de la persecución. Edipo es acusado de crímenes indiferenciadores (incesto y parricidio atentan contra las diferencias estructurantes de la sociedad) y se le imputa la responsabilidad por una plaga, siendo extranjero, lisiado, destacado por su inteligencia y particularmente envidiado por el trono y el matrimonio con la reina. Llama la atención que ante tanto indicio de una persecución, de un mecanismo de chivo expiatorio, la interpretación del *Edipo rey* a menudo carezca de las distinciones que remarcamos ante el poema de Machaut: la mayoría de los intérpretes victimizan de nuevo a Edipo; incluso lo hace Freud —quien según Girard estuvo cerca de descubrir el triángulo mimético, pero falló por priorizar el deseo sexual por sobre la imitación—,[26] y lo hacemos todos cuando le

---

[24] Cf. René Girard, *Resurrection from the Underground: Feodor Dostoevsky*, J. G. Williams (trad.), Michigan, Michigan State University Press, 2012 (Studies in Violence, Mimesis & Culture).

[25] Cf. René Girard, "La peste en la literatura y el mito", 159. William Shakespeare, *Romeo y Julieta*, Escena IV, Barcelona, Penguin Clásicos, 2020.

[26] Cf. René Girard, *Oedipus Unbound: Selected Writings on Rivalry and Desire*, Stanford, Stanford University Press, 2004. En este volumen se recogen varios ensayos donde Girard da cuenta de la cercanía entre su propuesta del "deseo mimético", que es siempre triangular, y la propuesta freudiana del complejo de Edipo. En esta última, sin embargo, prima el deseo por la madre que generaría posteriormente la rivalidad con el padre. Girard identifica que Freud, en una etapa previa a la consolidación de su doctrina del Edipo, exploró otra manera de trazar el triángulo: priorizando la imitación del padre. Ello habría dejado al psicoanalista mucho más cerca de la identificación de lo propio del deseo mimético. Girard lamenta, pues, que este énfasis en la libido misma haya desorientado a Freud. Trata el pensador francés, por ello, sistemáticamente, de apartarse de la confusión posible entre su propuesta y la freudiana: por eso, aunque el mecanismo del chivo expiatorio sólo funciona en tanto no se reconoce como tal y en la medida en que no se reconoce como tal (los perseguidores se deben creer justificados en su violencia unánime), Girard evita hablar de un proceso "inconsciente" y prefiere hablar meramente de ignorancia o de desconocimiento, *méconnaisance*. Sobre esto también puede verse

imputamos la peste que asoma en Tebas, aun contra toda nuestra conciencia crítica moderna.

¿No sospecharíamos, como docentes, por ejemplo, si en algún grupo de estudiantes se acusara de alguna cosa infamante al extranjero, que habla distinto y tiene mejores calificaciones que los demás? ¿No sospecharíamos de una conjura y más aún si la conexión causal entre el acto imputado y las supuestas consecuencias no resulta nada convincente? El mecanismo se completa con la figura de Edipo con su autoexpulsión ante el mandato del oráculo: "Libraos de él y os veréis libres de la plaga".[27] La purga catártica es evidente. Girard destaca que Edipo, como Apolo, sea quien trae y cura la plaga, es, pues, notoriamente un *phármakos* en el sentido explicado por Derrida.[28] El proceso pagano de endiosamiento se completa hasta *Edipo en Colono*, pero todas las etapas previas y, ante todo, todos los estereotipos de la persecución, incluida la misma violencia (en este caso, autoinfligida) comparecen en *Edipo rey*.[29]

Insisto en que los ejemplos podrían multiplicarse, pero me parece que con los citados basta para coincidir con Girard en que, en los grandes relatos míticos y literarios, las pestes o pandemias no son un tema o símbolo más, puesto que, si simbolizan algo, ello es, paradójicamente, la *desimbolización* misma.[30] Esta conclusión, que es la del artículo de Girard de 1974, la reitera el autor francés en su obra más tardía, *Clausewitz en los extremos*, en la que escribe: "La epidemia de peste simboliza, en todo momento, la

---

a Agustín Moreno Fernández, "Descripción y fases del mecanismo del chivo expiatorio en la teoría mimética de René Girard", 200 y 204, n. 70. Sobre cómo la propuesta girardiana del deseo mimético daría cuenta mejor de prohibiciones (*tabúes*), ritos y mitos, he tratado en De Haro, "La deconstrucción de lo sagrado como reivindicación del Cristianismo en René Girard", 273-291.

[27] Sófocles, "Edipo rey", en *Las siete tragedias de Sófocles*, José Alemany Bolufer (trad.), Madrid, Los sucesores de Hernando, 1921, 96. Cf. René Girard, "La peste en la literatura y el mito", 151.

[28] Cf. Jacques Derrida, "La farmacia de Platón", en *La diseminación*, José M. Arancibia (trad.), Madrid, Fundamentos, 1975, 93-261.

[29] Me parece particularmente convincente la comparación que hace Girard entre la historia de Edipo y la de José en *Veo a Satán caer como el relámpago*, cap. IX. Los relatos son casi los mismos: el protagonista de ambos es expulsado por su propia familia, prospera en suelo extranjero (y por la misma razón: su habilidad para descifrar enigmas) y es acusado de un crimen terrible. Pero en tanto Edipo es culpable y se autoexpulsa y castiga, José es reivindicado y abre paso al perdón.

[30] Girard lo dice respecto a la estructura en Shakespeare, cf. "La peste en la literatura y el mito", 159.

inminente desaparición del grupo, el advenimiento de una reciprocidad violenta y generalizada en que cada uno es el rival del otro. La peste es un símbolo y un síntoma de la pérdida de diferencias".[31]

Es por ello que, como metáfora, la de la peste o plaga es extraordinariamente vital y fecunda; así lo han subrayado muchos autores en estos tiempos de covid-19, pero ya desde 2010 estaba enfatizado en un interesante texto de Stephanie Boluk y Wylie Lenz, titulado "Infection, Media and Capitalism: From Early Modern Plagues to Postmodern Zombies".[32] En dicho texto, citando precisamente el artículo de 1974 de René Girard, Boluk y Lenz destacan que la "retórica de la plaga" resulta impactante y expresiva porque es la metáfora perfecta para la violencia, en tanto se esparce exactamente como ella[33] y genera la misma indiferenciación: se pierden los límites entre clases, razas, distinciones nacionales y, en última instancia, los límites entre el otro y el sí mismo.[34]

3. Girard y el covid: la respuesta cristiana

Cuando René Girard escribió el artículo al que he referido, en 1974, se atrevió a afirmar que las pestes o pandemias en sentido biológico habían ya casi desaparecido.[35] Sin embargo —aparte de lamentar amargamente el odioso "casi" de la afirmación—, por lo expuesto aquí, queda claro que desde la particular hermenéutica girardiana de los mitos, de las obras literarias y, más en el fondo, del deseo humano, vale la pena reflexionar sobre la epidemia de covid-19 a la luz de sus propuestas.

---

[31]   René Girard, *Clausewitz en los extremos...*, 54.

[32]   Cf. Stephanie Boluk y Wylie Lenz, "Infection, Media, and Capitalism: From Early Modern Plagues to Postmodern Zombies", *Journal for Early Modern Cultural Studies. Rhetorics of Plague, Early and Late*, 10/2, otoño-invierno de 2010, 126-147.

[33]   Cf. *Ibidem*, 144.

[34]   *Ibidem*, 129.

[35]   Cf. René Girard, "La peste en la literatura y el mito", 145.

Así hizo por ejemplo Brian Francis Culkin, en su libro de 2021 titulado *René Girard and covid-19: Satan, Capitalism, Apocalypse,* en el que muestra familiaridad con el pensamiento de Girard, pero no demasiado rigor y desvía la exposición más bien hacia una crítica un tanto ideológica al capitalismo (como puede adivinarse ya por la contigüidad de términos en el título de la obra).[36] Propone Culkin, sin embargo, algunas cosas interesantes: destaca, por ejemplo, que la lógica de un virus es la misma del sacrificio; que la replicación del virus representa la dinámica del deseo, y éste tiene en sí mismo una dimensión viral que las nuevas tecnologías de comunicación potencian.[37] También aventura que la paradoja del deseo mimético es la misma que la del virus en tanto éste no es un ser pleno de suyo, sino sólo una membrana de proteínas que rodea un material genético y nada más; pura autorreplicación mediante la invasión de otro, sin un ser, digamos, sustancial. Desarrolla el autor las mutuas relaciones entre pandemia y crisis social en tanto la difusión del coronavirus generó una indiferenciación: todos podemos ser portadores asintomáticos del mismo, todos podemos ser "culpables" en ese sentido.[38] Y, finalmente, compara a los negacionistas del covid con los negacionistas del deseo mimético.[39]

Justifica así Culkin —de manera menos apoyada en los textos, pero coincidente con lo que he expuesto hasta este punto— las comparaciones estructurales entre las plagas literales y las sociales, e insiste en que en ambos casos los anticuerpos se ven superados (en el plano cultural, estos anticuerpos serían el control político, los rituales, las instituciones, etcétera).

---

[36] También Boluk y Lenz comentan las analogías entre la difusión de una epidemia y el crecimiento del negocio en el capitalismo; me parece que lo hacen con mayor precisión que Culkin, que da a su texto un carácter más partidista y de menor rigor. En el fondo de estas reflexiones lo relevante es el hecho de que la plaga *es como* el deseo mimético, como la avaricia (que es un producto del deseo mimético), como la envidia (su producto rivalístico más destacado) y se esparce como ellas... Boluk y Lenz comentan brevemente también que en el crecimiento de una pandemia el comercio juega un papel relevante. Cf. Boluk y Lenz, "Infection, Media and Capitalism: From Early Modern Plagues to Postmodern Zombies", 127-133.

[37] Cf. Brian Francis Culkin, *Rene Girard and covid-19: Satan, Capitalism, Apocalypse,* publicación independiente, versión Kindle, 2021, 3 y ss.

[38] *Ibidem,* 43.

[39] *Ibidem,* 68.

El texto de Culkin, sin embargo, como ya decía, deriva en un posicionamiento político y en una visión bastante pesimista del progreso técnico moderno;[40] desaprovecha por ello un elemento teórico que menciona, pero no desarrolla: la diferente respuesta actual ante una pandemia respecto de lo que ocurría en tiempos paganos. Si bien, reitero, en esta vivencia de covid-19 ya hubo y se siguen presentando intentos de acusar a los originarios de algún país, a políticos de determinado signo o a alguna clase socioeconómica por la difusión del virus, ninguno de estos conatos infamantes ha sido realmente exitoso. Me gustaría insistir en este punto que Culkin no destaca: si hoy no acusamos unánimemente a un grupo religioso en particular, o a una nacionalidad, clase o colectivo concreto por los efectos devastadores de la pandemia, es porque nuestro mundo, nuestra cultura y nuestra inteligencia han sido tocados por la revelación cristiana.

No cabe duda que aún hay linchadores e injustos discursos acusatorios, pero ahora estos dan vergüenza, no tienen legitimidad; no pueden ya ofrecer su falso consuelo de modo convincente ni generar nuevas divinidades. Si hoy podemos ser al menos relativamente objetivos ante una crisis como la de covid, si al menos intentamos poner por delante a las víctimas, si condenamos a los violentos que quieren parasitar en la desgracia, es gracias a valores cristianos que han permeado profundamente en nuestros ambientes culturales. Valores como la empatía universal, la solidaridad y la opción preferencial por el débil son hoy tan indiscutibles que parecen naturales, y por eso no se reconoce su origen, aunque una situación global como la de covid-19 los haya puesto tan patentemente a la vista de todos.

---

[40] El libro de Culkin trata más de Satán y el capitalismo (en realidad, del capitalismo como satánico) que del Apocalipsis. Incide, sin embargo, en un estado de ánimo generalizado —y, por otro lado, comprensible, ante una situación como la generada por la pandemia de covid-19— que tiene quizá demasiado presente aquella interpretación del cuarto jinete del Apocalipsis (Cf. Ap. 6, 7-8), el jinete del caballo pálido o macilento, como el jinete de la "pestilencia" (aunque según la traducción de la Biblia, podría ser simplemente el jinete de la muerte y del Hades). En cualquier caso, para el cristiano, el libro del Apocalipsis debe ser entendido en clave de esperanza. En esa línea pretendo apuntar en las conclusiones.

Me parece que el pensamiento y las obras de Girard son valiosas por muchos motivos: por su apuesta antirrelativista,[41] por su carácter transdisciplinar, por su fecundidad hermenéutica —espero que en este capítulo se haya mostrado suficientemente que su propuesta dista mucho de ser mera "retórica de la plaga"—;[42] pero si tan sólo se admitiera este argumento, ello ya les validaría como un aporte significativo: a la luz del trabajo de Girard, nos queda más claro cómo la preocupación por las víctimas es originariamente cristiana, incluso cuando hoy en su nombre —y en ocasiones con cierta razón— se acuse al cristianismo histórico.

Conclusión: la primera piedra

Quiero cerrar este capítulo con una reflexión suscitada de nuevo por los inicios de otro libro de Girard, en este caso en el capítulo IV del volumen *Veo a Satán caer como el relámpago* (2000). El escenario es de nuevo el de una peste: una acaecida en el siglo II de nuestra era en la ciudad griega de Éfeso y narrada en la *Vida de Apolonio de Tiana*, de Flavio Filóstrato. Apolonio, taumaturgo pagano, habría sanado a la ciudad diciendo a los efesios a la vista de un mendigo harapiento con una notoria afección visual: "Coged tantas

---

[41]   La apuesta antirrelativista de Girard puede verse claramente en su diálogo-debate con Gianni Vattimo, recogido en *¿Verdad o fe débil? Diálogo sobre cristianismo y relativismo*, Rosa Rius Gatell (trad.), Barcelona, Paidós, 2011. Ahí argumenta Girard, en mi opinión de modo muy convincente, la no relatividad del Decálogo, ante la realidad de la rivalidad y la violencia humanas. Vattimo, en cambio, en la línea de su peculiar interpretación del cristianismo desde el "pensamiento débil", debilita y diluye la referencia a la verdad y propone que bastaría con un acuerdo pragmático ("el reglamento de tránsito") y con la caridad cristiana. El pensamiento de Girard, por supuesto, está muy lejos de esta, digamos, "inocencia" antropológica. Aún más meritoria es la apuesta antirrelativista en las esferas de discurso de la etnología, de la antropología social y de la filosofía de la religión, y sin embargo Girard la mantuvo con arrojo y con argumentos sólidos. Sobre esto se puede cf. Agustín Moreno Fernández, "René Girard y su crítica de la etnología multiculturalista y relativista", *Gazeta de Antropología*, 26/2, 2010, artículo 28, disponible en <http://hdl.handle.net/10481/6765>, consultado el 7 de julio de 2022; y sobre el debate con Vattimo concretamente se puede cf. Ioan Biris, "Religious Violence and the Logic of Weak Thinking: between R. Girard and G. Vattimo", *Journal for the Study of Religions and Ideologies*, 11/32, 2012.

[42]   Boluk y Lenz, en el artículo de 2010 que cité antes, explican el fondo tanto de la retórica de la plaga como de "la plaga de la retórica". Cf. Boluk y Lenz, *op. cit.*, 128.

piedras como podáis y arrojadlas sobre este enemigo de los dioses".[43] Los efesios, vacilantes en un primer momento, obedecieron a su gurú cuando el mendigo señalado fijó la mirada en ellos, lo que interpretaron como desafío y signo de maldad: le lapidaron y levantaron luego una estatua a Heracles, su dios protector, celebrando la superación de la peste. Girard contrasta este relato con la escena del intento de lapidación de la mujer adúltera en el Evangelio de Juan (8, 3-11). Jesús, como sabemos, impide la lapidación llamando la atención sobre aquel que pueda lanzar *la primera piedra*. Comenta Girard:

> Para señalar el papel inmenso, insospechado, que el mimetismo desempeña en la cultura humana, Jesús no recurre a esos términos abstractos de los que nosotros difícilmente podríamos prescindir: imitación, mimetismo, mímesis, etcétera. Con la primera piedra le basta. Esta expresión le permite subrayar el verdadero principio no sólo de las lapidaciones antiguas, sino de todos los fenómenos de masas, antiguos y modernos. Por eso la imagen de la primera piedra sigue viva.[44]

En la interpretación de Girard, Jesús habría evitado el mimetismo violento con uno de signo inverso: hizo consciente la responsabilidad de la primera piedra y así, primero dejaron sus piedras los más viejos, dice el Evangelio, y luego les siguieron los demás... Además, Jesús bajó la mirada para escribir en el suelo: lo que Girard interpreta como gesto para no enfrentar violentamente a los violentos, como sí hizo el mendigo de Éfeso.

Si inicié este capítulo comentando la vitalidad de la metáfora de la peste, quiero cerrarlo ahora con la polisemia de esta "piedra": la piedra que se lanza para lapidar, para ejecutar, es la del mecanismo del chivo expiatorio y, por tanto, la piedra angular de las sociedades arcaicas. La Pasión de Cristo, piedra de escándalo, nos lo revela y, desechada por los constructores, es ahora la piedra angular. La inversión del mimetismo está completa,

---

[43] Flavio Filóstrato, *Vida de Apolonio de Tiana*, Alberto Bernabé Pajares (trad.), Madrid, Gredos, 1992, 232. Cf. René Girard, *Veo a Satán caer como el relámpago*, 74.

[44] René Girard, *Veo a Satán caer como el relámpago*, 83-84.

pues al final, Jesús acompañaría al lapidado en el mismo destino: "La Cruz es el equivalente de la lapidación de Éfeso. Decir que Jesús se identifica con todas las víctimas es afirmar que se identifica no sólo con la mujer adúltera o con el Servidor Sufriente, sino con el mendigo de Éfeso. Jesús *es* ese infortunado mendigo".[45]

En la Cruz se reveló, nos enseña Girard, el mecanismo del chivo expiatorio de modo definitivo, desactivándolo en su poder sacralizador (por ello es que Jesús ve a Satán caer "como el relámpago"), y es por ello que nuestra respuesta ante la pandemia de covid-19 y ante todas las futuras —por insuficientes, falibles, mezquinas y todo lo que se quiera— ha sido y será ya cristiana y no mítica. Pienso que esto es algo importante y esperanzador a considerar, aún ante las preocupantes tendencias destructivas que parecen multiplicarse, que agobiaban sin duda al propio Girard en alguno de sus últimos trabajos,[46] y que autores como Culkin destacan con cierta unilateralidad.

---

[45]   *Ibidem*, 87.

[46]   Por ejemplo, en René Girard, *Clausewitz en los extremos: política, guerra y apocalipsis.*

Referencias

ADAMS, Rebecca, "The Goodness of Mimetic Desire", en *The Girard Reader*, James Williams (ed.), Nueva York, Crossroads, 1996.

BIRIS, Ioan, "Religious Violence and the Logic of Weak Thinking: between R. Girard and G. Vattimo", *Journal for the Study of Religions and Ideologies*, 11/32, 2012.

BOLUK, Stephanie y Lenz, Wylie, "Infection, Media and Capitalism: From Early Modern Plagues to Postmodern Zombies", *Journal for Early Modern Cultural Studies. Rhetorics of Plague, Early and Late*, 10/2, otoño-invierno, 2010.

BURGIS, Luke, "Prophet of the Pandemic: Psychological Contagion and the Roots of Conflict". Disponible en ‹https://luke.medium.com/prophet-of-the-pandemic-ce58ffba0da9›, consultado el 7 de julio de 2022.

CAVANAUGH, William T., *The Myth of Religious Violence: Secular Ideology and the Roots of Modern Conflict*, Oxford, Oxford University Press, 2009.

COWDELL, Scott, *René Girard and Secular Modernity: Christ, Culture, and Crisi*s, Indiana, University of Notre Dame Press, 2013.

CULKIN, Brian Francis, *Rene Girard and covid-19: Satan, Capitalism, Apocalypse*, publicación independiente, versión Kindle, 2021.

DERRIDA, Jacques, "La farmacia de Platón", en *La diseminación*, José M. Arancibia (trad.), Madrid, Fundamentos, 1975.

DOSTOYEVSKI, Fiódor M., *Crimen y castigo*, Rafael Cansinos Assens (trad.), Barcelona, Penguin Clásicos, 2015.

FILÓSTRATO, Flavio, *Vida de Apolonio de Tiana*, Alberto Bernabé Pajares (trad.), Madrid, Gredos, 1992.

FREUD, Sigmund, *Obras completas. Tomo VIII. Tótem y tabú / Un recuerdo infantil de Leonardo da Vinci*, L. López-Ballesteros y de Torres (trad.), México, Iztaccíhuatl, 2019.

GIRARD, René, *Things Hidden since the Foundation of the World*, S. Bann y M. Metter (trads.), en colaboración con J. M. Oughourlian y G. Lefort, California, Stanford University Press, 1978.

_________, *El chivo expiatorio*, Joaquín Jordá (trad.), Barcelona, Anagrama, 1982.

_________, *La ruta antigua de los hombres perversos*, F. Díez del Corral (trad.), Barcelona, Anagrama, 1989.

_________, *La violencia y lo sagrado*, J. Jordá (trad.), Barcelona, Anagrama, 1995.

_________, *Shakespeare: los fuegos de la envidia*, J. Jordá (trad.), Barcelona, Anagrama, 1995.

_________, "Epilogue: The Anthropology of the Cross", entrevista con James G. Williams, en *The Girard Reader*, James G. Williams (ed.), Nueva York, Crossroad, 1996.

Girard, René, *Veo a Satán caer como el relámpago*, Francisco Díez (trad.), Barcelona, Anagrama, 2002.

————, *Oedipus Unbound: Selected Writings on Rivalry and Desire*, Stanford, Stanford University Press, 2004.

————, "La peste en la literatura y el mito", en *Literatura, mimesis y antropología*, A. L. Bixio (trad.), Barcelona, Gedisa, 2006.

————, *Clausewitz en los extremos: política, guerra y Apocalipsis*, Buenos Aires, Katz, 2010.

————, *Sacrifice*, M. Pattillo y D. Dawson (trads.), Michigan, Michigan State University Press, 2011.

————, *Resurrection from the Underground: Feodor Dostoevsky*, J. G. Williams (trad.), Michigan, Michigan State University Press, 2012 (Studies in Violence, Mimesis & Culture).

————, *When These Things Begin: Conversations with Michel Treguer*, T. C. Merrill (trad.), Michigan, Michigan State University, 2014.

Girard, René, y Vattimo, Gianni, ¿*Verdad o fe débil? Diá*logo sobre cristianismo y relativismo, Rosa Rius Gatell (trad.), Barcelona, Paidós, 2011.

Haro, Vicente de, "La deconstrucción de lo sagrado como reivindicación del cristianismo en René Girard", en *La larga sombra de lo religioso: secularización y resignificaciones*, Flamarique y Carbonell (eds.), Madrid, Biblioteca Nueva, 2017.

Kirwan, Michel, *Girard and Theology*, Bloomsbury, T&T Clark, 2019.

Llano, Alejandro, *Deseo, violencia, sacrificio: el secreto del mito según René Girard*, Pamplona, eunsa, 2004.

McKenna, Andrew J., *Violence and Difference: Girard, Derrida and Deconstruction*, Chicago, University of Illinois Press, 1992.

Moreno Fernández, Agustín, "René Girard y su crítica de la etnología multiculturalista y relativista", *Gazeta de Antropología*, 26/2, 2010, artículo 28. Disponible en ‹http://hdl.handle.net/10481/6765›, consultado el 7 de julio de 2022.

————, "Descripción y fases del mecanismo del chivo expiatorio en la teoría mimética de René Girard", *Endoxa*, uned, 2013. Disponible en ‹http://revistas.uned.es/index.php/endoxa/issue/view/721›, ‹hal-01369732›.

Quevedo, Amalia, "René Girard y el juramento de Herodes", *Tópicos*, 57, 2019, 149-174.

Ricoeur, Paul, "Religion and Symbolic Violence", *Contagion: Journal on Violence, Mimesis and Culture*, 6, primavera de 1999, 1-11.

Serres, Michel, "Receiving René Girard into the Académie Française", en *For René Girard: Essays in Friendship and in Truth*, Sandor Goodhart, Jørgen Jørgensen, Tom Ryba, y James G. Williams (eds.), East Lansing, Michigan State University Press, 2009 (Studies in Violence, Mimesis, and Culture).

SCHWAGER, Raymond, *Brauchen wir einen Sündenbock? Gewalt und Erlösung in den biblischen Schriften*, Múnich, Kösel, 1989.

SHAKESPEARE, William, "Troilo y Crésida", Acto I, Escena III, en *Obras dramáticas*, t. VIII, Madrid, Librería de Perlado, Páez y C., 1922.

__________, *Troilo y Crésida*, A. L. Pujante (trad.), Madrid, Espasa, 2002.

__________, *Romeo y Julieta*, Escena IV, Barcelona, Penguin Clásicos, 2020.

SÓFOCLES, "Edipo rey", en *Las siete tragedias de Sófocles*, José Alemany Bolufer (trad.), Madrid, Los sucesores de Hernando, 1921.

WILLIAMS, James G., *The Bible, Violence and the Sacred: Liberation from the Myth of Sanctioned Violence*, Oregon, Wipf & Stock, 1991.

Peste, enfermedad y muerte en la vida y obra de Erasmo (1469-1536)[1]

Inmaculada Delgado Jara
Universidad Pontificia de Salamanca (España)
midelgadoja@upsa.es
Instituto de Humanidades
Universidad Panamericana (México)
midelgado@up.edu.mx

Introducción

La muerte en la época de Erasmo —fines del siglo xv comienzos del xvi— fue una cuestión significativa, tanto en el arte como en los muchos escritos que trataban este tema. En el arte la encontramos bajo la figura de un esqueleto, una calavera, un monstruo horrendo, un reloj de arena, un espejo, etcétera. En la literatura surge el *Ars moriendi*, compendios para la preparación y el acompañamiento de la muerte,[2] escritos alrededor de 1415 y 1450, durante un periodo en el que los horrores de la peste negra y los consecuentes levantamientos populares estaban muy presentes en la sociedad.

Erasmo meditó sobre la muerte toda su vida; de hecho, se enfrentó a ella a temprana edad, quedó huérfano pronto. Cuando contaba 13 años, su madre murió víctima de la peste (1483) y al año siguiente también falleció

---

[1]   Este trabajo ha sido realizado en el marco del Proyecto de I+D+i, del Ministerio de Ciencia e Innovación, titulado "El humanismo en sus textos y contextos: identidad, tradición y recepción", con el código PID2020-114133GB-I00 y del Proyecto de la Junta de Castilla y León, financiado con Fondos FEDER "La herencia clásica y humanística: la alegoría en el mundo hispánico", LE028P20.

[2]   Cf. Bart Fransen, "Erasmo, Término y la muerte. Letras e imágenes en diálogo", en *Erasmo en España. La recepción del humanismo en el primer renacimiento español*, Palma Martínez-Burgos García (dir.), Madrid, Sociedad Estatal para la Acción Cultural Exterior, 2002, 41-47.

su padre (1484). Él mismo alcanzó una edad extraordinariamente avanzada para su época: unos 70 años. Se queja en más de una ocasión de la vejez y de las dolencias que acarrea (fiebres,[3] cálculos renales...), como en una carta de 1506 en la que escribe que volverse viejo no es en verdad otra cosa que morir despacio.[4] Entonces tenía apenas 40 años. En esta epístola también podemos leer:

> No dejo de meditar sobre cómo podría consagrar a Cristo todo el tiempo que me quede de vida... Considero la existencia, aunque sea larga, como algo fugitivo y efímero; sé que soy débil de constitución y que mis fuerzas han sido considerablemente mermadas por el estudio y, en cierta medida, también por los reveses. Me doy cuenta de que los estudios no tienen fin y ocurre con ellos como si cada día debiéramos volver a comenzar desde el principio. Por tanto, conformándome con mi honesta mediocridad (sobre todo ahora que he aprendido griego en la medida en que es necesario), he decidido dedicarme a meditar sobre la muerte y a formar mi carácter.[5]

En su coloquio *Funus* escribe: Iter ad mortem durius quam ipsa mors, "El camino hacia la muerte es mucho más doloroso que la muerte misma".[6] Erasmo hace su testamento en tres ocasiones,[7] y no faltaron los rumores que lo dieron por muerto en más de una ocasión.

En una carta escrita poco antes de su partida hacia Italia (1506) a su buen amigo de juventud Servatius Rotger, Erasmo se queja de su mala salud y de los pocos años que le quedan. También hace el firme propósito de

---

[3] Cf. H. Brabant, "Epidémies et Médecins au temps d'Erasme", en *Colloquia Erasmiana Tvronensia*, vol. I, Jean-Claude (ed.), Toronto/Buffalo, University of Toronto Press, 1972, 515-537, especialmente p. 516.

[4] Cf. Cicerón, *De senectute*, 28-29. El poema fue escrito en agosto de 1506 y fue encargado por Guillaume Cop. Para el texto completo, cf. Cees Reedijk, *The Poems of Desiderius Erasmus*, Leiden, Brill, 1956, 280-290.

[5] Citado por Johan Huizinga, *Erasmo*, Sevilla, Ulises, 1987, 119-120.

[6] Cf. León-E. Halkin, "Érasme et la mort", *Revue de l'Histoire des Religions*, 200/3, 1983, 269-291, especialmente p. 277.

[7] Es decir, en 1527, 1533, y el 12 de febrero de 1536, algunos meses antes de su muerte. Rotterdam, 1969, núm. 530; Basilea, 1986, 233-235.

dedicar el tiempo restante a la meditación sobre la muerte y a la preparación de su propio óbito.[8] En los treinta años de vida que todavía vivió, tuvo ocasión de escribir varias obras sobre la muerte, entre las que destacan la *Declamatio de morte* (1517),[9] la *Epistola de morte* (1523) —que analizaremos más adelante—, algunos *Colloquia* (*Funus*, 1526;[10] *Exequiae seraphicae*, 1531[11] y *Epicureus*, 1533),[12] y finalmente su *De praeparatione ad mortem* (1534).[13]

Sin duda la muerte tiene una considerable importancia en la vida y en el pensamiento de Erasmo. Así se desprende también de la presencia de la simbología relacionada con la muerte en su emblema personal, que conocemos a través de su sello y su medallón.

---

[8] Sobre la meditación de Erasmo acerca de la muerte, cf. Wilhelm Kohls, "Meditatio mortis chez Pétrarque et Érasme", en *Colloquia Erasmiana Tvronensia*, vol. I, Jean-Claude (ed.), Toronto/Buffalo, University of Toronto Press, 1972, 303-311; León-E. Halkin, *op. cit.*, 269-291; Vanden den Branden, "Érasme et la mort", *Revue Études sur la mort - Thanatologie*, 89-90, 1992, 47-65.

[9] Compuesta en la tradición de las *Artes moriendi*, anuncia y prefigura lo que será su propia muerte: "El que ha vivido bien no puede morir mal", dijo. Precisa que los últimos sacramentos, por muy respetables que sean, no son indispensables para el cristiano que no tiene faltas graves que reprocharse. La ausencia de un sacerdote al lado de su cama en sus últimos momentos no lo convierte en un "cristiano sin Iglesia". Permaneciendo fiel a la línea que se había trazado hasta la muerte, Erasmo no sorprende a nadie de los que conocen su inconformismo, su horror a las ceremonias así como su apego a lo esencial.

[10] En este coloquio resume su doctrina: Iter ad mortem durius quam ipsa mors.

[11] Estos dos están esencialmente dedicados a los funerales cristianos.

[12] Es el último de los coloquios. Es en cierto sentido el cierre o conclusión de la colección y una primera síntesis del pensamiento erasmiano sobre la vida y la muerte.

[13] El último es el más extenso y también el más completo de sus escritos sobre la muerte. Está concebido dentro de la tradición de los *Ars moriendi*, pero Erasmo rompe con algunos usos y costumbres medievales anticuados sobre la muerte. Considerado como un testamento espiritual (cf. Marcel Bataillon, *Erasmo y España. Estudios sobre la historia espiritual del siglo* xvi, Madrid, Fondo de Cultura Económica, 1983, 598 y ss.). Véase la edición de Van Heck de Desiderius Erasmus, *De praeparatione ad mortem*, Leiden, Brill, 1977; y la edición de la traducción española de Bernardo Pérez de Chinchón de 1535 de Joaquín Parellada Casas, *Erasmo, preparación y aparejo del bien morir. Estudio y edición crítica*, Madrid, Fundación Universitaria Española y Universidad Pontificia de Salamanca, 2000.

1. Explicación de la simbología de su medallón

Los romanos adoraban en la figura del dios Terminus el carácter sagrado de los mojones o piedras para fijar límites entre territorios o propiedades. Según la leyenda (Tito Livio, 1.55), cuando el rey Tarquino comenzó la construcción del templo de Júpiter en el Capitolio, se ordenó la remoción de los altares y santuarios de todos los dioses que eran adorados allí, para que el área quedara consagrada exclusivamente al rey de los dioses. Todos fueron trasladados sin problemas, con excepción de una piedra en la que se rendía culto a Terminus, que no pudo ser quitada al ser contrarios los auspicios reconocidos en el vuelo de las aves. Los romanos vieron en este hecho una manifestación del dios y dejaron la roca en el interior del templo. De allí la expresión "no cedo ante nadie", pues Terminus se había negado a ceder ante el mismísimo Júpiter.

Este hecho fue interpretado como un augurio de que el dominio de Roma sería firme y duradero. La profecía se demostró válida por siglos. Pero cuando Roma fue saqueada por los bárbaros en el año 410 d. C. y su poder se tambaleaba, la eficacia de los dioses tradicionales quedó en duda. San Agustín, en el *De civitate Dei*, discutió entonces, en páginas llenas de ironía, la validez de estas creencias.

El conocido lema concedo nulli (no cedo ante nadie/nada) se debe a Erasmo, quien la tomó a partir de 1509 como lema personal, adoptando al antiguo dios Terminus como su emblema (en el sello que Erasmo utilizaba para sellar sus cartas, y en su medallón[14] [imágenes 2.1 y 2.2], que regalaba a sus mejores amigos).[15]

---

[14] Anverso: ER[asmus] ROT[erodamus], y en el borde del medallón un texto en griego y en latín: ΤΗΝ ΚΡΕΙΤΤΩ [scil. ΕΙΚΟΝΑ] ΤΑ ΣΥΓΓΡΑΜΜΑΤΑ ΔΕΙΞΕΙ ("sus escritos muestran una [imagen] mejor") e IMAGO AD VIV¯A EFFIGI¯E EXPRESSA' ("retrato del natural"). Al pie se halla el año de fabricación de la medalla: 1519. En el reverso, CONCEDO NVLLI. TERMINVS. En el borde, aparece en griego "Considera el final de una larga vida" y en latín, "La muerte es la última frontera de las cosas".

[15] Amigos como el jurista neerlandés Nicholas Everardi, el arzobispo-elector de Mainz Albrecht van Brandenburg, el teólogo Georg Spalatinus, Matthias Meyner de Chemnitz, y su buen amigo el humanista Willibald Pirckheimer. Cf. Erwin Panofsky, "Erasmus and the Visual Arts", *Journal of the Warburg and Courtauld Institutes*, 32, 1969, 200-227, especialmente 216-217.

Imágenes 2.1 y 2.2. Medallón retrato de Erasmo y el reverso una cabeza de Terminus. Historisches Museum de Basilea.

El joven Erasmo se encontraba por entonces en Italia, y empezaba a gozar de reconocimiento internacional por sus trabajos y capacidades. Como explica Erasmo más tarde, en 1528, en la carta que escribe al secretario imperial Alfonso Valdés para explicar su divisa, estando en Italia en 1509, recibió como obsequio de su discípulo Alexander Stewart (arzobispo e hijo natural del rey de Escocia Jacobo IV) una gema antigua con la representación del dios Término y fue esto lo que lo inspiró a tomar la imagen del dios y la cita latina aquí comentada como emblemas de su sello personal. Pero Erasmo transformó el obsequio y unió en una figura la piedra de Término y la figura de Juventud.[16]

Los mismos aparecen en una famosa medalla conmemorativa acuñada para Erasmo en 1519 —anteriormente señalada— cuyo modelo es de Quintin Metsys de Amberes.

---

[16] Cf. Edgard Wind, *"Aenigma termini*. El emblema de Erasmo de Rotterdam"*, en *La elocuencia de los símbolos. Estudios sobre arte humanista*, Jaynie Anderson (ed.), Madrid, Alianza, 1993, 125-131.

Erasmo es también representado junto al dios Término en el siguiente grabado de Hans Holbein (1538-1540) (imagen 2.3), realizado para la edición de las obras de Erasmo, *Opera omnia* (Basilea, 1540).[17]

Imagen 2.3. Hans Holbein el Joven, *Retrato de Erasmo*.
The British Museum, Londres.

Aunque Erasmo explica —como hemos indicado— en 1528 su medallón comentando que tiene el significado de *vanitas*, "el término de todo es la muerte y esta no cede a ninguna cosa", sin embargo, sus enemigos vieron esto como un gesto de insoportable arrogancia y esta pretensión de primacía fue duramente criticada. Cuando en 1528 Erasmo redactó la carta justificando

---

[17] Cf. Juan Francisco Esteban Llorente, "El recurso a los simbólico en el Renacimiento: sistemas simbólicos", en *El recurso a lo simbólico. Reflexiones sobre el gusto II*, Gonzalo Manuel Borrás *et alii* (eds.), Zaragoza, Institución Fernando el Católico, 2014, 58-61, especialmente p. 60.

su elección de este lema e intentando desarmar a sus críticos: la *Epistola apologetica de Termini sui inscriptione concedo nulli*, el gran humanista declaraba que la expresión no representaba sus propias palabras, sino las de la muerte, el único verdadero término que no cedía ante nadie. Pero esta explicación no satisfizo a sus enemigos. Escrita casi 20 años después de la estancia de Erasmo en Italia, la misma parece, de hecho, una reelaboración posterior.

2. Cartas de la época de peste durante sus estudios en París

Con 18 años de edad entró en el monasterio de Emmaus de Steyn (cerca de Gouda) de los Canónigos Regulares de San Agustín, monasterio que participaba igualmente de la espiritualidad de la *devotio moderna*.[18] En 1488 hizo la profesión religiosa como agustino y cuatro años después (1492) fue ordenado sacerdote. Poco después de su ordenación, obtuvo de sus superiores el permiso para trabajar como secretario del obispo de Cambrai y miembro del consejo de regencia de Felipe el Hermoso (futuro marido de Juana la loca y rey de España), Enrique de Bergen (Hendrik van Bergen), quien le dio una beca, hacia 1495, para estudiar teología en la Universidad de París,[19] institución que en ese momento se encontraba viviendo con gran fuerza el Renacimiento. Posiblemente en esta etapa se encuentren los comienzos del pensamiento humanista de Erasmo.

Es frecuente en el *Epistolario* de Erasmo (cartas 128 y siguientes)[20] que haga alusiones a la peste que asolaba París mientras él realizaba allí sus estudios. Se sabe que a mediados del siglo xv, unas 40 000 personas murieron de peste en París. Erasmo teme por su salud y a su vez por su trabajo, que se ve aminorado por la peste. Es una de las razones por las que publica sus tan

---

[18] Su representante más conocido fue Tomás de Kempis: religiosidad interior, desconfianza de cuanto no lleve a Cristo, y éste, sufriente, como centro, resumen los ejes de su pensamiento.

[19] Marcel Bataillon, *op. cit.*, 79.

[20] Cf. Desiderius Erasmus, *The Correspondence of Erasmus. Letters 1-141. Collected Works of Erasmus*, vol. I, R. A. Mynors, Douglas Ferguson Scott Thomson y Wallace K. Ferguson (eds.), Toronto, University of Toronto Press, 1974.

conocidos *Adagia* (1500) —proverbios y sentencias de los sabios clásicos— para poder ganar algún dinero, ya que se encontraba en un periodo de penuria económica. Toda esta situación se ve reflejada en su correspondencia —la peste, la enfermedad, la muerte—. Se conservan de este tiempo unas 20 cartas a Jacob Batt, director de la escuela de Bergen-op-Zoom, al que introduciría como interlocutor en los *Antibarbari* (la redacción del diálogo puede haber empezado en estos años), quien le apoya financieramente (*Ep.* 138, 146 y 148) y probablemente usara su influencia con el obispo Enrique de Bergen para liberar a Erasmo para que estudiara en París (*Ep.* 42 y 159) en la Sorbona con vistas a doctorarse en teología (1495-1499, pero con interrupciones por frecuentes viajes a Holanda).

Sólo el primer año aguantó la disciplina del colegio de Montaigu,[21] dirigido con mano de hierro por Jan Standonck, protegido del obispo Van Bergen, y hasta 1499 subsiste a duras penas gracias a lo que hoy llamaríamos clases particulares de latín (ser preceptor era una de las ocupaciones habituales de los humanistas), hasta que lord Mountjoy, una de las amistades logradas con la actividad docente, le invita a una estancia en Inglaterra, la primera (1499-1500), a la que seguirán otra entre 1505 y 1506, y por fin otras más, continuadas, de 1509 a 1514.

Veamos una serie de cartas que nos permiten saber cómo vivió Erasmo estos años de peste en París.

2.1. Carta 128 a Jacob Batt, París, julio de 1500

El contexto de la carta es el siguiente: hacia el verano de 1500 Erasmo se encontró más desesperado que de costumbre por dinero. No sólo había perdido el dinero que tenía en Inglaterra, sino que había regresado a Francia con determinación para aprender griego, lo que resultaría costoso, y dedicarse por completo a la erudición bíblica y patrística y a la literatura (cf. *Ep.* 138, 4611; *Ep.* 149, 62-68). El tono importuno de súplica en sus cartas durante

---

[21]   De Montaigu, que algunos llaman Monteagudo, es tradicional afirmar la pésima alimentación, la suciedad, y la férrea disciplina: el castigo corporal es norma en la época. Cf. Fernando Romo Feito, "La imagen de Erasmo", *Lorenzo Hervás*, 20, 2011, 277-278.

el siguiente año refleja una creciente confianza en la importancia de su trabajo, si tuviera los medios para llevarlo a cabo (cf. especialmente *Ep.* 139).

Entresacamos unas líneas de la carta donde se reflejan sus pensamientos:

ll. 7-12 No estoy haciendo esfuerzos tan extenuantes por esto sin razón, querido Batt, porque para mí está claro que mi salud estará en peligro si prolongo mi estadía en estos lugares, y si algo sucede, que Dios no lo quiera, tanto yo como todas mis pequeñas contribuciones al aprendizaje perecerán; mientras que si se aplaza mi doctorado, temo que mi coraje pueda fallar antes de que termine mi vida.

ll. 19-23: Mientras tanto, ni un alma se adelanta a dar, excepto X, a quien ya he exprimido tanto, pobre hombre, que no tiene un centavo más para darme, mientras la peste se interpone entre mí y la fuente regular de ingreso[22] en el cual solamente, como he señalado, estaba confiando.

2.2. Carta 129 a Jacob Batt,[23] París, principios de septiembre de 1500

En este momento —verano de 1500—, la peste asolaba París, vaciando la ciudad. Batt invitó a Erasmo a su castillo de Tournehem (*Ep.* 80 y 87), pero por motivos no del todo claros prefirió huir a Orleans.[24] Permaneció allí hasta mediados de diciembre y a partir de ahí escribió las *Epístolas* 130-140. El periodo de estancia de Erasmo en Orleans y, de hecho, todo el año 1500 estuvo marcado por un intercambio inusualmente intenso de cartas con Batt.

---

[22]   Pues las conferencias públicas se habían suspendido.

[23]   De Bergen op Zoom (Países Bajos), *ca.* 1466-1502. Cf. Peter G. Bietenholz y Thomas B. Deutscher (eds.), *Contemporaries of Erasmus. A Biographical Register of the Renaissance and reformation (CE)*, vol. I, *s. v.* Jacob Batt, Toronto: University of Toronto Press, 1985, 100-101.

[24]   Ciudad ubicada a orillas del río Loira en la zona norte central de Francia, hoy día la capital de la región Centro-Valle de Loira.

Como sólo disponemos de las escritas por Erasmo, muchas de las referencias a personas o eventos son oscuras.

> ll. 41-46: Mi intenso deseo es dejar Francia lo antes posible y vivir entre mi propia gente. Esto, preveo, mejorará más mi reputación, y también será mejor para mi salud, porque actualmente mis compatriotas (paisanos) en casa creen que me alegro de estar fuera, para ser libre, mientras que los que residen en París sospechan que no soy popular en mi propia nación y vivo aquí en una especie de exilio forzoso.

> ll. 89-94: Al invitarme al castillo si la peste me expulsa de aquí, tú, misericordioso Batt, me has devuelto la esperanza de sobrevivir [...] Puedo ver que deseas mi protección; mi muerte por inanición no es lo que deseas, pues ¿no sería éste el más doloroso y vergonzoso de los castigos?

2.3. Carta 132 (Orleans, septiembre 1500) y la 140 (Orleans, *ca.* 13 de diciembre de 1500)

Estas cartas fueron escritas por Erasmo a un médico, Pierre d'Angleberme, para un amigo.

2.4. Carta 134 a Fausto Andrelini, Orleans, 20 de noviembre de 1500

Fausto ya había escrito una carta de cortesía que se imprimió en el verso de la portada de los *Adagia* (cf. *Ep.* 127). El testimonio que ahora solicitaba Erasmo probablemente estaba destinado a circular o exhibirse en la librería para promover las ventas, que habían ido disminuyendo desde que Agustín había interrumpido sus conferencias públicas y la peste había vaciado París (cf. *Ep.* 129, ll. 50 y ss.).

2.5. Epístola 137 a Antonio de Luxemburgo, Orleans, 11 de diciembre de 1500

Ya en esta *Epístola* apunta en la línea 13: "Regresaré a París, ya que escuché que la peste se ha extinguido por completo". Como se observa en todas estas cartas, son frecuentes las alusiones a la peste, a su estado de salud, al trabajo, al tema económico.

2.6. Epístola 1347 de morte[25] a Joost Vroye, Basilea 1 de marzo de 1523

Todas las fuentes dan 1524 como fecha de la carta. Allen, sin embargo, asignó la carta, en su forma original, al año 1523. Su argumento fue el siguiente. La fecha de la muerte de Jan de Neve, según lo establecido por el profesor de Vocht (*Mélanges Charles Moeller*, Lovaina, 1914) fue el 25 de noviembre de 1522. Es poco probable que Erasmo hubiera esperado hasta el 1 de marzo de 1524 para escribir de manera conmovedora un lamento por la muerte de un amigo. Además, no hay nada en la carta que sugiera una fecha posterior a marzo de 1523, salvo la única referencia a Hutten (línea 325), donde la implicación aparente es que ya estaba muerto.

Esto bien pudo haber sido una interpolación en el momento de imprenta, suposición apoyada por la declaración más adelante (líneas 331-332) de que la muerte de Neve era la más reciente de todas. Finalmente, el eco, al comienzo del pasaje de *Ep.* 1355, de las primeras líneas de esta carta, indica que *Ep.* 1355 pudo haber sido la respuesta de Vroye. Por lo tanto, la fecha del año se puede establecer en 1523 suponiendo que Erasmo revisó y amplió la carta para su publicación, eliminando cualquier asunto comercial como irrelevante para lo que se había convertido en una composición literaria.

Joost Vroye de Gavere (Flandes oriental, Bélgica) fue un sacerdote y viejo amigo de Erasmo (*Ep.* 717, 22). Después de obtener su maestría en Lovaina en 1505, Vroye estudió derecho mientras enseñaba idiomas, lógica y física en el College of the Lily. Se convirtió en doctor en ambos derechos, en

---

[25]   Cf. Desiderius Erasmus, *The Correspondence of Erasmus. Letters 1252-1355*, vol. IX, R. A. B. Mynors y James M. Estes (eds.), Toronto, University of Toronto Press, 1989, 412-426.

1520 y posteriormente ocupó cátedras de derecho civil (1524) y derecho canónico (1526). Fue rector en 1521 y 1529, y también ocupó otros cargos administrativos y honoríficos en la universidad. Esta carta y la 1355 es todo lo que sobrevive de la correspondencia entre Erasmo y Vroye.

La carta es un pequeño tratado de experiencias personales. Comienza así la *Epístola*, ll. 5-8: "No puedo dejar de sentir muy duramente la pérdida de un amigo tan especial, particularmente porque en sí mismo tenía muchos puntos para una larga vida. Y de nuevo una muerte tan repentina nos advierte a todos de que ningún hombre debería desear vivir en un estado en el que no desearía morir".

Después de alabar sus conocimientos, su carácter —aunque a veces no tuvieran la misma opinión—,[26] recuerda una anécdota de su amigo John Colet (lo agrio del carácter de su tío) y continúa ll. 66-76:

No continuaré en este punto, mi querido Joost, para consolar a un hombre de tu sabiduría y tu amplia lectura por la pérdida de un amigo. Sabías que era mortal mientras lo tuviste, como el pagano en la historia que dijo de su hijo: "Sabía que no lo había engendrado inmortal" (cf. Anaxágoras, Diógenes Laercio DK 59 A 1); y me parece un hombre extraño a toda filosofía quien piensa que es más triste que uno haya nacido para morir que uno que debe morir para nacer, ya que ambas cosas concuerdan igualmente con la naturaleza del hombre. Pero es extraño contar la animadversión con que la gente corriente mira la muerte súbita, de tal modo que no hay nada que pidan con más frecuencia o con más sentimiento a Dios y a los santos que los libre de la muerte súbita e imprevista. Morir de repente es común tanto a los hombres buenos como a los malos.

A continuación alude a ejemplos bíblicos, como Herodes (Hch 12,23), Eli (1 Sam 4,18), y en las ll, 86-115, habla de la *confesión y del momento de la muerte*:

---

[26] Nos dice en las líneas 32-35: "No pude hacerle entender cuán a menudo una disputa seria puede ser disuelta por una palabra amable, y cuánta verdad hay en el proverbio griego 'Muchas amistades ha disuelto el silencio'" (*Adagia*, II i 26).

Uno nunca debe desesperarse de nadie; pero, sin embargo, aprende muy tarde a ser un cristiano que ya no puede practicar lo que aprende, y tarda mucho en aplicar el remedio de la confesión cuando su alma ya está en sus labios. "Concédeme —ruegan— un verdadero arrepentimiento y una confesión pura antes de mi muerte". Y esta oración la dirigen a veces a santa Bárbara o a san Erasmo. Te pregunto, ¿a qué otra cosa equivale esta petición sino a "Déjame vivir en pecado y ten la amabilidad de hacerme morir en santidad"? Son reacios a aborrecer lo que han hecho mal excepto en la hora de la muerte; desean disfrutar de sus pecados mientras gocen de buena salud. Si no fuera así, le dirían a Cristo y no a santa Bárbara: "Concédeme ahora el odio de todos mis pecados, concédeme por lo que he hecho mal el dolor que trae la salvación, concédeme que el recuerdo de mis antiguos errores pueda siempre ser más amargo para mí, concédeme mientras goce de buena salud una confesión hecha de una vez por todas que haga innecesaria la confesión en el futuro". Algunos incluso le dicen a Dios con todo tipo de detalle en sus oraciones qué tipo de muerte les gustaría tener y cuántos meses deberían pasar en cama. ¡Cuánto más cristiano es no pensar en nada todo el tiempo excepto en arreglar la vida de uno que cuando llegue ese último día nunca nos abrume sin preparación, y dejar el resto a la discreción de Dios Todopoderoso! Dios sabe lo que es mejor para cada uno de nosotros. Todos nacemos de la misma manera, pero hay muchas formas diferentes de morir. Que elija por nosotros lo que quiera. Nadie puede morir mal si ha vivido bien. Y si fuera lícito para un hombre religioso elegir la manera de su muerte, creo que nada sería más deseable que una muerte súbita para llevarse rápidamente al cielo en medio, por así decirlo, una carrera de actos virtuosos. Cuando uno ya está enfermo y no quiere ser esclavo de los males corporales de uno, ¡cuánto tiempo se pierde en los deberes religiosos de uno! Ni estudia, ni enseña, ni predica, ni visita a los enfermos, ni trabaja con las propias manos para obtener los medios para ayudar a un hermano en necesidad; no, es más probable que uno sea todo el tiempo una carga para otros a quienes la caridad no desearía imponer.

Estos mismos temas los tratará en su *De preparatio ad mortem* de 1534 (imágenes 2.4 y 2.5), el vivir bien [como cristiano] para morir mejor, hablará de la gran cuestión de la seguridad ante la muerte, en particular de la muerte repentina. Confesión, purgatorio, satisfacción de los pecados, todos los grandes debates de la época, incluso de la justificación por la fe, están como centrados en torno a esa terrible inquietud. Esta obra ejerció una gran influencia (con dos traducciones en nuestro país y más de 50 en toda Europa).

DES ⋅ ERAS-
MI ROTERODAMI
LIBER CVM PRIMIS PIVS DE
præparatione ad mortem, nunc primum
& conscriptus & editus.

ACCEDVNT HVIC
OPVSCVLO EPISTOLAE ALI-
quot serijs de rebus, in quibus item nihil est non nouum ac recens, ue-
rum ita excusæ, ut seorsim
uendi queant.

צַו לְבֵיתֶךָ כִּי מֵת אַתָּה וְלֹא תִחְיֶה Esa. 38.
μακάριοι οἱ νεκροὶ οἱ ἐν τῷ κυρίῳ ἀποθνήσκοντες. Ap. 14
Mihi uiuere Christus est, & mori lucrum. Philip. 1.

EXCVDEBAT ANTVERPIAE MI-
CHAEL HILLENIVS, ANNO
M. D. XXXIIII.

DES. ERASMI ROTER. LIBER
quomodo se quisq; debeat præpa-
rare ad mortem.

Mnium terribilium maxi- Aristo-
me terribilis est mors, ait teles.
quidam magni nominis
philosophus, sed qui nō
audierat cœlestem illum
philosophū, qui nos do-
cuit non verbis tantum,
sed euidentibus etiã ex-
emplis, hominē morte corporis nō perire, sed
distrahi, animam velut e molestissimo carcere
educi in beatam requiem, corpus item aliquã
do ad gloriæ societatem reui ēturum. Non audierat illud ἄξιωμα spiritus: Beati mortui qui Apo.
in domino moriuntur. Non audierat Paulum 14.
lamentantem, ac suspirantem, Cupio dissolui
& esse cū Christo. Et, Mihi uiuere Christus est, Phil. 1
mori lucrum. Sed mirandum non est, si qui cre
dunt totum hominē morte perire, nec habent
hanc spem, quam sola in Christū fides nobis
porrigit, quum aliorum mortem deplorant, tū
suam horrent atq; abominantur. Illud potius
mirandum, tam multos esse mei similes, qui
quũ vniuersam philosophiã Christianã & di-
dicerint' & profiteantur, tamen sic expauescūt
mortem, quasi aut credant nihil hominis su-
peresse ab exhalata anima, aut Christi promis
sis diffidant, aut de se prorsus desperēt, quorũ
primum est Sardanapalicorum, alterum incre
dulorum, tertium dei misericordiam ignoran
a 2   tium.

Imágenes 2.4 y 2.5. *De praeparatione ad mortem*, de Erasmo.[27]

---

[27] Las primeras líneas del texto dicen lo siguiente: "De todas las cosas terribles, la más terrible es la muerte, dice cierto filósofo [Aristóteles, *Ética a Nicómaco*], de gran fama, pero que no había escuchado a ese filósofo celestial, que nos ha enseñado, no sólo con palabras, sino también con ejemplos evidentes, que un hombre no perece por la muerte del cuerpo, sino que es atraída por el fuego, y el alma es sacada como de una cárcel muy costosa, al bendito reposo. No había escuchado aquel principio del espíritu: *Bienaventurados los muertos, que mueren en el Señor* (Ap 14, 13). No había escuchado a Pablo lamentando y suspirando: *Deseo soltar amarras y estar con Cristo* (Flp 1, 23). Y, *Cristo para mí es vida, y la muerte es ganancia* (Flp 1, 21). Pero no hay nada de qué preocuparse, si aquellos que creen que el hombre entero perece por la muerte, y no tienen esta esperanza, por la cual sólo la fe en Cristo obra en nosotros, o lloran la muerte de otros, o temen y aborrecen

Siguiendo con la *Epistola de morte* (ll. 171-197), continúa hablando de la muerte de los apóstoles:

Ninguno de los apóstoles o de aquellos primeros discípulos que fueron más queridos por Cristo que todos los demás hombres murió, se nos dice, de enfermedad; todos encontraron una muerte violenta, como su Señor, el mismo Cristo, lo había hecho. Y yo por mi parte pienso que esta especie de muerte les fue concedida como un gran privilegio. Toda su vida la dedicaron al evangelio; su muerte en sí misma ofrecía la mayor gloria y el mínimo de tormento. ¿Qué podría ser más alegre y menos lamentable que la muerte de un mártir? Y luego, ¡cuántas enfermedades hay que son un tormento mayor que las varas y los anzuelos, que el hacha y la cruz! ¿Qué cruz puede compararse con las agonías de la pleuresía? La ley, en su forma más cruel, corta a un hombre vivo en cuatro pedazos antes de llegar a sus partes vitales. Pero creo que sentiría menos agonía un hombre que fue cortado en pedazos miembro por miembro que el que siente la furia de la piedra debajo de sus costillas inferiores y alrededor de lo que los médicos llaman las venas mesentéricas, aunque los médicos de la antigüedad entre las formas extremas de angustia que traen muerte súbita asignan el primer lugar al cálculo de la vejiga, que es quizás más cruel por aquello de que es prácticamente intratable (a menos que se pueda aceptar un remedio más cruel que la muerte que a menudo significa la muerte misma). Junto a esto, de todos modos, está el cálculo de los riñones cuando es más doloroso. Yo por mi parte encuentro que regresa tan a menudo, y me ataca con tal fuerza letal, que mi peor enemigo podría dejar de odiarme con razón, satisfecho su odio por tales desgracias. De hecho, tan despiadado es el tormento causado por la piedra que a veces mata el cuerpo más robusto y vigoroso en tres días; y si el dolor cesa, lo hace simplemente para que vuelva con mayor violencia. ¿Qué otra cosa es este extracto para volver a saborear la

---

la suya. Esto es más bien es digno de ser admirado". [La traducción del latín del todos los textos de Erasmo que presentamos es nuestra.]

muerte cada cierto tiempo, y quién desearía ser devuelto a la vida para morir pronto una vez más?

Y concluye este razonamiento: "Así es que grandes autoridades no sin razón han considerado la muerte súbita como la mayor buena fortuna de la vida". Alude a Plinio 7, 53. Y después habla de los años en que murieron grandes autores clásicos y contemporáneos.

> ll. 396-414: He tenido una especie de lucha con mi espíritu para que adopte un sentimiento verdaderamente cristiano hacia aquellos que a sabiendas y voluntariamente y con despecho deliberado como perros aulladores difaman a un hombre que no merece nada de eso y hasta les ha servido bien, y quienes incluso planean mi destrucción. Esto también lo he logrado: no sólo no tengo pensamientos de venganza, ni siquiera rezo para que el mal les suceda. Encontramos esta dulzura incluso en los soldados cuando la muerte los mira a la cara; ¡cuánto más deberíamos estar equipados con este sentimiento por la filosofía del evangelio! Tal como están las cosas, encuentro algo así como una lucha para formar en mi mente un estado de perfecta confianza en mi propia salvación, y sobre este tema sostengo frecuentes debates dentro de mí y, a veces, comparto el problema también con amigos eruditos. Tampoco obtengo ninguna satisfacción hasta ahora ni de los luteranos ni de los antiluteranos. Y así, me parece que lo más sabio es buscar seguridad en este punto de todas las maneras que pueda de Cristo por medio de oraciones y haciendo el bien hasta el último día de mi vida, y luego dejarle la decisión sobre este punto también a él, pero con el sentimiento de que así como tengo la menor esperanza posible de mis propios méritos, así tengo gran confianza de su inmenso amor hacia nosotros y de sus más generosas promesas.[28]

---

[28] Como concluye León-E. Halkin, *op. cit.*, 291: "Para Erasmo —lo hemos oído de su boca— no había nada morboso ni macabro en la *meditatio mortis*, incluso durante su juventud un tanto triste. Esta concepción de la muerte combina la sabiduría pagana y la esperanza cristiana. Sócrates es su modelo, los estoicos sus maestros, es cierto, pero nunca olvida que, ante la muerte, la vida entregada a Dios es la seguridad más segura. La

Termina la carta —además de con saludos— con este mensaje, ll. 415-421:

> Esta es la filosofía por la que vivo ahora, erudito van Gavere, y te exhorto a que hagas lo mismo, si no supiera que un hombre religioso y erudito como usted debe haber pensado en todo esto hace mucho tiempo. Échale la culpa a tu salud indiferente y tus quejas están justificadas. Esos dones tuyos merecían enteramente una mejor morada; pero ten en cuenta que el problema no empeora mucho al imaginar que estás enfermo. A los médicos los apruebo, pero darles demasiado poder no lo apruebo.

3. Erasmo, los médicos y la medicina

Según Erasmo, el verdadero médico del Renacimiento es también un filósofo. Las teorías médicas están influidas por los contextos teológicos, sociales y filosóficos de la época.[29]

Erasmo mantuvo relación con los médicos de su época, hecho que se puede constatar a través de su intercambio epistolar. Entre otros con Paracelso, a quien conoce en París en 1497 y después, en la década de los veinte, como médico en Basilea; con Guillermo Cop, médico personal de Luis XII y de Francisco I, a quien dedica su largo poema (200 vv.) *Carmen Alpestre* o sobre la vejez,[30] o a quien describe los síntomas de su enfermedad —cálculo renal— en 1526 (*Ep.* 1735); con el médico, traductor de escritores griegos de medicina y gran humanista, François Rabelais, autor de *Gargantúa y Pantagruel*; asimismo con Ghisbert Hessel, médico de Saint-Omer, quien le inspiró su *Encomium*

---

filosofía de los estoicos le enseñaba que debía morir con dignidad; la filosofía de Cristo lo convenció de que hay que morir en la esperanza". [La traducción del francés es nuestra.]

[29] Véanse los estudios de Colette Quesnel, "Le 'vrai' médecin à la Renaissance", *Renaissance and Reformation / Renaissance et Réforme*, 24/4, 2000, 85-94; H. Brabant, "Epidémies et Médecins au temps d'Erasme", en *Colloquia Erasmiana Tvronensia*, vol. I, Jean-Claude (ed.), Toronto, University of Toronto Press, 1972, 515-537.

[30] Cf. Jean-Claude Margolin, "Le 'Chant alpestre' d'Érasme: Poème sur la vieillesse", *Bibliothèque d'Humanisme et Renaissance*, 27, 1965, 37-39.

medicinae [ASD I-4, pp. 145-186], redactado en 1499, pero no publicado hasta 1518. Esta obra es un elogio del médico que no contento con curar las enfermedades es también médico del alma o filósofo. Lo coloca bajo la autoridad de san Lucas, patrón de los médicos. No hay que olvidar que Erasmo tradujo tres obras de Galeno[31] en las que trata de la relación del espíritu con el cuerpo; con Thomas Linacre, médico y helenista, cofundador con John Francis del Colegio de Médicos de Londres,[32] o con su compatriota Gerard Lister (Listrius).

Paracelso (1493-1541), médico y teólogo, adoptó a mediados del siglo XVI una actitud de rechazo hacia el humanismo ambiental, más particularmente hacia Erasmo. Según Paracelso, el retorno a la perfección antigua querida por los eruditos del Renacimiento era sólo una moda peligrosa. Estudiar el pasado para comprender el presente era un error: en medicina, para remediar las enfermedades del cuerpo "presente", o en teología, para preservar la vida del alma, "no se navega con el viento del día anterior". La creación divina, la Escritura de la misma manera que la naturaleza, en su fluir perpetuo, pide un "lector" en movimiento, que la acompañe.[33]

Wilhelm Kopp[34] de Basilea (1461-1532) saltó a la fama entre la Corte y los círculos académicos de París y por lo tanto es más conocido por la forma francesa de su nombre, Guillaume Cop (Copus en latín). Recibió el bachillerato en medicina en 1492 y llegó a ser doctor de medicina el 17 de mayo de 1496. Antes de 1498 Cop fue regente de la universidad; también enseñó medicina a los cirujanos y desde 1497 hasta 1512 fue médico para Alemania. Desde 1512 fue el médico personal de los reyes Luis XII y de Francisco I.

---

[31] Cf. Leo Elaut, "Érasme, traducteur de Galien", *Bibliothèque d'Humanisme et Renaissance*, 20, 1958, 36-43. Las traducciones de Erasmo se encuentran en Desiderius Erasmus, *Opera omnia Desiderii Erasmi Roterodami*, *ASD* I-1, Kazimierz Kumaniecki, R. A. B, Mynors, Christopher Robinson y Jan Hendrik Waszink (eds.), Ámsterdam/Oxford, Brill, 1969, 629-669.

[32] Véase la *Ep.* 194 (de 1506) de Erasmo a Linacre, entre otras.

[33] Cf. Jean-Miche Rietsch, "Paracelse critique d'Érasme: des belles-lettres comme obstacle à la comprehension de l'oevre de Dieu", *Revue de Théologie et de Philosophie*, 137/2, 2005, 115-128.

[34] Cf. Peter G. Bietenholz y Thomas B. Deutscher (eds.), *op. cit.*, vol. I, *s. v.* Guillaume Cop., 336-337; Ernest Wickenheiser (ed.), *Dictionnaire biographique des médicins en France au Moyen Age*, vol. I, Ginebra, Droz, 1936, 235-238.

Desde París, Cop mantuvo sus conexiones con Basilea, visitando la ciudad de vez en cuando, vigilando a los estudiantes de Basilea en París y haciendo favores a los impresores de Basilea. Sin embargo, sus círculos estaban con los humanistas de París. Estudió griego con Láscaris y Alejandro, quien le dedicó en 1510 su edición *De divinatione* de Cicerón (París, G. de Gourmont). Alrededor de 1505 atendió a Lefèvre, que sufría de insomnio. Trabajó estrechamente con Budé y otros para promover el establecimiento de un colegio real de lenguas antiguas. En resumen, Cop fue un gran humanista. Publicó en latín traducciones de escritores griegos de medicina, como Pablo de Egina (París, 1511), Galeno (París, 1513, 1528) e Hipócrates (París, 1511-1512).

En 1497, Erasmo había conocido a Cop en París en un momento en que no se sabe que haya tenido contactos con ningún otro oriundo de Basilea. Tres años después, asistió a Erasmo durante los ataques de fiebre; más tarde, llegaron a ser amigos (*Ep.* 50, 125 y 126) y el holandés alaba sus cualidades humanas (p. e. *Ep.* 326 y especialmente en el prefacio de la edición de san Jerónimo).

En 1517 Cop y Budé recibieron instrucciones de transmitir a Erasmo una oferta real diseñada para atraerlo a París (*Ep.* 522 y 523), y fue a Cop a quien Erasmo dirigió su respuesta dilatoria (*Ep.* 537). En 1526 Erasmo de nuevo escribió a Cop para consultarle acerca de sus problemas médicos (*Ep.* 1735) y todavía en 1534 estaban en contacto (*Ep.* 2509).

Thomas Linacre (*ca.* 1460-20 de octubre 1524)[35] fue médico y helenista,[36] como hemos señalado. En 1509 fue médico de Enrique VIII; en 1514 de María Tudor, reina consorte de Francia, con quien viajó a París, donde se

---

[35] Cf. Peter G. Bietenholz y Thomas B. Deutscher (eds.), *Contemporaries of Erasmus. A Biographical Register of the Renaissance and reformation (CE)*, vol. II, *s. v.* Thomas Linacre, Toronto, University of Toronto Press 1986, 331-332.

[36] Entre otras obras, cabe destacar la publicación de la *editio príceps* de las obras de Aristóteles en griego, junto a Aldo Manuzio (1497-1499). Sobre 1500 fue encargado de la educación del joven príncipe Arturo. En 1500 también Tomás Moro estudió griego con Linacre en Londres, y los dos leyeron juntos la *Meteorologica* de Aristóteles. Su ensayo más conocido es *Progymnasmata Grammatices vulgaria*, sobre los rudimentos de la gramática latina, escrito en inglés, y posteriormente traducido al latín por George Buchanan. También escribió una obra sobre la composición en latín, *De emendata structura Latini sermonis* ("Sobre la estructura correcta y pura de la prosa en latín"), que se publicó en Londres en 1524.

encontró con Guillaume Budé. Aunque Erasmo se refiere a la mala salud de Linacre en 1521 (*Ep.* 1230), vivió hasta octubre de 1524.

El primer encuentro de Erasmo con él tiene lugar después de su vuelta a Inglaterra en 1499 (*Ep.* 118). Desde esa fecha hasta su muerte las relaciones entre los dos son cálidas y cordiales. Tres cartas de Erasmo a Linacre sobreviven (*Ep.* 194, 415 y 1230). Durante su estancia en Londres, Erasmo le visitó en su casa (*ASD* I-3 347). Hablaba de él con frecuencia como uno de los destacados médicos de la época (*Ep.* 541, 542, 855 y 862) y mostró un continuo interés en la publicación de la traducción de Galeno de Linacre (*Ep.* 502, 687, 690, 726, 755, 785 y 971). Además, le consultó por consejo médico mientras estaba en Londres y luego escribió solicitando una copia de la receta para el tratamiento de la fiebre (*Ep.* 415). Linacre obviamente consideraba a su amigo holandés como un hombre de una habilidad e integridad sobresalientes (*Ep.* 415 y 513) y en 1516 alabó sus habilidades ante Enrique VIII (*Ep.* 388). Aunque una vez le reprochó a Linacre que no publicara más (*Ep.* 1230), tenía la opinión más alta de las habilidades del inglés, elogiándolo con frecuencia de manera generosa (*Ep.* 118, 971, 1005, 1117, 1175 y 1558).[37]

4. Erasmo, el humanista doliente[38]

La imagen del holandés como un humanista doliente queda muy bien reflejada en la *Epístola* 1735 (Basilea, 27 de agosto de 1526) a Guillemau Cop. En ese momento, Guillaume Cop era uno de los médicos del rey de Francia y era muy apreciado por sus conocimientos médicos, así como por su aprendizaje humanístico y su publicación de traducciones latinas de autores médicos griegos. Erasmo lo conocía desde 1497 y a lo largo de los años lo mencionó en muchas cartas (cf. *Ep.* 124, n. 18). Aunque Erasmo había sufrido durante

---

[37]   Sobre la vida y obras de Linacre, cf. Francis Maddison, Margaret Pelling y Charles Webster (eds.), *Linacre Studies: Essays on the Life and Work of Thomas Linacre*, Oxford, Oxford University Press, 1977.

[38]   Cf. H. Brabant, "Érasme, ses maladies et ses médecins", vol. I, 539-568.

muchos años de cálculos renales —como hemos comentado—, parece haber estado libre de síntomas agudos durante la primavera y principios del verano de 1526, una conclusión justificada por no mencionar su salud en absoluto en su carta del 28 de abril a Jan Antonin (*Ep.* 1698), médico que lo había tratado con gran éxito cuando estuvo viviendo en Basilea durante varios meses en 1524 (cf. *Ep.* 1602, Introducción).

Pero a fines de julio, en una carta a Willibald Pirckheimer (*Ep.* 1729), Erasmo se quejó de los síntomas agudos aquí descritos con mayor detalle. Los problemas de Erasmo con el cálculo eran crónicos, pero la descripción de su condición en este tiempo sugiere algo más, probablemente una infección del tracto urinario además de la acumulación de cálculos (*calcium granules*) que no había podido expulsar. Erasmo publicó esta carta en su *Opus epistularum.*[39]

La carta comienza así:

Con cuánto fervor me gustaría que estuvieras aquí, el más elocuente de los médicos, ahora que mi salud ha empeorado. Desde que comencé a diluir mi vino con agua hervida con raíz de regaliz, la piedra había sido más amable conmigo; y mis amigos ya me estaban felicitando por haberme librado del problema. Luego, de repente, en julio pasado, comencé a tener una gran descarga de orina, acompañada de lesiones en el tracto. Al principio no hubo mucho dolor, pero después de uno o dos días fue una tortura...

Continúa exponiendo sus síntomas de dolores y enfermedad y en la l. 12 dice:

Los médicos no dieron motivo de esperanza... Así que los despedí y me encomendé al Señor. Entonces el dolor se hizo menos severo y la descarga de líquido disminuyó considerablemente. Parece, sin embargo,

---

[39] Cf. Desiderius Erasmus, *The Corresponde of Erasmus. Letters 1658 to 1801, Collected Works of Erasmus*, vol. XII, Ch. G. Nauert y A. Dalzell (eds.), Toronto, University of Toronto Press, 2003, 279-283.

que hay ulceración y cicatrización en el tracto urinario. Me dicen que Thomas Linacre murió por esta afección. Ya que no puedo visitarte por mi salud y las amenazas de guerra, te ruego muy urgentemente que me escribas y me des tu consejo.

Como se constata, Erasmo siempre aparece un tanto hipocondriaco, habla de su delicada salud continuamente en su obra, pero no solamente de la suya, sino de la de otros, como en este caso, de la de Linacre. Y a la enfermedad física une la enfermedad con los enemigos de su obra, a los que llama "hueste de demonios":

ll. 20-25: Parece que los monjes y una serie de teólogos del tipo de los monjes han entrado en una conspiración para sacar de circulación los libros de Erasmo, por lo que de ahora en adelante nos veremos obligados a leer las obras de Beda y Cousturier[40] y otros de su calaña. La gente sospecha que Lee, tanto en su país como durante su visita a España en misión diplomática, está dando un apoyo enérgico a estos locos... Dónde terminará todo este alboroto, no lo sé. No puedo luchar solo contra una hueste de demonios a menos que los príncipes intervengan y ejerzan su autoridad. El Papa había impuesto una prohibición de silencio a los idiotas parlanchines de Lovaina (cf. Ep. 1716, n. 6). Obtuvieron en secreto el permiso de los datos para no cumplir con su deber, aunque con la condición de que no me hicieran daño. El emperador emitió un severo edicto...

ll. 36-42: Ruego para que Dios haga que todas las cosas salgan de la mejor manera.

La *Epístola* termina así:

---

[40] Conservador, teólogo antihumanista.

El portador de esta carta[41] desea mucho ser encomendado a usted. Puede explicar mejor cuál es su negocio. Es un comerciante, uno de los hombres de Mercurio y un terrible charlatán. Puedes escucharlo por todos los medios, pero no te dejes engañar. Le estaré muy agradecido si me envía una cura; y si hay alguna noticia de la Corte que deba saber, por favor pásela. Mis mejores deseos para usted y para su esposa e hijos.

Todo lo aquí mostrado refleja lo que hemos señalado al principio: la gran preocupación de Erasmo por el tema de la enfermedad y muerte. En ello influyó su débil salud y la experiencia de la peste vivida durante su estancia en París. De diferentes maneras, la enfermedad y la muerte estarán presentes en sus obras tanto de forma explícita —igual en las aquí señaladas— como de forma implícita e indirecta en muchas otras.

---

[41]   No identificado.

Referencias

Bataillon, Marcel, *Erasmo y España. Estudios sobre la historia espiritual del siglo xvi*, Madrid, Fondo de Cultura Económica, 1983.

Bietenholz, Peter G., y Deutscher, Thomas B. (eds.), *Contemporaries of Erasmus. A Biographical Register of the Renaissance and reformation (ce)*, vol. I, Toronto, University of Toronto Press, 1985.

Bietenholz, Peter G., y Deutscher, Thomas B. (eds.), *Contemporaries of Erasmus. A Biographical Register of the Renaissance and reformation (ce)*, vol. II, Toronto, University of Toronto Press, 1986.

Brabant, H., "Epidémies et Médecins au temps d'Erasme", en *Colloquia Erasmiana Tvronensia*, vol. I, Jean-Claude (ed.), Toronto/Buffalo, University of Toronto Press, 1972.

________, "Érasme, ses maladies et ses médecins", en *Colloquia Erasmiana Tvronensia*, vol. I, Jean-Claude (ed.), Toronto, University of Toronto Press, 1972.

Branden, Vanden den, "Érasme et la mort", *Revue Études sur la mort-Thanatologie*, 89/90, 1992.

Elaut, Leo, "Érasme, traducteur de Galien", *Bibliothèque d'Humanisme et Renaissance*, 20, 1958.

Erasmus, Desiderius, *Opera omnia Desiderii Erasmi Roterodami*, asd I-1, Kazimierz Kumaniecki, R. A. B, Mynors, Christopher Robinson y Jan Hendrik Waszink (eds.), Ámsterdan/Oxford, Brill, 1969.

________, *The Correspondence of Erasmus. Letters 1 to 141. Collected Works of Erasmus*, vol. I, R. A. Mynors, Douglas Ferguson Scott Thomson y Wallace K. Ferguson (eds.), Toronto, University of Toronto Press, 1974.

________, *De praeparatione ad mortem*, Van Heck (ed.), Leiden, Brill, 1977.

________, *The Correspondence of Erasmus. Letters 1252 to 1355*, vol. IX, R. A. B. Mynors y James M. Estes (eds.), Toronto, University of Toronto Press, 1989.

________, *The Corresponde of Erasmus. Letters 1658 to 1801*, Collected Works of Erasmus, vol. XII, Ch. G. Nauert y A. Dalzell (eds.), Toronto, University of Toronto Press, 2003.

Esteban Llorente, Juan Francisco, "El recurso a los simbólico en el Renacimiento: sistemas simbólicos", en *El recurso a lo simbólico. Reflexiones sobre el gusto II*, Gonzalo Manuel Borrás *et al.* (eds.), Zaragoza, Institución Fernando el Católico, 2014.

Fransen, Bart, "Erasmo, Término y la muerte. Letras e imágenes en diálogo", en *Erasmo en España. La recepción del humanismo en el primer renacimiento español*, Palma Martínez-Burgos García (ed.), Madrid, Sociedad Estatal para la Acción Cultural Exterior, 2002.

Halkin, León-E., "Érasme et la mort", *Revue de l'Histoire des Religions*, 200/3, 1983.

Huizinga, Johan, *Erasmo*, Sevilla, Ulises, 1987.

Kohls, Wilhelm, "Meditatio mortis chez Pétrarque et Érasme", en *Colloquia Erasmiana Tvronensia*, vol. I, Jean-Claude (ed.), Toronto/Buffalo, University of Toronto Press, 1972.

Krivatsy, Peter, "Erasmus' Medical Milieu", *Bulletin of the History of Medicin*, 47/2, 1973.

Maddison, Francis, Pelling, Margaret, y Webster, Charles (eds.), *Linacre Studies: Essays on the Life and Work of Thomas Linacre*, Oxford, Oxford University Press, 1977.

Margolin, Jean-Claude, "Le 'Chant alpestre' d'Érasme: Poème sur la vieillesse", *Bibliothèque d'Humanisme et Renaissance*, 27, 1965.

Panofsky, Erwin, "Erasmus and the Visual Arts", *Journal of the Warburg and Courtauld Institutes*, 32, 1969.

Parellada Casas, Joaquín, *Erasmo, preparación y aparejo del bien morir. Estudio y edición crítica*, Bernardo Pérez de Chinchón (trad.), Madrid, Fundación Universitaria Española y Universidad Pontificia de Salamanca, 2000.

Quesnel, Colette, "Le 'vrai' médecin à la Renaissance", *Renaissance and Reformation / Renaissance et Réforme*, 24/4, 2000.

Reedijk, Cees, *The Poems of Desiderius Erasmus*, Leiden, Brill.

Rietsch, Jean-Miche, "Paracelse critique d'Érasme: des belles-lettres comme obstacle à la comprehension de l'oevre de Dieu", *Revue de Théologie et de Philosophie*, 137/2, 2005.

Romo Feito, Fernando, "La imagen de Erasmo", *Lorenzo Hervás*, 20, 2011.

Wickenheiser, Ernest, *Dictionnaire biographique des médicins en France au Moyen Age*, vol. I, Ginebra, Droz, 1936.

Wind, Edgard, "*Aenigma termini*. El emblema de Erasmo de Rotterdam", en *La elocuencia de los símbolos. Estudios sobre arte humanista*, Jaynie Anderson (ed.), Madrid, Alianza, 1993.

La función estética y pedagógica del cine de zombis. Reflexiones de la pandemia a partir del horror

Gabriel Dumont González
Universidad Central de Venezuela (UCV)
gabrieldg070893@gmail.com

Gustavo Esparza
Instituto de Humanidades
Universidad Panamericana (México)
gaesparza@up.edu.mx

Introducción

El objetivo del presente capítulo propone estudiar las representaciones de la peste dentro del cine zombi (1927-2022). Adelantamos que no se agotará el subgénero ni se abarcarán las múltiples propuestas existentes, pero sí, en cambio, realizaremos una revisión conceptual tanto de los géneros cinematográficos, para luego ubicar el terror y los zombis dentro de una categoría de estudio que nos permita definir sus causas, consecuencias y, por supuesto, los recursos estéticos empleados por los distintos directores a través del tiempo para la producción de cada una de las películas.

El plan de trabajo queda como sigue: en un segundo apartado elaboramos un encuadre del cine zombi y sus posibilidades como recurso de representación. El tercero y cuarto apartados definen el género del cine de terror y el subgénero zombi, respectivamente, buscando con ello establecer un marco teórico para la comprensión de las funciones y tareas que dichas propuestas cumplen como cine y como referente cultural. El desarrollo general nos permitirá sostener que las representaciones cinematográficas vinculadas a situaciones de invasiones de muertos que viven contienen un potencial pedagógico que puede aprovecharse en situaciones como las ocurridas en la más reciente pandemia.

1. Representación y pandemia
   Las posibilidades del cine zombi

Como punto de inicio proponemos un ejercicio mental. Pensemos que la reciente pandemia por SARS-COV-2 (covid-19), que irrumpió en el mundo durante 2019-2022 (sólo por definir un ciclo temporal), se copie, edite para darle formato de guion, se produzca, comience el rodaje, y luego la posproducción, para después distribuirse en cines; es decir, la reciente pandemia padecida bien podría servir de guion para una película de este género, siendo el argumento central los hechos como acontecieron. Creemos que el resultado final sería calificado por los espectadores como "otra película de zombis". Si el lector está de acuerdo con nuestra valoración, la pregunta sería: ¿qué significa la que podamos calificar una parte de nuestra historia como "película de zombis"?

Consideramos que esta pregunta tiene tres vías posibles de eventual respuesta: 1. El primer aspecto corresponde a la "plausibilidad de lo fantástico". Recordemos que con el estreno de *Zombie blanco* (*White Zombie*, Victor Halperin, 1932), pero con certeza desde 1968 con *La noche de los muertos vivientes* (*Night of the Living Dead*) de la mano de George A. Romero, la humanidad advirtió la posibilidad "fantástica" de convertirnos en presas de causas extrañas que nos impondrían el enclaustramiento, el miedo y el desconcierto como una realidad "viviente". 2. El segundo aspecto, si bien se deriva del primero, tiene connotaciones formativas, por lo que lo llamaremos "pedagogía de lo fantástico". La cuestión específica es: ¿qué aprendimos de esas "posibilidades fantásticas" en este tiempo de producción de cine zombi? Una respuesta preocupante sería contestar que el cine, por sí mismo, no busca formar, y, por ende, podríamos responder despreocupados que este formato artístico no cumple con función didáctica alguna. A nuestro modo de entender, sin embargo, el cine contiene posibilidades pedagógicas y, por ende, sostenemos nuestra pregunta ¿qué estrategias incorporamos, gracias a las películas zombis, a nuestra vida de enclaustramiento?[1] 3. El tercer aspecto, sin olvidarse del pedagógico del cine, en cambio, se concentra en la "estética de la invasión zombi". La cuestión central remite a la reconstrucción de lo imposible como un elemento posible, las preguntas eje serían: ¿por qué y cómo es que la humanidad sería presa de una invasión zombi? ¿Qué sentido estético encontramos en la configuración del horror de la muerte? Ante la inminencia del subgénero en la historia del cine, ¿qué reglas generales constituirían un auténtico cine de zombis?

Para efectos del presente capítulo partimos de la (1) "posibilidad de lo fantástico", para manifestar el potencial "pedagógico" de este género. En sentido profundo, nos interesa concentrarnos en lo que este subgénero nos ha ofrecido (3) visual y estéticamente a lo largo del tiempo. La cuestión más importante es entender cómo un hecho fantástico ha podido generar una diversidad de representaciones sobre acontecimientos que, hasta hace apenas unos años, hubiésemos calificado de fantasía mórbida. Si bien la historia de la humanidad ha padecido de pandemias como la peste negra o bubónica (1346-1352), o como la influenza o gripe española (1918-1920),[2] por citar algunas de las más conocidas, ello no había sido motivo suficiente para pensar en el cine zombi como un recurso válido de consideración para el diseño y desarrollo de, por ejemplo, políticas públicas o medidas de seguridad e higiene, por parte de gobiernos u organismos internacionales encargados de la salud.

Paradójicamente, en cambio, este subgénero sí ha sido objeto de referencia para el desarrollo de otro tipo de estrategias tales como: entretenimiento

---

[1] El trabajo de Marciniak Katarzyna y Bruce Bennett (eds.), *Teaching Transnational Cinema. Politicas and Pedagogy*, Londres/Nueva York, Routledge, 2016, ofrece una mirada interdisciplinar al cine como recurso pedagógico y de reflexión social. Si bien su tesis no es mostrar al cine como recurso didáctico, sí argumenta en favor de sus posibilidades didácticas para el tratamiento áulico sobre temas sociales y políticos, lo que contribuye a reforzar nuestra afirmación.

[2] Para un recuento de ejemplos dentro de la historia de México, y particularmente en Aguascalientes, se puede leer en Lourdes Adriana Paredes Quiroz, "Las labores de la Iglesia católica durante las epidemias de cólera en las parroquias del partido de Aguascalientes, 1833 y 1849-1850", *Conocimiento y Acción*, IV, 2023, 74-100.

y comercio,[3] por mencionar las más evidentes, pero también como impulso y promoción de estrategias de contingencia precisamente en situaciones de pandemia,[4] así como categoría de análisis sociológico para comprender los hábitos de consumo a través del tiempo.[5] Estos hechos demuestran que mientras que el cine de zombis ha servido para el desarrollo de estrategias que impactan real y efectivamente en distintas industrias y contextos sociales; en cambio, no ha sido objeto de aprovechamiento para el desarrollo de acciones que hubiesen servido favorablemente para afrontar de mejor modo esta pandemia previa.

Conscientes del potencial social de este subgénero, como se planteó en el objetivo, se estudiarán algunas de las representaciones mostradas en el cine zombi. El resultado, concluiremos, puede ofrecer una base de partida para replantear la función pedagógica y social en las estrategias empleadas para afrontar futuras pandemias, pues creemos que nuestra vida de crisis puede mejorarse con algunas de las advertencias estéticas que diversos cineastas ya habían concebido como posibles.

---

[3] Véase, por ejemplo: Johanna Montauban, "De los zombis a los *walkers*. El despertar de la economía *fandom*", *Anthropologica*, 37/42, 2019, 35-56; Xavier Brito Alvarado y Saudia Levoyer Salas, "La geopolítica cinematográfica de los zombis: notas para el debate", *Revista Humanidades*, 10/2, 2020, 1-14. Además de los estudios previos que exploran el impacto económico del subgénero en distintos productos comerciales, queremos mencionar el anuncio que Amazon Company incluyó como parte de sus cláusulas de términos y servicios para el cliente, lo cual le permitió generar una campaña mediática para la venta y distribución de la plataforma de videojuegos Lumberyard: "Esta restricción no se aplicará en caso de que ocurra (con certificación de los Centros para el Control de Enfermedades de los Estados Unidos o el organismo que lo suceda) de una infección viral generalizada transmitida a través de picaduras o contacto con fluidos corporales que haga que los cadáveres humanos revivan y traten de consumir carne humana viva, sangre, cerebro o tejido nervioso y es probable que conlleve la caída de la civilización organizada", Amazon Company, *Término de servicio* AWS, cláusula, 42.10, 37. Disponible en ‹https://d1.awsstatic.com/legal/awsserviceterms/AWS_Service_Terms_Spanish_2022-10-14.pdf› , consultado el 20 de enero de 2023.

[4] Max Brook, *The Zombie: Survival Guide. Complete protection from the Living Dead*, Max Werner (ilust.), Nueva York, Three Rivers Press, 2003; Coltan Scrivner, John A. Johnson, Jens Kjeldgaard-Christiansen y Mathias Clasen, "Pandemic practice: Horror fans and morbidly curious individuals are more psychologically resilient during the covid-19 pandemic", *Personality and Individual Differences*, 168, 2021, 1-7.

[5] Samuel Ortiz Fernández, "Historia y evolución del cine zombie", *Philologica Urcitana*, 10, 2014, 89-117; Ezzio Avedaño López, *Cine de zombis. Una introducción para zombis*, Aguascalientes, Universidad Autónoma de Aguascalientes, 2016.

2. Aspectos generales del cine de terror

Los géneros cinematográficos conforman uno de los campos prácticos y teóricos más amplios y profundos del cine que, si bien inicialmente partieron de la literatura, en la actualidad están constituidos en un área aparte con sus propios axiomas, autores y objetos de estudio; asimismo, la influencia de los géneros en la producción de películas de todo el mundo ha sido vasta y de vital importancia para el desarrollo de muchísimas industrias cinematográficas. En líneas generales, el estudio de los géneros se puede dividir en cuatro puntos: definiciones, etapas históricas, mezclas y subgéneros.

De la gran cantidad de géneros existentes, el terror tiene un lugar destacado por varios motivos: 1. La lista de películas estrenadas a lo largo de la historia es amplia; 2. Ha producido verdaderos hitos en la cultura popular; 3. Tiene relaciones con la historia contemporánea que exteriorizan los temores y fobias de sus tiempos; 4. Y ha sido objeto de diversos e interesantes estudios que demuestran la profundidad temática, narrativa, estilística y hasta filosófica que puede adquirir.

Tom Ryall define todos los géneros como "patrones/formas/estilos/estructuras que trascienden a las propias películas, y que verifican su construcción por parte del director y su lectura por parte del espectador".[6] El siguiente concepto del cine de terror, propuesto por los escritores Pedro Miguel Lamet, José María Rodenas y Domingo Gallego, se ajusta a la definición de Ryall: "Su finalidad, a primera vista, es aterrorizar al espectador usando toda clase de medios: trucos de cámara, decorados, iluminación, personajes extraños. El expresionismo alemán utilizó este género para analizar la conciencia humana llena de miedo frente al misterio, lo desconocido y lo sobrehumano".[7]

Explicando a Lamet *et al.*, el objetivo principal de las películas de terror es asustar a los espectadores con una amplia gama de recursos:

---

[6] Tom Ryall, *El film de gángsters*, Londres, British Film Institute, 1979, 1.

[7] Pedro Miguel Lamet, José María Rodenas y Domingo Gallego, *Lecciones de cine*. Tomo II. Historia, estética y sociología, Bilbao, Mensajero del Corazón de Jesús, 1968, 129.

contrastes fuertes entre luces y sombras; movimientos repentinos de cámara; planos, detalles para acentuar armas o miembros cercenados, o ángulos contrapicados para recalcar el poder de los monstruos; personajes arquetípicos como los vampiros, psicópatas, muertos vivientes y animales monstruosos; escenarios recurrentes como laboratorios, cementerios, casas abandonadas, castillos y hasta hospitales.

De la misma forma, muchas películas de terror profundizan en los miedos inconscientes o conscientes, en las fobias individuales o colectivas; en otras palabras, en las oscuras profundidades de la mente y el espíritu humanos. Y estos parámetros han sido utilizados insistentemente por directores como Tod Browning, Steven Spielberg, W. F. Murnau, Alfred Hitchcock, George Romero o Wes Craven, y cuyas películas son vistas por los espectadores —en gran medida— por las emociones e ideas que suscitan en ellos.

Para los investigadores Román Gubern y Joan Prat, existen cuatro temas clave enmarcados en lo que denominaron los cánones míticos-estructurales del terror:

> Los cánones mítico-estructurales [...] contemplan cada modelo mítico y su particular modo de articulación, que puede conocer algunas variantes episódicas, pero que subyace de un modo estable en las obras de cada siglo o subgénero: el mito del vampiro, el mito de Frankenstein y su creatura, el mito de la Bella y la Bestia, etcétera.

> [...] los ejes dominantes del género terrorífico nacen de formulaciones míticas ligadas a creencias populares y a temores nacidos en contextos socioculturales muy precisos.[8]

Parafraseando a Gubern y Prat, tenemos los siguientes temas con bases míticas y arquetipales, que poseen características similares y disímiles:[9]

---

8   Román Gubern y Joan Prat, *Las raíces del miedo. Antropología del cine de terror*, Barcelona, Tusquets Editores, 1979, 32-33.

9   *Ibidem*, 33-41.

1. *El descanso eterno después de la muerte:* tema central de los no-muertos y los muertos vivientes que no han podido descansar pacíficamente tras su muerte. El deseo del anhelado descanso se encuentra en la casi totalidad de religiones del mundo y no alcanzarlo se considera una suerte de castigo por algún pecado grave. En este tema incluimos a los vampiros, zombis, las momias y a los monstruos "sacrílegos" como el creado por Frankenstein.[10]

2. *La tiranía:* los poderes económico y científico y el dominio sexual componen este tema, cuyo personaje más representativo es el conde Drácula de Bram Stoker,[11] quien se vale de su fortuna, aliados (esclavos y animales) y magnetismo sexual para controlar a sus víctimas. De forma similar, Víctor Frankenstein busca controlar a la naturaleza, por medio de la ciencia, para crear a su fallida criatura.

3. *La pérdida de identidad:* este tema aborda los trastornos de personalidades, la conversión de una persona en otro ser y las posesiones, que representan un temor extendido en la humanidad.

4. *La monstruosidad:* las diferentes anomalías físicas de las cual puede ser objeto el cuerpo humano resultan sumamente inquietantes por romper con lo normal y correcto, como sucede con el protagonista de la novela *La metamorfosis*.[12] Este tema se subdivide a su vez en monstruo por ser invisible, por su tamaño, por ser un híbrido, por tener poderes parapsicológicos, por ser concebido de formas bizarras o por ser anomalías zoológicas.

Estos temas son narrados a través de dos grandes estructuras narrativas definidas por el filósofo Noël Carroll como la "trama del descubrimiento complejo" y la "trama del transgresor", compuesta cada una de cuatro movimientos o funciones que hacen progresar a la historia.[13]

---

[10] Mary Shelley, *Frankenstein o el moderno Prometeo*, Antonio Tulián (trad.), Buenos Aires, Longseller, 2004.

[11] Bram Stoker, *Drácula*, Mario Montalbán (trad.), Barcelona, Random House Mondadori, 2006.

[12] Franz Kafka, *La metamorfosis*, Gonzalo Hidalgo Bayal (trad.), Madrid, Akal, 2005.

[13] Noël Carroll, *Filosofía del terror o paradojas del corazón*, Madrid, Machado Libros, 2005, 212.

La primera está dividida en presentación (introducción del monstruo), descubrimiento (el hallazgo del monstruo por parte de los protagonistas), confirmación (los protagonistas convencen al resto de los personajes de la existencia del monstruo y el peligro que representa) y enfrentamiento (lucha entre los humanos y el monstruo).

La segunda se divide en preparación del experimento (el científico o transgresor asegura todos los elementos necesarios para su creación y justifica la validez de su obra), experimento (creación del monstruo propiamente), rebeldía del experimento (el monstruo se rebela contra su creador) y enfrentamiento (lucha entre el científico contra su creación).[14]

El cine de terror ha evolucionado puntual y constantemente a lo largo de la historia cinematográfica, pero siempre manteniendo su esencial primordial. Por tanto, su transformación se puede emplazar en las etapas genéricas divididas en temprana, clásica y refinamiento desarrolladas por el teórico Thomas Schatz.[15]

En la etapa temprana se dan los rasgos primigenios de los géneros, teniendo ésta un alto grado de originalidad, y su periodo va desde 1895 hasta inicios del cine sonoro (1927). Las primeras películas terroríficas como *La mansión del diablo* (*The Haunted Castle*, George Méliès, 1896), *Frankenstein* (J. Searle Dawley, 1910), *El gabinete del Dr. Caligari* (*Das Cabinet des Dr. Caligari*, Robert Wiene, 1919) y *Nosferatu* (*Nosferatu, eine Symphonie des Grauens*, Friedrich Wilhelm Murnau, 1921) tenían como objetivo asustar a los espectadores; usaron algunas de las temáticas descritas por Gubern y Prat,[16] así como de las estructuras narrativas definidas por Carroll;[17] y exteriorizaron gran parte del aspecto iconográfico del terror: castillos, laboratorios, claroscuros, monstruos, etcétera.

---

[14] Debemos acotar que de estas estructuras básicas se pueden dividir otras compuestas de menos funciones que las mencionadas. Por ejemplo, algunas películas usan una variación de la primera estructura denominada por Carroll como "trama del descubrimiento", que consta sólo de la presentación, descubrimiento y enfrentamiento.

[15] Thomas Schatz, *Hollywood Genres: Formulas, Filmmaking and the Studio System*, Nueva York, McGraw Hill, 1981, 37. [Traducción realizada por Gabriel Dumont.]

[16] Román Gubern y Joan Prat, *op. cit.*, 33-41.

[17] Noël Carroll, *op. cit.*, 212.

En la etapa clásica se consolidaron los temas, las narrativas y los estilos y, además, se buscaba la transparencia formal, es decir, que el mensaje del filme fuera acorde con la línea de pensamiento imperante de la época. El escritor Carlos Losilla considera que la etapa clásica inicia en 1931 con el estreno de *Drácula* (*Dracula*, Tod Browning): "En esta fase, el aspecto "psicológico" del género, el trasfondo de sus arquetipos, tiene unas características perfectamente definidas: los fantasmas personales y sociales se proyectan hacia afuera, materializándose en distintos tipos de monstruos —generalmente de procedencia europea— cuya aniquilación final restituye el orden en el cuerpo social".[18]

Aparte de *Drácula*, podemos considerar a *Frankenstein* (James Whale, 1931), *El hombre lobo* (*The Wolf Man*, George Waggner, 1941) y *Yo anduve con un zombie* (*I Walked with a Zombie*, Jacques Tourneur, 1943) como ejemplos ideales del clasicismo en el cine de terror.

Para Schatz "el final de la etapa clásica puede ser observado como un punto en el cual el mensaje directo del género ha saturado a la audiencia [...]"[19] dándose inicio al refinamiento, que consta en la subversión y parodia de las características clásicas pasando así de la transparencia a la opacidad; en otras palabras, los filmes se hicieron más complejos, violentos y moralmente ambiguos en muchos casos.

Parafraseando a Losilla, a mediados de los años cincuenta el terror cambió del clasicismo al refinamiento con la irrupción de directores como Terence Fisher, Mario Bava y Roger Corman.[20] No obstante, la consolidación de esta etapa llegó con filmes como *Psicosis* (*Psycho*, Alfred Hitchcock, 1960) y *Repulsión* (*Repulsion*, Roman Polanski, 1965), por ejemplo, que eran sexualmente más insinuantes, psicológicamente oscuros y estilísticamente más violentos que películas anteriores.[21]

Un punto relevante de todos los géneros son las mezclas divididas en sumergimiento e hibridación. Robert Stam define a los géneros sumergidos

---

[18] Carlos Losilla, *El cine de terror. Una introducción*, Barcelona, Ediciones Paidós Ibérica, 1993, 71-72.

[19] Thomas Schatz, *op. cit.*, 38.

[20] Carlos Losilla, *op. cit.*, 109.

[21] Schatz no delimitó el final del refinamiento, pero esta tendencia continúa hasta nuestros tiempos.

como "cuando una película parece pertenecer a un género en su superficie y, sin embargo, en un estrato más profundo pertenece a otro: por este motivo algunos analistas sostienen que *Taxi Drive* (*Taxi Driver*, 1976) es "en realidad" un western, o que *Nashville* (*Nashville*, 1975) es, en última instancia, un filme que reflexiona sobre el propio Hollywood".[22]

Podemos ejemplificar el concepto de Stam con la imagen de un iceberg: su pico es un género y el resto es otro. En un iceberg, la punta es inmediatamente visible y si se trata de un género, entonces el espectador lo reconoce con más facilidad; no obstante, la punta es más pequeña que el resto. Así, la estructura, el otro género, aunque es más difícil de vislumbrar es más grande y, por tanto, se convierte en el verdadero soporte del filme.[23] Un caso de sumergimiento lo tenemos en *Anticristo* (*Antichrist*, Lars von Trier, 2009), puesto que en la "superficie" se plantea el drama de una familia, pero sumergida encontramos una historia de brujería y perversión dominada por la figura femenina.

Por otra parte, José Luis Sánchez Noriega define a los géneros híbridos como

> aquellos formados por un catálogo de películas claramente identificables, cuyas obras participan simultáneamente de más de uno de los géneros canónicos. Así sucede, por ejemplo, con la comedia dramática o la comedia musical. En realidad, son especializaciones que han adquirido el suficiente desarrollo y entidad como para independizarse de los géneros originarios.[24]

A diferencia del sumergimiento, en la hibridación todos los géneros tienen la misma importancia y pueden ser claramente identificables por el espectador. Para María Gabriela Colmenares esto "permite la aparición de

---

[22]   Robert Stam, *Teorías del cine*, Barcelona, Ediciones Paidós Ibérica, 2001, 155.

[23]   Gabriel Dumont, "Érase una vez en Tatooine. El western como género sumergido en El mandaloriano", *Aura. Revista de Historia y Teoría del Arte*, 2022, 163.

[24]   José Luis Sánchez Noriega, *Historia del cine. Teoría y géneros cinematográficos, fotografía y televisión*, Madrid, Alianza, 2006, 99.

filmes híbridos, nuevos ciclos y otros géneros";[25] por ejemplo, *Alien: el octavo pasajero* (*Alien*, Ridley Scott, 1979) hibrida a la perfección el terror y la ciencia ficción: cada uno de los géneros está bien delimitado, gozan de igual relevancia y el uso recurrente de ambos géneros dio inicio al subgénero del terror de ciencia ficción representado por éste y una amplia cantidad de filmes similares.

En relación con los subgéneros, Ed Sikov los definió de forma breve como "una categoría pequeña dentro de la categoría del género";[26] además de la hibridación, otros motivos que impulsaron la aparición de esta categoría son: 1. El uso de un género por parte de una industria cinematográfica diferente a las usuales (el *giallo* y el cine italiano); 2. El uso específico y reiterativo de una temática y estilo dentro de cada género como el cine de vampiros, el *slasher*, la brujería, los hombres lobo o los zombis que analizaremos a continuación.

3. El subgénero de los zombis

Todos los géneros canónicos poseen subgéneros propios que se derivan de ellos por motivos industriales, de hibridación o por enfatizar en temas y estilos de manera reiterada, como ya vimos. Con independencia de estos motivos, para el cine de terror los subgéneros son de suma relevancia según Gubern y Prat:

> El cine de terror es [...] un género rígidamente codificado por la industria y que consta en rigor de familias de subgéneros. Quiere decir esto que dentro del cine terrorífico existe un nutrido subgénero dedicado al vampirismo, con sus reglas propias, como existe otro perfectamente definido dedicado al mito del humanoide (ciclo de Frankenstein), o dedicado

---

25   María Gabriela Colmenares, *Cine industrial como cine de géneros: análisis de los largometrajes de Bolívar Films*, Caracas, Universidad Central de Venezuela, 2013, 32.

26   Ed Sikov, *Film Studies: An Introduction*, Nueva York, Columbia University Press, 2010, 155.

al hombre-lobo, al zombi, etc., cada uno de ellos sometidos a normas bien precisas y muy raramente intercambiables entre sí.[27]

El subgénero de los zombis (o de los muertos vivientes, en una forma más amplia) es uno de los más populares del terror por su larga historia, gran cantidad de películas y analogías estéticas. Esencialmente, John Joseph Adams lo describe de la siguiente manera: "Las historias sobre zombies van de muertos que salen de la tumba, vuelven a la vida y buscan víctimas humanas. Van de luchar contra un enemigo implacable y de imaginar cómo sería sobrevivir al fin del mundo y tratar de pensar qué hacer cuando los muertos no quieren quedarse muertos".[28]

Extendiendo la descripción de Adams: los zombis pueden ser resucitados por procedimientos mágicos o experimentales, lo cual le provee a este subgénero de connotaciones religiosas y científicas; los zombis no poseen voluntad propia, ya sea porque están controlados por un amo (en el caso del primer procedimiento) o por sus propios apetitos violentos, resultando esto interesante desde el punto de vista psicológico; incluso, el subgénero aborda a los personajes que no han sido controlados o infectados, que deben combatirlos y sobrevivir, y cuya propia humanidad se pone a prueba, lo que tiene connotaciones éticas importantísimas.

Parafraseando a los autores Ángel Ferrero y Saúl Roas, el término zombi (o *zombie*) tiene sus raíces en la palabra haitiana *zonbi* que en la religión vudú hace alusión a un muerto que fue resucitado por un mago (o *bokor*) que lo controla. De acuerdo con el investigador Wade Davis, en realidad los magos ejercían su control usando una droga llamada tetrodotoxina (mezcla de veneno de pez globo en pequeñas dosis con sustancias como la datura) que hacía entrar en trance a la víctima; así, aunque la creencia de que la

---

[27] Román Gubern y Joan Prat, *op. cit.*, 31-32. Aunado a los mencionados por los autores, podemos añadir el terror de ciencia ficción, los asesinos en serie, la brujería, el satanismo, el terror de la naturaleza, los fantasmas, etc., lo cual da cuenta de la amplia variedad de subgéneros que componen el terror y, además, la enorme cantidad de miedos que tiene el ser humano representados por todas estas derivaciones.

[28] John Joseph Adams (recop.), *Zombies*, Barcelona, Planeta, 2012, 7. La definición de Adams funciona tanto para la vertiente literaria como cinematográfica de los zombis.

víctima había resucitado era un engaño, se le hacía creer que había vuelto a la vida por medio de conjuros, reforzado todo a su vez por las creencias religiosas y culturales haitianas.[29]

El tema central de los zombis es "el descanso eterno después de la muerte", propuesto por Gubern y Prat, porque la "segunda vida" de los muertos vivientes —con independencia de su vertiente religiosa o científica— es una aberración, una anormalidad en contra de las leyes de la naturaleza, que debe ser destruida. Y las películas de este subgénero se valen mayormente de la estructura "trama del descubrimiento complejo" para narrar historias casi siempre claras en las que se nos presentan a los muertos vivientes, los protagonistas comprueban su existencia, deben convencer a otros de unírseles y, por último, luchar juntos contra la propia muerte.

El primer filme de zombis de la historia es *Zombie blanco* (*White Zombie*, Victor Halperin, 1932), que simultáneamente inició el ciclo del subgénero: la representación del vudú. Cuenta la historia de Neil (John Harron) y Madeleine (Magde Bellamy), quienes viajan a Haití invitados por el terrateniente Charles Beaumont (Robert Frazer) para casarse, pero éste desea secretamente a Madeleine y le pide a Legendre (Béla Lugosi), un poderoso brujo vudú, que la convierta en zombi para controlarla.

La película de Halperin está narrada de forma clara y sencilla, propio de su tiempo, con actuaciones que no destacan particularmente ni siquiera dentro del cine de terror. Sin embargo, como menciona Esmeralda Mejía:

Además de otras técnicas innovadoras como sobreimpresiones y fotograma dividido, el mayor aporte de esta producción es sin duda la incursión del concepto de un muerto que ha resucitado a través de la hechicería. Vemos en *White Zombie* a cadáveres que son sacados de sus tumbas para hacerlos trabajar en fábricas de azúcar y en los campos, sin descanso y sin reclamar horas extras.[30]

---

[29]   Wade Davis, citado en Ángel Ferrero y Saúl Roas, "El 'zombi' como metáfora (contra) cultural", *Nómadas. Revista Crítica de Ciencias Sociales y Jurídicas*, 2011, 4-5.

[30]   Esmeralda Mejía, "*White Zombie*, la primera película sobre muertos vivientes", *Cinema Saturno*, 2022.

A *Zombie blanco* le siguieron otras películas como *La rebelión de los zombies* (*Revolt of the Zombies*, Victor Halperin, 1936), *El rey de los zombies* (*King of the Zombies*, Jean Yarbrough, 1941) y *Voodoo Man* (William Beaudine, 1944) enmarcadas en la etapa clásica y con un estilo similar de exotismo y conjuros, pero sin mayores repercusiones. De este ciclo destacaremos la citada *Yo anduve con un zombie* puesto que era bastante ambigua y, por tanto, perturbadora, con una atmósfera terrorífica y minimalista, pero efectiva, y por su uso fascinante del vudú, parafraseando al crítico Nils Meyer.[31]

A pesar de que años después se hicieron otras películas sobre zombis y el vudú, como la pavorosa *La serpiente y el arcoíris* (*The Serpent and the Rainbow*, Wes Craven, 1988), la revolución del subgénero había llegado a la etapa del refinamiento con *La noche de los muertos vivientes* (*Night of the Living Dead*, 1968), dirigida por George A. Romero, y que significó un antes y un después en el subgénero y un punto de inflexión importante en el cine de terror en general.

A priori, la ópera prima de Romero posee varios puntos llamativos que se convirtieron posteriormente en normas del cine de zombis: *a)* los muertos vivientes surgen por la radiación de un satélite espacial, lo que para la época le daba cierto grado de verosimilitud y exteriorizaba el miedo de la sociedad a la energía nuclear, en otras palabras, el vampiro es reemplazado por un monstruo nacido de la tecnología; *b)* los zombis atacan en hordas, diferente a la vertiente del vudú, haciéndolos difíciles de eliminar y, por tanto, más temibles; *c)* a través de la mordida pueden contagiar a otras personas, lo que explica su rápida reproducción; *d)* el horror ya no proviene desde el exótico extranjero, sino desde el propio hogar. Al respecto, Losilla profundiza en otros aspectos cinematográficos y de contenido:

> Rodada en un inquietante blanco y negro —que se erige enseguida en figura de estilo gracias a la sensación de amenaza que provoca la utilización del claroscuro—, la película establece desde un principio un obvio paralelismo entre los muertos vivientes del título y la sociedad de la

---

[31]   Jürgen Müller (ed.), *Cine de los 40*, Barcelona, Taschen, 2005, 155-158.

época —el derrumbe de ciertas coordenadas morales, la creciente desconfianza hacia las instituciones, el desencanto provocado por la guerra de Vietnam...—, representada por una serie de personajes que, a su vez, desplazan el énfasis del filme desde el nivel social hasta el familiar [...] la familia como célula principal de una sociedad en descomposición se revela a sí misma como la verdadera creadora de esos zombis, de esos muertos vivientes que la asedian simbólicamente en una casa abandonada —las ruinas de un hogar ya perdido para siempre— y que representan sus propios fantasmas reprimidos.[32]

Desirée de Fez, por su parte, sintetiza el impacto cultural de *La noche de los muertos vivientes*:

El año 1968 no sólo puede ser recordado como en el que George A. Romero concibió su mejor película, sino también como el año en que el cine de terror dio un vuelco [...] sentó las nuevas bases del género e hizo que los autores de películas de miedo se adentraran en derroteros hasta la fecha apenas o nada explorados. El futuro director de *Creepshow* (*Id.*, 1982) abría las puertas con su magistral film de zombis a un cine de terror estrechamente ligado a la realidad, de una violencia gráfica brutal y con un contenido crítico que trascendía la insinuación y la metáfora. Era una cinta pequeña, barata, rodada entre amigos, pero se convirtió en un éxito por su naturaleza innovadora y su carácter inesperado. Amén de su indiscutible eficacia como trabajo capaz a la vez de inquietar, aterrar y animar al espectador a reflexionar sobre el estado de las cosas.[33]

Naturalmente, las siguientes películas de zombis fueron más viscerales, violentas y ostentosas en cuanto a decorados, extras y presupuestos, y

---

[32]   Carlos Losilla, *op. cit.*, 152-153.

[33]   Desirée de Fez, *Películas clave del cine de terror moderno*, Barcelona, Ediciones Robinbook, 2007, 15.

continuaron criticando su presente y a la propia sociedad, aunque muchas descuidaron este aspecto en favor de la espectacularidad.

Romero continuó su trabajo con los zombis con *El amanecer de los muertos* (*Dawn of the Dead*, 1978), crítica al consumismo desde el punto de vista de un grupo de sobrevivientes encerrados en un centro comercial, y *El día de los muertos* (*Day of the Dead*, 1985), menos exitosa en taquilla y crítica que sus predecesoras.

En Italia se produjo una verdadera conmoción estilística por las películas de Lucio Fulci, siendo la más importante *Zombi 2* (Lucio Fulci, 1979),[34] que mezcla la vertiente vudú y religiosa con los zombis del estilo de Romero, pero que destaca sobre todo porque "se apoyó en unos buenos efectos especiales para llevar al límite la violencia detallada, pornográfica y macabra marca de la casa".[35] A esta le siguieron *La ciudad de los muertos vivientes* (*Paura nella città dei morti viventi*, 1980) y *El más allá* (*L'aldilà*, 1981), que de nuevo emplearían el aspecto sobrenatural del terror (mas no el vudú) y también destacarían por la violencia extrema.[36]

El subgénero de zombis tuvo un renacer temático con *Exterminio* (*28 Days Later*, Danny Boyle, 2002), que aborda la experimentación en animales; la sobrevivencia en un mundo hostil y demencial, ejemplificado por la peligrosa e inhóspita ciudad de Londres; y tanto la bondad como la bestialidad a las que puede llegar el ser humano, como Frank (Brendan Gleeson) cuando ayuda desinteresadamente a Jim (Cillian Murphy) y a Selena (Naomi Harris), o el grupo de militares que desean usar a Selena y Hannah (Megan Hannah) para su divertimento, respectivamente. *Exterminio* fue filmada con un estilo parecido al del cine documental, deliberadamente desprolijo para lograr un mayor realismo, y es más angustiosa y tensa que sus antecesoras por la ferocidad de los zombis, más rápidos y brutales.

---

[34] Se considera una secuela no oficial de *El amanecer de los muertos*, que en España se tituló *Zombi*.

[35] Desirée de Fez, *op. cit.*, 105.

[36] Entre los ochenta y los 2000 se dieron híbridos entre el subgénero que nos ocupa y la comedia, como *El regreso de los muertos vivientes* (*Return of the Living Dead*, Dan O'Bannon, 1985) y *Braindead* (Peter Jackson, 1992), que parodiaron con inventiva y gore las convenciones del cine de zombis, propio de la etapa revisionista.

Le siguió *El amanecer de los muertos* (*Dawn of the Dead*, Zack Snyder, 2004), *remake* de la película homónima de Romero que, de acuerdo con de De Fez, supera a la original por varios motivos:

> Hereda su premisa principal, su relente psicológico y, sobre todo, su violencia cruda. En líneas generales, se aleja del cine de terror de su época, aquel que busca el miedo en el sobresalto digital, y recupera la carnalidad del de finales de los setenta y los ochenta. Pero, a su vez, esquiva el principal defecto del original y añade un par de cosas de interés. Por un lado, acelera el drama: trepidante y vehemente, la película de Snyder no tiene los tiempos muertos que malogran la de Romero. Por otro, enriquece la historia al dar una mayor entidad a los personajes.[37]

Es interesante el comentario final de De Fez en torno a la mayor entidad conferida a los sobrevivientes, debido a que una parte importante de las producciones audiovisuales sobre zombis de los 2000 profundiza en la psicología de los sobrevivientes, equilibrando la visceralidad y la exploración de la conducta humana. Jonathan Penner y Steven Jay Schneider hacen un interesante comentario sobre esto último:

> De la noche a la mañana, el mundo se convierte en una pesadilla y, al despertar, los "supervivientes" se enfrentan a nuevos y borrosos límites entre ellos y "los otros". Súbitamente se encuentran en un nuevo mundo nada feliz, donde nada de lo que han aprendido y para lo que se han preparado tiene valor [...]. Nada es sagrado, puesto que evidentemente no hay Dios.[38]

Si partimos de la idea de que los sobrevivientes no están preparados para los desafíos físico y mental que supone luchar contra los zombis, entonces esto puede ser considerado como una segunda vida penosa para

---

[37]   Desirée de Fez, *op. cit.*, 210.

[38]   Jonathan Penner, Steven Jay Schneider y Paul Duncan (eds.), *Cine de terror*, Barcelona, Taschen, 2008, 109.

ellos, así como la de los propios muertos vivientes mencionada por Gubern y Prat, en la que deben enfrentarse al horror externo e interno. Por ejemplo, la historia de *Guerra mundial Z* (*World War Z*, Marc Foster, 2013) supone un calvario casi imposible para su protagonista, Gerry Lane (Brad Pitt), quien debe viajar por el mundo —como parte de un viaje infernal a contrarreloj en el que sus habilidades psicológicas y físicas son puestas a prueba— para encontrar el origen y la cura de la pandemia zombi.

En la actualidad, mención especial merece la industria audiovisual coreana. Es, con gran probabilidad, la que mejor ha sabido desarrollar el contenido psicológico y ético en las producciones sobre zombis: *Tren a Busan* (*Busanhaeng*, Yeon Sang-ho, 2016), *#Vivo* (*#Saraitda*, Yoo Ah-in, 2020), y las series *Kingdom* (*Kingdeom*, Kim Seong-hun y Park In-je, 2019-presente) y *Estamos muertos* (*Jigeum Uri Hakgyoneun*, Lee Jae-kyoo y Kim Nam-su, 2022-presente) exploran de forma fascinante el heroísmo y la bondad en tiempos desesperados, pero sobre todo la mezquindad, el odio, la barbarie, la intolerancia, la crueldad, en otras palabras, las bajas pasiones y las miserias humanas a las que el ser humano puede llegar con tanta y escalofriante facilidad.

Tratándose de las series de televisión, las estadounidenses *The Walking Dead* (Frank Darabont, 2010-2022) y *Black Summer* (John Hyams, Karl Schaefer, Abram Cox, 2019-presente)[39] han sabido desarrollar a sus personajes, profundizar en sus motivaciones y miedos, y en cómo se adaptan a sus respectivos mundos apocalípticos; asimismo, plantean —de una u otra forma— la infinitud de la maldad humana, hasta el punto que el espectador podría cuestionarse si los sobrevivientes son peores que los propios zombis.

Finalmente, es válido preguntarse: ¿por qué el subgénero de zombis es tan popular? ¿Qué impulsa al espectador a seguir consumiéndolo? ¿Podemos aprender algo de él? El escritor David Barr Kirtley expone dos motivos:

Una, creo que hay un enorme segmento de nuestro cerebro que ha evolucionado a base de escapar de las manadas de depredadores, y las

---

[39] Debemos acotar que *Black Summer* es una coproducción de Estados Unidos y Canadá.

historias de zombies nos brindan la rara oportunidad de sacar de paseo esa parte primigenia de nuestra psique [...]. Y dos, los zombies son una gran metáfora. La gran masa de la humanidad a menudo se nos presenta como irrazonablemente hostil y abocada al consumo, y la imagen del zombie encarna esto a la perfección.[40]

En el caso de los zombis, el espectador se ve confrontado, de forma segura, con su parte brutal e irracional, que puede salir a flote en cualquier momento de la vida diaria si no controla sus impulsos; en cuanto a los sobrevivientes, el espectador puede aprender a sobrellevar situaciones de caos general a través de los errores y los aciertos de los personajes, pero también se puede ver enfrentado con las acciones terribles que cometen con tal de sobrevivir, cuestionándose si podría hacer lo mismo.

4. ¿Qué hemos aprendido del cine zombi? A modo de conclusión

En líneas generales, el cine de zombis es en la actualidad uno de los subgéneros más complejos y populares del género del terror, por las siguientes razones: *a)* posee una evolución temática interesante en la que se alternan las vertientes religiosas y científicas, demostrando ambas que pueden dar origen a historias igualmente escalofriantes y con basamentos realistas y verosímiles; *b)* contiene narrativas claras, enmarcadas en la primera estructura expuesta por Carroll; *c)* estilísticamente han manifestado gran creatividad y sus cambios, de la aparente sencillez de los treintas a la visceralidad de los tiempos actuales, comprueban la propia metamorfosis de los gustos del público; *d)* con el pasar de los años, sus realizadores han logrado proveerle de mayor complejidad a sus personajes, haciéndolos más sensibles o viles, es decir, más humanos, y *e)* los espectadores pueden aprender sobre su propia humanidad al ver las acciones de estos seres irracionales y bestiales y

---

[40] David Barr Kirtley citado en John Joseph Adams, *op. cit.*, 8.

de los propios humanos, que en la ficción y en la realidad muchas veces no son tan diferentes.

Como advertimos, los recursos y posibilidades del cine zombi son variados y, si se prefiere, útiles para el desarrollo y comprensión de diversos escenarios. Industrias como del entretenimiento o los interesados en la previsión anticipada a hechos catastróficos han sabido convivir y aprovechar el potencial estético y pedagógico de este subgénero para desarrollar estrategias y detallar líneas de acción específicas para escenarios límite. Si bien el desarrollo de políticas públicas requiere de un sustento más riguroso y científico, ello no implica que el imaginario y valor cinematográfico no puedan constituir algunas de las líneas de reflexión general a tomar en cuenta en la configuración de estrategias más efectivas, con las cuales afrontar situaciones de pandemia como las que vivimos recientemente.

Lo preocupante es desplazar alternativas de reflexión como las que ofrece el zombi por considerar que dichos escenarios son irreales o fantasiosos, cuando, claramente, las medidas del último evento mundial, como dijimos al principio, podían formar parte de una película del subgénero. En todo caso, el interés del presente capítulo era manifestar que en la historia del cine hay representaciones de la peste en donde un "muerto que vive" es el protagonista; esperemos que esta visión siga siendo sólo entretenimiento.

Referencias

Adams, John Joseph (recop.), *Zombies*, Barcelona, Planeta, 2012.

Amazon Company, *Término de servicio aws*. Disponible en ‹https://d1.awsstatic.com/legal/awsserviceterms/AWS_Service_Terms_Spanish_2022-10-14.pdf›, consultado el 20 de enero de 2023.

Avedaño López, Ezzio, *Cine de zombis. Una introducción* para Zombis, Aguascalientes, Universidad Autónoma de Aguascalientes, 2016.

Brito Alvarado, Xavier y Levoyer Salas, Saudia, "La geopolítica cinematográfica de los zombis: notas para el debate", *Revista Humanidades*, 10/2, 2020.

Brook, Max, *The Zombie: Survival Guide. Complete protection from the Living Dead*, Max Werner (ilust.), Nueva York, Three Rivers Press, 2003.

Carroll, Noël, *Filosofía del terror o paradojas del corazón*, Madrid, Machado Libros, 2005.

Colmenares, María Gabriela, *Cine industrial como cine de géneros: análisis de los largometrajes de Bolívar Films*, Caracas, Universidad Central de Venezuela, 2013.

Dumont, Gabriel, "Érase una vez en Tatooine. El western como género sumergido en El mandaloriano", *Aura. Revista de Historia y Teoría del Arte*, 2022.

Ferrero, Ángel, y Roas, Saúl, "El 'zombi' como metáfora (contra)cultural", *Nómadas. Revista Crítica de Ciencias Sociales y Jurídicas*, abril de 2011.

Fez, Desirée de, *Películas clave del cine de terror moderno*, Barcelona, Ediciones Robinbook, 2007.

Gifford, Denis, *A Pictorial History of Horror Movies*, Londres, The Hamlyn Publishing Group Limited, 1976.

Gubern, Román y Prat, Joan, *Las raíces del miedo. Antropología del cine de terror*, Barcelona, Tusquets Editores, 1979.

Kafka, Franz, *La metamorfosis*, Gonzalo Hidalgo (trad.), Madrid, Akal, 2005.

Katarzyna, Marciniak y Bennett, Bruce (eds.), *Teaching Transnational Cinema. Politicas and Pedagogy*, Londres/Nueva York, Routledge, 2016.

Lamet, Pedro Miguel, Rodenas, José María y Gallego, Domingo, *Lecciones de cine*. Tomo II. Historia, estética y sociología, Bilbao, Mensajero del Corazón de Jesús, 1968.

Losilla, Carlos, *El cine de terror. Una introducción*, Barcelona, Ediciones Paidós Ibérica, 1993.

Mejía, Esmeralda, "*White Zombie*, la primera película sobre muertos vivientes", *Cinema Saturno*. Disponible en ‹https://cinemasaturno.com/resenas/retro/white-zombie/›, consultado el 6 de octubre de 2022.

Montauban, Johanna, "De los zombis a los *walkers*. El despertar de la economía *fandom*", *Anthropologica*, 37/42, 2019.

Müller, Jürgen (ed.), *Cine de los 40*, Barcelona, Taschen, 2005.

Ortiz Fernández, Samuel, "Historia y evolución del cine zombie", *Philologica Urcitana*, 10, 2014.

Paredes Quiroz, Lourdes Adriana, "Las labores de la Iglesia Católica durante las epidemias de cólera en las parroquias del partido de Aguascalientes, 1833 y 1849-1850", *Conocimiento y Acción*, IV, 2023.

Penner, Jonathan, Schneider, Steven Jay, y Duncan, Paul (eds.), *Cine de terror*, Barcelona, Taschen, 2008.

Ryall, Tom, *El film de gángsters*, Londres, British Film Institute, 1979.

Sánchez Noriega, José Luis, *Historia del cine. Teoría y géneros cinematográficos, fotografía y televisión*, Madrid, Alianza, 2006.

Schatz, Thomas, *Hollywood Genres: Formulas, Filmmaking and the Studio System*, Nueva York, McGraw Hill, 1981.

Scrivner, Coltan, Johnson, John A., Kjeldgaard-Christiansen, Jens, y Clasen, Mathias, "Pandemic practice: Horror fans and morbidly curious individuals are more psychologically resilient during the covid-19 pandemic", *Personality and Individual Differences*, 168, 2021.

Shelley, Mary, *Frankenstein o el moderno Prometeo*, Buenos Aires, Longseller, 2004.

Sikov, Ed, *Film Studies: An Introduction*, Nueva York, Columbia University Press, 2010.

Stam, Robert, *Teorías del cine*, Barcelona, Ediciones Paidós Ibérica, 2001.

Stoker, Bram, *Drácula*, Barcelona, Random House Mondadori, 2006.

Filmografía

Alien: el octavo pasajero (*Alien*, Ridley Scott, 1979).

Anticristo (*Antichrist*, Lars von Trier, 2009).

Black Summer (John Hyams, Karl Schaefer, Abram Cox, 2019-presente).

Braindead (Peter Jackson, 1992).

Drácula (*Dracula*, Tod Browning, 1931).

El amanecer de los muertos (*Dawn of the Dead*, George A. Romero, 1978).

El amanecer de los muertos (*Dawn of the Dead*, Zack Snyder, 2004).

El día de los muertos (*Day of the Dead*, George A. Romero, 1985).

El gabinete del Dr. Caligari (*Das Cabinet des Dr. Caligari*, Robert Wiene, 1919).

El hombre lobo (*The Wolf Man*, George Waggner, 1941).

El más allá (*L´aldilà*, Lucio Fulci, 1981).

El regreso de los muertos vivientes (*Return of the Living Dead*, Dan O´Bannon, 1985).

El rey de los zombies (*King of the Zombies*, Jean Yarbrough, 1941).

Estamos muertos (*Jigeum Uri Hakgyoneun*, Lee Jae-kyoo y Kim Nam-su, 2022-presente).

Exterminio (*28 Days Later*, Danny Boyle, 2002).

Frankenstein (J. Searle Dawley, 1910).

Frankenstein (James Whale, 1931).

Guerra mundial Z (*World War Z*, Marc Foster, 2013).

Kingdom (*Kingdeom*, Kim Seong-hun y Park In-je, 2019-presente).

La ciudad de los muertos vivientes (*Paura nella città dei morti viventi*, Lucio Fulci, 1980).

La mansión del diablo (*The Haunted Castle*, George Méliès, 1896).

La noche de los muertos vivientes (*Night of the Living Dead*, 1968).

La rebelión de los zombies (*Revolt of the Zombies*, Victor Halperin, 1936).

La serpiente y el arcoíris (*The Serpent and the Rainbow*, Wes Craven, 1988).

Nosferatu (*Nosferatu, eine Symphonie des Grauens*, Friedrich Wilhelm Murnau, 1921).

Psicosis (*Psycho*, Alfred Hitchcock, 1960).

Repulsión (*Repulsion*, Roman Polanski, 1965).

The Walking Dead (Frank Darabont, 2010-2022).

Tren a Busan (*Busanhaeng*, Yeon Sang-ho, 2016).

Voodoo Man (William Beaudine, 1944).

Yo anduve con un zombie (*I Walked with a Zombie*, Jacques Tourneur, 1943).

Zombi 2 (Lucio Fulci, 1979).

Zombie blanco (*White Zombie*, Victor Halperin, 1932).

CAPÍTULO 4

La negación del rostro del prójimo en *La peste* e intento de recuperación

Ignacio S. Leonetti
Universidad Católica de La Plata, Argentina
ignacio.leonetti@ucalpvirtual.edu.ar

"Una mirada donde se lee tanta bondad
será siempre más fuerte que la peste".

Albert Camus

Introducción

En su célebre tratado antropológico, Martin Buber,[1] pensando la experiencia y lectura moderna del cosmos que se encuentran ancladas en el infinito, aventuró que la generación contemporánea no iba a tener una imagen del mismo, y que ello traería consecuencias impredecibles. Tal situación obedece a que el infinito postulado por la moderna astronomía no es configurable por la inteligencia humana. En realidad, el infinito es un abstracto imposible en su misma consideración y lejos se encuentra de las visiones clásicas de la naturaleza en la que el universo, relativamente cerrado, discurre pacíficamente en un orden cíclico garantizado por la causalidad divina y la ley natural.

Los esfuerzos de aquellos filósofos y científicos de finales del medievo y comienzos de la modernidad no estaban en condiciones de proclamar la autosuficiencia humana y el divorcio respecto de Dios. Todo lo contrario:

---

[1] Cf. Martin Buber, *¿Qué es el hombre?*, Buenos Aires, FCE, 1992 (Breviarios).

su preocupación concernía directamente a salvaguardar el poder divino de toda posible mezcla con el barro del mundo. Sin embargo, la tajante diferencia avasallaba uno de los tradicionales pilares de la metafísica clásica y cristiana que es la doctrina de la participación. Y con él, lentamente, quedarían relegados la Providencia y el sentido de las cosas.[2]

En este devenir filosófico, científico, espiritual y sociocultural es impensable el nihilismo (desconocido como experiencia de vida al momento), pero se lo abonaba subrepticiamente. Había una preocupación, rayana en la obsesión, por el conocimiento y el estatus ontológico de lo material y lo espiritual, pero se lo trastoca espiritualizando lo material y volviendo la materia en algo espiritual. El infinito niega la imagen, pero el hombre de ciencias y artes acomete la empresa de comprenderlo y esquematizarlo.

¿En qué sentido —entonces— nos vemos vinculados en esta meditación con lo dicho hasta aquí? Creemos que la relación está dada en que, como toda experiencia humana, el tránsito por una epidemia/pandemia no está exento de la cosmovisión de su tiempo y su cultura. Si nuestra época ha perdido la imagen, si hemos abandonado las categorías del orden natural, si hemos asistido al desencadenamiento de la Tierra de su Sol para usar la poética expresión nietzscheana, en definitiva, si vivimos un tiempo en el que la nada es el sustento paradójico y el agente organizador de todo, entonces no podemos dejar de entender la plaga bajo las mismas premisas.

Albert Camus en *La peste* dice sobre ella que "pobló los campos de sombra con manos vacías".[3] Se hace patente el desdibujo de la imagen con el viento del nihilismo. La plaga es una abstracción que borra la vida de las personas hasta hacer olvidar quiénes son ellos mismos y los demás, incluyendo a sus seres más queridos. Y esto es lo que proponemos explorar en

---

[2] En un estudio más que recomendable sobre el tema, el historiador del pensamiento Alexandre Koyré afirma: "A menudo se ha señalado, sin duda correctamente, que la destrucción del cosmos, la pérdida por parte de la Tierra de su situación central y, por tanto, única llevaba inevitablemente a la pérdida por parte del hombre de su posición única y privilegiada en el drama teo-cósmico de la creación [...]. Al final del desarrollo encontramos el mudo y terrorífico mundo del 'libertino' de Pascal, el mundo sinsentido de la moderna filosofía científica. Al final nos encontramos con el nihilismo y la desesperación". Alexander Koyré, *Del mundo cerrado al universo infinito*, Madrid, Siglo XXI, 1998, 45-46.

[3] Albert Camus, *La peste*, Panamá, Americanas, 2021, 291.

la mencionada novela de Camus a 75 años de su publicación. En el presente capítulo desarrollaremos el tema en torno a tres ejes: los dos primeros reunidos son propositivos del tema (la abstracción y la excepción) y el último a modo de puerta esperanzadora constituye la opción de salida a lo inimaginable de la nada que es el amor humano y la conciencia de lo propio.

1. Abstracción y excepción

Desde que es declarado el estado de emergencia en la ciudad de Orán donde se desarrollan las acciones de la novela, la peste es ironizada como abstracta. Allí nos encontramos con un juego doble en la significación del relato: por un lado el Dr. Rieux, protagonista de la historia y tan cercano a la misma figura de Camus, busca por la vía negativa que sus contemporáneos comprendan la realidad de la plaga. Aunque el bacilo de la peste bubónica sea microscópico, sus síntomas y consecuencias son plenamente visibles: "Las plagas no están hechas a la medida del hombre, se dice, pues, que las plagas son irreales, que es una pesadilla, que pasará. Pero no siempre pasan, y de pesadilla en pesadilla, son los hombres los que pasan".[4]

El impacto físico de la enfermedad es bien pronunciado y repugna a la vista y el trato con el paciente. En boca de Rieux, la abstracción es una ironía que busca sanar la falta de conciencia social sobre el tema, porque "un hombre muerto no tiene peso si no se le ha visto muerto".[5]

Pero por otro lado, el autor —ya no el personaje— afirma la idea de una peste abstracta en los órdenes de lo metafísico y moral. La peste asume esta condición porque llama al egoísmo y la indiferencia de negar al otro, dividiendo a las personas y las comunidades: "Después de tan continuada alarma pareció que el corazón de todos se hubiese endurecido, y todos pasaban o vivían al lado de aquellos lamentos como si eso hubiese sido el

---

[4]   *Ibidem*, 47.

[5]   *Ibidem*, 48.

lenguaje natural de los hombres".[6] Todos están apestados moralmente en Orán.

Pero la abstracción de la peste también se manifiesta en el racionalismo por esencia tecnocrático que Camus se preocupa por evidenciar como un gran flagelo para la sociedad contemporánea. La vida queda mecanizada en estructuras vacías que vuelven anónima la realidad. En este sentido no pasa en vano el tiempo que el autor se toma para retratar el proceso descarnado ("los protocolos"),[7] que reglamenta la enfermedad y los decesos. Y cómo, ante la magnitud de la plaga y de las muertes, todo empieza a perder sentido, inclusive la muerte misma.

Esta cuestión da pie para mencionar otro nivel de análisis de la presente obra que apenas esbozaremos. Albert Camus, al escribir *La peste* y su "hermana teatral", *El estado de sitio*, intenta ser portavoz de los dolores padecidos en la Segunda Guerra Mundial y el camino de su sanación. De esta manera la peste, entre tantas simbolizaciones, es la metáfora cumplida de la muerte planificada por un poder racionalista que disuelve todo a su paso, que involucra la totalidad de las cosas en el torbellino de una masa amorfa, sin rostro. En ese estado de torsión psicológica y metafísica, cuyo origen excede a este trabajo para ser explicado, la única amalgama posible es la culpa y la necesidad de pagarla con la propia vida de ser necesario. En síntesis, lo que Camus bosqueja con su admirable pluma es la realidad del totalitarismo como fenómeno contemporáneo.

Totalitarismo y peste comparten en la lectura de nuestro autor la misma esencia: ambos son abstractos en la percepción que los individuos poseen de ellos y, precisamente por esta condición, son capaces de provocar males bien concretos de proporciones inconmensurables. En la primera gran aparición del personaje de "La peste" en la pieza teatral *El estado de sitio*, él

---

[6]   *Ibidem*, 127.

[7]   Sólo citaré dos fragmentos breves que retratan con colores crudos lo dicho: dice el autor que cuando ya no había madera para construir nuevos féretros, éstos —una vez usados y depositados los cadáveres en una fosa común— "se regaban con una solución antiséptica, se volvían a llevar al hospital y la operación recomenzaba tantas veces como fuese necesario". Albert Camus, *La peste*, 198. También respecto de las constancias de defunción: "Los parientes eran invitados a firmar en un registro, lo que marcaba la diferencia que puede haber entre los hombres y, por ejemplo, los perros: el control siempre era posible". Albert Camus, *La peste*, 199.

mismo anuncia la muerte planificada con consignas muy fuertes a causa de su frialdad objetiva que no dejan de estremecer aún al lector más preparado: "Está prohibido el patetismo [...] yo traigo la organización [...] acabaréis por comprender que una buena organización vale más que un mal patetismo",[8] y en consonancia con esta idea continúa: "Hay imbéciles mal encarados que matan por su provecho o por honor, cuando es más distinguido matar por los placeres de la lógica [...] una sola muerte para todos y según el precioso orden de una lista".[9]

Estos fragmentos evidencian la abstracción con la que la misma peste mata y que la vuelve, en cierto sentido, inexpugnable. Muchas veces el protagonista de la novela confiesa que no sabe sobre la conducta de la enfermedad, más allá que en los libros y en la experiencia se sepa algo de plagas pasadas y del impacto de sus conductas patógenas. La peste no tiene forma ni siquiera para el valiente y avezado Dr. Rieux; he ahí el problema para esta generación.

El remate de la abstracción, por el cual el individuo se vuelve chivo expiatorio y sumiso cordero para los poderes del totalitarismo o la plaga, es el convencimiento de una supuesta condición de culpabilidad enclavada en la persona misma. Ya sea el totalitarismo omnipresente o la peste sin imagen, ambos encuentran en el juego de su propia percepción abstracta, en la invisibilidad de su ejecución, la posibilidad de generar el terror de una culpabilidad originaria que merece condena y de la cual no se puede escapar.

En el final del mencionado monólogo del personaje de *La peste*, dos comentarios ilustran admirablemente lo que afirmamos aquí. De aquellos que no se consideran parte del dominio de "la peste", ella proclama que "están en la lista, y yo no olvido a nadie. Todos sospechosos, he aquí un buen comienzo".[10] Pero luego concluye su exposición con una frase que parece casual y que, sin embargo, debe movernos a la reflexión en la intimidad del

---

8   Albert Camus, *El estado de sitio*, Madrid, Alianza, 2004, 74.

9   *Ibidem*, 75.

10   *Ibidem*, p. 76.

tema que nos ocupa. Afirma el personaje: "Exijo vuestra colaboración activa. Mi ministerio ha comenzado".[11]

Aunque este discurso programático es proclamado a guardias obsecuentes, en realidad representa un anuncio para toda la población. La "colaboración activa" es —tal vez— el giro más inesperado y oscuro de la relación comunitaria en el contexto de una peste o de las tiranías. La historia nos ha demostrado que todos podemos caer en las manos del poder que subyace detrás de estas realidades no buscadas pero que acontecen en la humanidad.

Sin entrar en complejidades que exceden este trabajo, nos preguntamos: ¿qué tenían los judíos, gitanos, negros y cristianos para ser perseguidos por el nazismo y el estalinismo? Poseían, poseemos, una condición que nos atraviesa en nuestra misma esencia. No se puede abjurar de la raza o de la fe, o de ambas. La sospecha y la condena se yerguen como una espada de Damocles lista para ajusticiar al sentenciado cuando el poder exterior lo exija.

¿Qué se necesita para que una peste sin rostro asole a los habitantes de Orán o a la humanidad entera? Que existan seres humanos. La condición humana es lo único necesario para que la peste bubónica se eleve sobre todos para confundirnos con su peligro y nos mienta con una culpabilidad inexistente.[12]

---

[11] *Idem. La peste* también menciona que viene a instaurar el reino de la justicia. Una lectura atenta del gran ensayo de Camus, *El hombre rebelde*, nos permite aproximarnos mejor a lo que el autor ha querido mencionar con ello: en las revoluciones modernas —abstractas (y autodestructivas)— la justicia es puesta por encima de la misericordia, con la consecuente degradación de las relaciones entre los hombres. Tal actitud responde a la concepción racionalista (abstracta) de la realidad.

La justicia puede ser transformada en una regla matemática, puede ser malinterpretada como un igualitarismo que se resuelve en la cantidad. La misericordia no cumple este objetivo porque supone la encarnadura de la persona humana misma, íntegra, en la realidad. Esto exige un corazón humilde (etimología de misericordia) que no sólo piense desde el cálculo, sino que también viva en el devenir amoroso la cercanía con los demás y lo demás.

Para profundizar la contraposición que el autor plantea entre el reino de la justicia y el de la piedad, recomendamos Albert Camus, *El hombre rebelde*, Buenos Aires, Losada, 2003, 100-234 (Parte III: "La rebelión histórica").

[12] Remitimos a *El proceso* de Kafka que explora estas ideas para profundizar en el tema. Afirma Camus en *La peste* que algunos poseían "la idea, vaga, de que estaban condenados, por un crimen desconocido, a un encarcelamiento inimaginable", Albert Camus, *La peste*, 115.

Es cierto que Camus refiere muchas veces que el símbolo moral de la peste está constituido por cierta idea de pecado en el que todos caemos dada nuestra imperfección. Pero aquí no queremos tergiversar ese concepto del autor. Afirmamos simplemente que la percepción que genera la peste en las personas es que no se puede escapar de ella, porque la única condición que necesita es que seamos seres humanos. Y, de modo concomitante, que la peste daña la relación comunitaria en su misma esencia, porque precisamente todos somos potencialmente peligrosos para los demás simplemente por nuestra condición humana. Todos somos sospechosos de algo que no se ve pero que está entre nosotros y se mueve con el poder de la imagen paradójicamente nula que impacta en la percepción de cada individuo aislado y en comunidad.

En sinergia con la acción disolvente del poder abstracto, adviene la excepción. No en vano hablamos con anterioridad de estado de sitio. El aislamiento es la nota distintiva de toda la novela que sólo se suaviza al final: "La primera cosa que la peste aportó a nuestros conciudadanos fue el exilio".[13] Efectivamente, el propio Camus se preocupa por insistir lo suficiente en este concepto. En algún punto nos remite a su obra en general en la cual el exilio o la separación de uno respecto del entorno es uno de sus tópicos centrales. Aquí nuevamente remitimos a la cuestión moral del "todos están apestados en Orán". La separación respecto del mundo, esa suerte de escisión o de cuña que divide la existencia de uno en relación con todo lo demás y que aguijonea el pensamiento y el sentir de los hombres, es una de las huellas existencialistas que el autor ha conservado a lo largo de la maduración de su propio pensamiento y su literatura.

La peste sin rostro divide hacia adentro y hacia afuera. Ésta, tal vez, es otra fatalidad. Redistribuye los vínculos humanos pero de un modo antinatural: junta para separar, tanto en lo social como lo personal. En la comunidad se cumple porque la enfermedad es cuestión de todos, pero cada uno

---

[13]   Albert Camus, *La peste*, 82.

se tiene que cuidar de los demás de manera inexcusable.[14] Y en lo individual la plaga se constituye en árbitro de la interioridad: la persona se ve obligada a enfrascarse en sí misma, en un individualismo que la aliena, la descentra de sus propias metas y sentidos.[15]

Queremos cerrar este apartado con un fragmento que, a nuestro criterio, condensa la problemática de la excepción "total" y su consecuencia, que es la pérdida del sentido y la desorientación, motivo común en toda la novela. Dice Camus sobre aquellos que estaban separados:

> En este momento, el hundimiento de su valor, de su voluntad y de su paciencia era tan brusco, que les parecía que no podrían jamás salir de ese agujero. En consecuencia, se obligaban a no pensar jamás en el final de su liberación, a no volver nunca a su provenir y a mantener, por así decirlo, los ojos bajos [...]. Al mismo tiempo [...] se privaban en efecto de esos momentos, en realidad bastante frecuentes, en los que podían olvidarse de la peste contemplando las imágenes de su próximo reencuentro. Y por eso, varados a media distancia entre los abismos y las cumbres, flotaban más que vivían, abandonados a días sin dirección y a recuerdos estériles, sombras errantes que no hubiesen podido reforzarse más que aceptando enraizarse en la tierra de su dolor.[16]

La excepción descoloca a los individuos y los congela en una estancia indefinida. Los desposee en vida y los arroja, inermes e indefensos, a la abstracción que amenaza con aniquilarlos todo el tiempo.

---

[14] Se narra en la novela: "Los tranvías han llegado a constituir el único medio de transporte y avanzan lentamente, con los estribos y los topes cargados de gente. Cosa curiosa, todos los ocupantes se vuelven la espalda, lo más posible, para evitar el contagio mutuo. En las paradas, el tranvía arroja cantidades de hombres y mujeres que se apresuran a alejarse para encontrarse solos". Albert Camus, *op. cit.*, 137.

[15] "La enfermedad, que aparentemente había forzado a los habitantes a una solidaridad de sitiados, rompía al mismo tiempo las asociaciones tradicionales, devolviendo a los individuos a su soledad". *Ibidem*, 193.

    Y un poco más adelante: "Aunque sienten profundamente la necesidad de un calor que los una, no se abandonan a ella por la desconfianza que aleja a unos de los otros. Todo el mundo sabe bien que no se puede tener confianza en su vecino, que es capaz de darle la peste sin que lo note". *Ibidem*, 224.

[16] *Ibidem*, 84.

2. Imaginación, amor, lo propio: intento de salida

Providencialmente para todos, "el hombre no es una idea".[17] Rieux concluye con esta afirmación una memorable conversación con Rambert.

La amenaza de la peste en las almas y en la percepción de la realidad es ciertamente fuerte. El poder destructivo de la abstracción llega a todos los corazones y las relaciones humanas. Sin embargo, en la cumbre de su poder, Camus abre al lector una posible salida.

Para transitarla necesitamos detenernos en el final de la tercera parte. En él, nuestro autor tensiona al máximo las fuerzas humanas frente a la peste. Aquí se detiene a pensar cómo la plaga amenaza los afectos y disuelve hasta el recuerdo (la imagen) de los seres queridos separados.[18] Estamos en el cénit de la peste. Nuestro autor se reserva la sorpresa de su declive en las inmediatas páginas siguientes.

Recomendamos fervorosamente releer estas páginas cuyo tema no puede sernos simpático pero que, sin embargo, está narrado de una manera tan delicada y bella que tampoco podemos dejar de regocijarnos en ellas. Compartimos el fragmento completo, sin desperdicio a nuestro criterio, en el cual Camus se hace eco del Dr. Rieux y busca que empaticemos con el drama del peor exilio que es aquel respecto del ser amado:

> Sufrían un descarnamiento tanto moral como físico. Al principio de la peste se acordaban muy bien del ser que habían perdido y lo añoraban. Pero si recordaban claramente el rostro amado, su risa, tal o cual día en que reconocían haber sido dichosos, difícilmente podían imaginar lo que el otro estaría haciendo en el momento mismo en que lo evocaban, en lugares ya tan remotos. En suma, en ese momento no les faltaba la memoria pero la imaginación les era insuficiente. En el segundo

---

[17] *Ibidem*, 186.

[18] Recordamos que tres de los principales personajes de la novela presentan esta condición: el Dr. Rieux tiene a su esposa fuera de la ciudad tratándose una enfermedad por la que finalmente muere; Rambert —el periodista sorprendido en Orán por la peste— lejos de su hogar, y Tarrou, colaborador del Dr. Rieux, cuyo origen es desconocido pero suena siempre lejano al lugar que ocupa en la novela.

estadio de la peste acabarían perdiendo la memoria también. No es que hubiesen olvidado su rostro, no, pero sí algo que es lo mismo; ese rostro había perdido su carne, no lo veían ya en su interior. Y habiéndose quejado durante las primeras semanas de que su amor tenía que entenderse únicamente con sombras, se dieron cuenta, poco a poco, de que esas mismas sombras podían llegar a descarnarse más, perdiendo hasta los ínfimos colores que les daba el recuerdo. Al final de aquel largo tiempo de separación, ya no podían imaginar la intimidad que había habido entre ellos ni el hecho de que hubiese podido vivir a su lado un ser a quien podían tocar en todo momento.[19]

En el pasaje citado observamos la pérdida de la imagen en su mejor expresión. Aquellos que fuimos formados en la antropología clásica necesariamente evocamos sus referencias cuando Camus narra cómo la materialidad de la imagen se disuelve por el olvido o la falta de cercanía y percepción. El rostro había perdido la carne o la vida plena en significaciones inherentes a la carne. La separación que imponía la peste hace peligrar la cercanía del vínculo real, del lazo sentido entre personas que se aman en cuerpo y alma.

A lo largo de la novela, los personajes se afanan por entender el tiempo y la coyuntura que les toca vivir. Pero por sobre todas las cosas se preocupan en superar la adversidad —con una nobleza digna de su autor— por medio de la toma de conciencia de las necesidades de la comunidad y la puesta al servicio en pos de satisfacerlas.

Los protagonistas corren en busca del calor del prójimo para que los cobije de la gélida peste. Un ejemplo es la preocupación por encontrarse siempre a compartir un café y comentar las circunstancias del momento.[20] También idean alternativas superadoras (como las patrullas sanitarias) para socorrer a los contagiados que mejoran la eficacia del sistema de salud oficial. Es aquí donde se encuentran las opciones que enaltecen al hombre cuando

---

[19] Albert Camus, *La peste*, 205.

[20] Independientemente de que Camus se preocupe por denunciar el estatismo al que condena la peste y que se manifiesta por medio del entretenimiento sin sentido. Un ejemplo de esto es cuando el novelista critica a los oranenses que llenan los cines indiscriminadamente o que atesten los tranvías sin saber a dónde ir.

se juega la vida por sus coterráneos. El mismo Rieux lo atestigua cuando dice sobre su oficio de médico que "esta es mi misión en la vida: dar ocasiones".[21]

Así la abstracción de la peste invisible que asola todo rostro humano tiene a un digno oponente que consiste en recuperar la vida comunitaria y recuperarse a sí mismo por medio de la imaginación que establece lazos de empatía con los demás. El escritor y crítico literario Eugene Hollahan define a la imaginación como la capacidad humana que puede reunir a los hombres generando empatía en *La peste*.[22] Y creemos ver este camino afianzado como respuesta al anhelo que el Dr. Rieux expresa como parte de la esencia humana: "Pensaba que este mundo sin amor es un mundo muerto, y que al fin llega un momento en que se cansa uno de la prisión, del trabajo y del valor, y no exige más que el rostro de un ser y el corazón maravillado de la ternura".[23] Rostro y corazón presentes son el sello distintivo de una humanidad que vive o trata de conservarse íntegra, teniendo al amor como principio de vida que los aglutina.

El amor es "la clave" en *La peste*. Es común concentrarse en las historias de los personajes, el drama de los exiliados, la huella biológica y psicosocial que deja la enfermedad, etcétera. Pero habitualmente pasamos por alto que, a nuestro criterio, el gran llamado de Camus frente a esta y toda peste es el amor: "Esperaba contra toda esperanza, que a pesar del horror de estos días y los gritos de los agonizantes, nuestros conciudadanos levantarían al cielo la única palabra cristiana, la palabra de amor. Dios haría el resto".[24]

La forma que tenemos de recuperar todo rostro, aun aquel desfigurado por la peste, es el amor. Y aquí abandonamos toda afirmación sentimental del tema. No es el amor de las consignas utópicas, de las bellas idealizaciones

---

[21] Albert Camus, *La peste*, 172.

[22] Cf. Eugene Hollahan, "The Path of Sympathy: Abstraction and Imagination in Camus' *La peste*", *Studies in the Novel*, 8/4, Baltimore, The Jonhs Hopkins University Press, 1976, 377-393. Dice el autor: "By developing imaginative identification with actual suffering people, one can travel the path of sympathy from isolation to communion, from detachment to involment", p. 377. [Traducción propia: "Al desarrollar una identificación imaginativa con las personas que sufren realmente, uno puede recorrer un camino de empatía desde el aislamiento a la comunión, del desapego a la participación".]

[23] Albert Camus, *La peste*, 295.

[24] *Ibidem*, 114.

irrealizables. Si acompañamos al Dr. Rieux a lo largo de toda su aventura, vemos al ideal de nuestro autor realizado en la cotidianidad. Las virtudes del protagonista atestiguan ese amor encarnado: paciencia, sabiduría humana y médica, discreción, comprensión, templanza.

Frente a la frialdad de una peste que disuelve los lazos humanos y borronea los rostros, al punto que esa misma anulación se constituye como experiencia espiritual de una época; frente a esa frialdad, creemos encontrar la respuesta en el amor encarnado que se vive en la solicitud por el otro. Una preocupación que no es asistencialismo, porque primero asume la condición de vivencia personal: ayudamos al otro porque el otro nos concierne y antes que nada porque el otro existe. La peste niega al prójimo, en tanto que el asumirse uno como persona que ama y se compromete —tal es la vida de Rieux— lo afirma y restituye. Y en la integridad del prójimo, también está el cumplimiento y la consumación de nuestra propia vida. Cerca del final, cuando "el sol ya está saliendo" en Orán, Camus se permite afirmar: "Lo más importante es saber qué es lo que se ha respondido a la esperanza de los hombres".[25]

En este sentido, nuestro autor se suma voluntariamente a tantos intelectuales de su tiempo que levantaron su voz para ofrecer respuestas al drama del nihilismo que ofreció su peor rostro durante la Segunda Guerra Mundial, y que luego se instaló como canon cultural contemporáneo. La preocupación por el rostro arrebatado fue puesta en agenda por autores en su mayoría provenientes de la escuela fenomenológica, del personalismo o de la psicología: Buber, Frankl, Levinas, Wojtyla y Edith Stein entre otros.[26] A ellos sumamos la preocupación genuina que surge en Albert Camus.

Es común en ellos establecer la relación entre cuerpo, amor y palabra, como los vehículos esenciales que iluminan el sentido de las cosas, la

---

[25] *Ibidem*, 337-338.

[26] No nos dilataremos aquí con los valiosos aportes de estos autores sobre el tema, alcanza con recordar el valor de la empatía, el sentido inherente a la vida misma y el encuentro con el otro. Citaremos sólo a modo de ejemplo un pasaje de Wojtyla: "La responsabilidad 'ante alguien', independientemente de otras referencias que le son propias, se forma y se expresa en la referencia al propio sujeto. Ese 'alguien', ante el que soy y me siento responsable, es también un propio 'yo'", Karol Wojtyla, *Persona y acción*, Madrid, Palabra, 2011, 254.

realidad y, por ende, el sentido del otro, del próximo. El Dr. Rieux cumple el mandato de un sano encuentro con los demás y se integra a estos tres elementos. A lo largo de la novela observamos el trato con sumo respeto que le brinda a la salud de los apestados; observamos el amor materializado en prudencia, paciencia, ira justa, abnegación, y honra la palabra con la nobleza de sus silencios y esperas, con sus consejos y su inquebrantable mensaje de aliento.

En estos elementos podemos comprobar que la empatía, el ponerse en el lugar del otro, es la que recupera los rostros y los dignifica.[27] Porque con ella, nos hacemos el otro para encontrarnos y plenificarnos a nosotros mismos mientras nos damos. Por este motivo asoma como tema de fondo la rebeldía contra la peste —tópico propio de Camus que madurará en *El hombre rebelde* de 1951—, matizada con el consejo importante que nos regala el padre Paneloux en una empática conversación con el Dr. Rieux. Dice el sacerdote: "Lo comprendo, esto subleva porque sobrepasa nuestra medida. Pero quizá debamos amar lo que no podemos entender".[28]

La peste acaso sea un testimonio del tiempo que nos toca vivir. Advertidos que ella puede despertarse en cualquier momento, el Dr. Rieux puede ser ejemplo de un sobrellevar estoico ante las dificultades de la vida. Angustiado por encontrar y dar calor, exiliado de todos por ser "el médico", separado de su amada a quien nunca más verá con vida, soportando la partida con un oponente formidable que le ofrece derrotas interminables, nuestro protagonista no ceja un instante en apostar por una humanidad con rostro, una humanidad que ha comprobado en las malas que es "más digna de admiración que de desprecio".[29]

Si somos capaces de levantarnos con imaginación rebelde por encima de la amenaza de la peste y el nihilismo, si recordamos el rostro del prójimo para que no nos sea robado, si nos comprometemos con la realidad y la vida, iniciaremos el camino del cumplimiento en lo propio. Nos

---

[27] Por eso "no se puede esperar nada de las oficinas. No están hechas para comprender". Albert Camus, *La peste*, 159.

[28] Albert Camus, *op. cit.*, 247.

[29] Cf., *ibidem*, 347.

cumpliremos. Ya no estaremos exiliados porque comenzaremos a avistar nuestra patria: "Para todos ellos la verdadera patria se encontraba más allá de los muros de esta ciudad ahogada. Estaba en las malezas olorosas de las colinas, en el mar, en los países libres y en el peso vital del amor. Y hacia aquella patria, hacia la felicidad, era hacia donde querían volver".[30]

---

[30] *Ibidem*, 337.

Referencias

Buber, Martin, *¿Qué es el hombre?*, Buenos Aires, Fondo de Cultura Económica, 1992.

Cassagne, Inés de, *Camus en diálogo con cristianos sobre temas esenciales*, La Plata, ucalp, 2010.

Camus, Albert, *El hombre rebelde*, Buenos Aires, Losada, 2003.

________, *El estado de sitio*, Madrid, Alianza, 2004.

________, *La peste*, Panamá, Americanas, 2021.

Hollahan, Eugene, "The Path of Sympathy: Abstraction and Imagination in Camus' *La peste*", *Studies in the Novel*, 8/4, Baltimore, The Johns Hopkins University Press, 1976. Consultado en línea en diciembre de 2021.

Luppé, Robert de, *Camus*, Barcelona, Fontanella, 1963.

Koyré, Alexander, *Del mundo cerrado al universo infinito*, Madrid, Siglo XXI, 1998.

Wojtyla, Karol, *Persona y acción*, Madrid, Palabra, 2011.

Relatos sobre la peste en la literatura griega: mito, tragedia, historia

Jesús M. Nieto Ibáñez
Universidad de Valladolid (España)
jesus.nieto@uva.es

Introducción

Numerosos son los relatos que sobre las pestes y las plagas se insertan en conocidas y destacadas obras literarias, desde los primeros testimonios escritos hasta famosas novelas actuales, pasando por el clásico *Decamerón* de Bocaccio, centrado en la Florencia afectada por la peste bubónica de 1348, que es, sin duda, uno de los relatos más difundidos en esta tradición. En las culturas antiguas las enfermedades aparecen íntimamente relacionadas con una condición divina de la existencia: la peste es un castigo divino o, al menos, una señal de que los dioses no están conformes con el proceder de los seres humanos.

Si empezamos por la primera obra de la literatura occidental, la *Ilíada* de Homero, resulta llamativo que ya ésta incluya al principio del relato una epidemia. Ello prueba que esta calamidad ha existido y ha acompañado al ser humano desde los inicios de la civilización y que ha sido un motivo de acuciante preocupación.

La presencia de pasajes que sobre la peste se han compuesto en la literatura griega permite abordar el tema desde una óptica mítica y religiosa hasta el análisis historiográfico y médico. Cuando autores modernos hacen un repaso histórico de las pestes que han asolado y asolan a la humanidad toman el texto de Tucídides como el punto de partida de sus indagaciones para así poder acercarse a comprender unos hechos de gran trascendencia para la historia, la medicina y la literatura posteriores. Sin embargo, hemos de retrotraernos a la poesía mítica, a la épica y a la tragedia, para entender la importancia que el fenómeno de las plagas tuvo en la cultura griega desde sus inicios.

1. Mito y religión: los dioses, las profecías y la peste

El mito contiene numerosos testimonios de la existencia de pestes y pandemias, lo que indica que desde los albores de la humanidad ha estado presente la enfermedad. El temor del ser humano ante este hecho, que irremediablemente conducía a un gran número de individuos a la muerte, ha forjado relatos mitológicos, que luego tomarán formas filosóficas y literarias. Estas historias legendarias hacen aflorar esos temores y esos intentos de explicación de un hecho amenazante. Y, como ocurre con todos los fenómenos inexplicables, el origen y la causa están en los dioses. En la concepción de la *polis* griega la peste representa el padecimiento de la colectividad por el mal comportamiento de uno de sus gobernantes. La plaga es un mensaje de los dioses de que alguien no está siguiendo las normas establecidas, un castigo o es una venganza contra aquellos que se han opuesto a sus deseos.

Hay varios casos en que la peste apunta a un gobernante o a un líder que ha actuado mal en su puesto, con soberbia, con *hybris*, el mayor pecado del héroe griego. Los mitos griegos abundan en estas historias, como la de Menelao, que produjo la esterilidad en Esparta por su mala actuación; la peste que cae sobre Micenas por el asesinato que Orestes había causado a Aletes; la violación de Casandra por Ayax hace que la diosa Atenea castigue con la peste a la Lócride; Siracusa padece una plaga por la violación que Ciane sufrió de su propio padre Cianipo, dominado por la embriaguez, o la enfermedad que Zeus envía contra Atenas por haber ejecutado a Androgeo.

En concreto para el caso de esta plaga Apolo emite un oráculo, en el que da instrucciones a los atenienses para aplacarle y poner fin a la peste.[1] Después de la muerte de Androgeo, hijo de Minos y Pasifae, una peste cae sobre Atenas. El dios Apolo no aconseja ni justicia, ni arrepentimiento, ni benevolencia, ni ninguna otra virtud, sino sacrificar a sus propios hijos al Minotauro. El castigo no va a ser personal, sino colectivo. Es una clara injusticia, pues los culpables de la muerte de Androgeo no han recibido su castigo y sí en cambio los 14 jóvenes, que mueren anualmente por este motivo. Ésta es la respuesta profética:

Llegará el fin del hambre y de la peste, si de los vuestros entregáis a Minos cuerpos masculinos y femeninos, y los arrojáis al divino mar, en respuesta por vuestras injusticias. Así dios será aplacado.

Por otra parte, en la isla de Egina tuvo lugar, según la mitología, una peste enviada por Hera como castigo a la ninfa homónima. Egina, hija del río Asopo, fue raptada por Zeus y conducida a la isla de Enone, que luego se llamará Egina, para engendrar de ella a Éaco. La isla sólo estaba habitada por hormigas, que Zeus convirtió en seres humanos para que hicieran compañía a su hijo Éaco. Esta venganza de la diosa Hera es una más de las que se relatan para vengarse de la infidelidad del dios de dioses. Los nuevos habitantes de la isla sufrieron la enfermedad hasta el punto de verse diezmada. En este caso también es la colectividad la que se ve afectada por el "delito" de un individuo, Zeus, por los celos de Hera. *Las metamorfosis* de Ovidio (VII 614 ss.) detallan esta peste de tal manera que recuerda el texto de la peste de Atenas de Tucídides, en especial los datos apuntados sobre los síntomas de las personas que padecían la enfermedad.[2]

---

[1] Eusebio de Cesarea, *Preparación evangélica*, V 19, 1. El oráculo sólo ha sido transmitido antes por Enómao de Gádara; cf. Jesús María Nieto, *Cristianismo y profecías de Apolo. Los oráculos paganos en la Patrística griega* (siglos II-V), Madrid, Trotta, 2010, 122.

[2] Eszter Draskóczy, "Intertesti ovidiani e biblici, scienza medica e simbolismo teologico nella bolgia del falsari: la epste di Egina emulata dalla lebbra e scabbia dei falsari di metallo", en *Ortodossia ed eterodossia in Dante Alighieri*, Carlota Cattermole Ordóñez, Celia de Aldama Ordóñez y Chiara Giordano (eds.), Madrid, La Discreta, 2014, 271-288.

La peste normalmente surge por una actuación impía o por el olvido de los deberes divinos. En Homero, y también en Hesíodo, la fertilidad del campo, del ganado y del ser humano, en concreto de las mujeres, depende del rey, del soberano, que, a su vez, es la representación terrena del dios de dioses, de Zeus. Si aquél no actúa de un modo correcto, la ciudad es la que sufre por culpa sólo de una persona, y los dioses desencadenan sobre ese pueblo todos los males del *loimós* (peste)[3] y del *limós* (hambre).[4] La creencia en este tipo de castigos que afectan a toda la comunidad por culpa de uno solo explica ciertos ritos atestiguados en algunos puntos de la Grecia antigua con los que una ciudad buscaba su purificación arrojando todas las faltas de la ciudad sobre determinados individuos, a los que en ocasiones se les acaba dando muerte.

La naturaleza muestra la existencia de una mancha, señala a un posible causante de esta mancha, un homicida, un sacrílego, que hay que purificar. Cuando existe una "mancha", es decir, un pecado, el suelo, la tierra, da su señal: la infertilidad del campo es prueba de ello. La otra señal es la peste, la plaga que ataca a los seres vivos, a los propios vegetales, a los animales y a los hombres. Las desgracias naturales, sobre todo el hambre y la peste, son el efecto directo de que alguien ha pecado. Apolo es el causante de estos males como castigo por el mal realizado. Por ello, cuando los griegos son golpeados por las enfermedades, los adivinos y los oráculos ordenan purificaciones.

Plaga y hambre a la vez, este es uno de los versos del poeta Hesíodo que en sus *Trabajos y días* (240-245) afirma que las plagas tienen una causa profunda, que es protagonizada de forma individual por una persona, pero que afecta a la ciudad entera:

A quienes en cambio sólo les preocupa la violencia nefasta y las malas acciones, contra ellos el Crónida Zeus de amplia mirada decreta su

---

[3] Sobre el término pandemia, peste, véase Luis Miguel Pino Campos y Justo Hernández González, "Los conceptos de peste y epidemia: semántica y lexicografía", *Revista de Filología*, 26, 2008, 191-204.

[4] Jean Pierre Vernant y Pierre Vidal Naquet, *Mito y tragedia en la Grecia antigua*, Barcelona, Paidós, 2008, 125-126.

justicia. Muchas veces hasta toda una ciudad carga con la culpa de un malvado cada vez que comete delitos o proyecta barbaridades. Sobre ellos desde el cielo hace caer el Cronión una terrible calamidad, el hambre y la peste juntas, y sus gentes se van consumiendo. Las mujeres no dan a luz y las familias menguan por determinación de Zeus Olímpico.[5]

El poeta griego sitúa la peste entre las calamidades que aventuran un cambio de ciclo, el final de la última de las edades, la del hierro y, por tanto, el comienzo de la nueva edad de oro. Se trata de una señal apocalíptica.

En efecto, la peste es una señal del final del mundo. La historia muestra numerosos ejemplos de este temor del ser humano a ver las pandemias como un castigo divino. La Biblia también recoge este tipo de amenaza, tanto en las profecías veterotestamentarias como en el propio libro del Apocalipsis. La infidelidad del pueblo de Israel con Yahvé trae aparejada la invasión, la destrucción, el exilio y la peste. Los tres grandes males, la guerra, el hambre y la enfermedad o plaga, aparecen en numerosos pasajes del Antiguo Testamento (Lv 26:35; Jr 24:10; Ez 14:12-21). En realidad, la peste y los demás males no son un castigo divino, sino la consecuencia de no ser fieles a la alianza.

Diferente es la referencia a las plagas en los textos neotestamentarios. Este mal aparece unido a otros desastres, como terremotos, hambres, muertes, guerras.., que sucederán, por ejemplo, cuando se produzca la destrucción del templo de Jerusalén en el 70 d. C. (Lc 21:11). Tampoco puede faltar la peste en el Apocalipsis bíblico como señal del fin del mundo, como ya apuntaba Hesíodo. En Ap 6, 8 uno de los jinetes traerá con él la peste, "y el jinete tenía de nombre Muerte, y le seguía el Abismo. Y se les dio la autoridad sobre la cuarta parte de la tierra, para matar a espada, de hambre y de peste, y por las fieras de la tierra".

---

5 Hesíodo, *Obras y fragmentos*, Aurelio Pérez y Alfonso Martínez (introd., trad. y notas), Madrid, Gredos, 1978.

2. La *Ilíada* de Homero: la peste contra el ejército griego

El primer texto de la literatura griega y, por tanto, de la europea, contiene ya desde el comienzo el protagonismo de una epidemia que azota al ejército griego. La *Ilíada*, el poema homérico que propiamente debería denominarse *La cólera de Aquiles*, contiene en el primer canto esta historia.

Los soldados griegos que están asediando la ciudad de Troya se ven afectados en el décimo y último año de la guerra por una peste enviada por este dios, que está acabando con ellos. La agresión del ejército griego contra Apolo parte de Agamenón, que se niega a devolver a Criseida a su padre Crises, que entrega un gran rescate por ella. Los griegos, que habían raptado a la joven en una de sus incursiones en territorio troyano, aceptan su entrega, pero el caudillo de la expedición helénica se niega a ello. El adivino Crises acude a su dios para suplicar su ayuda (*Ilíada* I 39-42):

> Si alguna vez he techado tu amable templo
> o si alguna vez he quemado en tu honor pingues muslos
> de toros y de cabras, cúmpleme ahora este deseo,
> que paguen los dánaos mis lágrimas con tus dardos.

Apolo interviene castigando a los agresores, a los griegos, por la falta cometida por Agamenón y lo hace lanzando sus flechas impregnadas del virus que acabará con hombres y animales. Todo el campamento se ve asolado por la peste frente a las murallas de Troya, mientras hacen votos para que la divinidad sienta piedad de ellos y los salve. Los grandes héroes de la epopeya homérica sienten también miedo ante la peste, que para ellos es incontrolable, pues es obra de una divinidad airada. Aquiles aparece como el salvador, el único que de manera sensata busca aplacar a Apolo para que ponga fin a la enfermedad. El héroe, consciente de que Apolo está enojado por el mal individual cometido por Agamenón, convoca a una asamblea en la que intenta convencer al culpable de devolver al adivino apolíneo su hija. Aquiles no logra con sus palabras que Agamenón ceda, tiene que ser el sabio Néstor el que utilice el argumento de anteponer el bien común del ejército griego al personal de Agamenón y así convencerle para que entregue a Criseida.

En la concepción homérica el destino de los hombres es decidido y dirigido por los dioses. El inicio y el fin de una enfermedad y de una plaga están en sus manos, de ahí que Apolo sea el causante y el sanador de las enfermedades. Para ellos estaba muy claro que la plaga que en ese momento sufrían era un castigo del dios Apolo (*Ilíada* I 9-12):[6]

El hijo de Leto y de Zeus. Pues, irritado contra el rey,
una maligna peste suscitó en el ejército, y perecían las huestes
porque al sacerdote Crises había deshonrado
el Atrida.

La divinidad se sirve de esta enfermedad para castigar al ejército heleno por haber cometido un acto de impiedad (*Ilíada* I 43-53):

Así habló en su plegaria, y Febo Apolo le escuchó
y descendió de las cumbres del Olimpo, airado en su corazón,
con el arco en los hombros y la aljaba, tapada a ambos lados...
Primero apuntaba contra las acémilas y los ágiles perros;
mas luego disparaba contra ellos su dardo con asta de pino
y acertaba; y sin pausa ardían densas las piras de los cadáveres.
Nueve días sobrevolaron el ejército los venablos del dios.

La peste, que llama "cruel enfermedad", acaba durante la noche con la vida de hombres y animales, en concreto perros y mulas. Aquiles busca la causa de la ira del dios y la forma de encontrarla es a través de un oráculo, en este caso de un adivino, Calcante, que conoce la voluntad divina (*Ilíada* I 63-67):

Mas, ea, a algún adivino preguntemos o a un sacerdote
o intérprete de sueños —que también el trueno procede de Zeus—

---

[6]   Homero, *Ilíada*, Emilio Crespo (trad., pról. y notas), Madrid, Gredos, 1996.

que nos diga por lo que se ha enojado tanto Febo Apolo,
bien si es una plegaria lo que echa de menos o una hecatombe,
para ver si con la grasa de carneros y cabras sin tacha
se topa y entonces decide apartar de nosotros el estrago.

Así responde Calcante a la interpelación de Aquiles, cuando apunta al causante de la ira divina y, por tanto, de la plaga (*Ilíada* I 92-100):

Y entonces ya cobró ánimo y dijo el intachable adivino:
"Ni es una plegaria lo que echa de menos ni una hecatombe,
sino que es por el sacerdote, a quien ha deshonrado Agamenón,
que no ha liberado a su hija ni ha aceptado el rescate,
por lo que el flechador ha dado dolores, y aun dará más.
Y no apartara de los dánaos la odiosa peste,
hasta que sea devuelta a su padre la muchacha de vivaces ojos
sin precio y sin rescate, y se conduzca una sacra hecatombe
a Crisa; solo entonces, propiciándolo, podríamos convencerlo".

En la *Ilíada* homérica la epidemia se soluciona sin mayor dificultad, pues el dios Apolo es aplacado con un sacrificio de animales (toros y cabras) en su honor y sobre todo con la devolución de la joven Criseida a su padre Crises. Como hemos dicho, los griegos son conscientes de que la peste que sufren es un castigo del dios Apolo. Este dios es el curador y protector y a la vez el que castiga con la peste. La enfermedad es enviada y es evitada y curada por la misma divinidad, aunque parezca algo paradójico. En efecto, Apolo es el dios "ante la puerta", es decir, el protector de la muralla para que no pase dentro de la ciudad ningún mal, ni el fuego, ni la guerra ni la peste.

Por ejemplo, en Hierápolis, en Frigia, el oráculo de Claros manda colocar una estatua del dios como protección.[7] En Troya, donde se sitúa ese primer relato de la peste, la imagen de Apolo está protegiendo las murallas

---

[7] Marcel Detienne, *Apolo con el cuchillo en la mano: una aproximación experimental al politeísmo griego*, Madrid, Akal, 2001, 139, con ejemplos y bibliografía al respecto.

y sus puertas. La ciudad y el territorio están bajo la protección de Apolo. Por eso Apolo recibe la denominación de Apotrópaios y hay que ofrecerle una víctima propiciatoria, un cabrito u otro animal, según uno de los oráculos délficos:[8] "Cuando sobre la tierra y en la ciudad aparezca una enfermedad, una peste o hambre, o bien la muerte, es necesario sacrificar ante las puertas una víctima purificadora para el *Apotrópaios*, un cabrito de pelo rojo para Apolo *Apotrópaios*".

3. La tragedia *Edipo rey* de Sófocles: la peste de Tebas

El esquema de la peste como castigo divino, debido al "pecado" individual, pero que recae sobre toda una colectividad, vuelve a aparecer en el *Edipo rey* de Sófocles, aunque desde una perspectiva diferente. La peste de Tebas está unida al destino personal de Edipo.[9] El dramaturgo se ha inspirado en la peste de Atenas del 430 para componer su versión, aunque, como se verá más adelante, la representación de la peste que hará esta tragedia será muy diferente a la de la historia de Tucídides.[10] Como Atenas con Pericles, entonces es Tebas la que se encuentra en una situación crítica con Edipo. Una peste asola la ciudad, acompañada de otros males, hasta el punto de que los ciudadanos acuden a su rey, a Edipo, para pedirle su ayuda para que actúe como su salvador.

Sófocles es autor de varias tragedias, además de la de *Edipo rey*, en las que la enfermedad cobra cierto protagonismo, como son *Filoctetes* y *Ayax*.[11] En estas dos últimas obras la enfermedad es individual, debida a una culpa y falta personal. La curación, en el primer caso, viene directamente de

---

8   *Ibidem*, 140.

9   David García Pérez, "La peste del tirano Edipo: política, medicina y desmesura", *Nova tellus: Anuario del Centro de Estudios Clásicos*, 39/1, 2021, 27-43.

10   Eulalia Vintró, "Tucídides y Sófocles ante la peste", *Boletín del Instituto de Estudios Helénicos*, 2/2 1968, 57-64; José Vicente Bañuls Oller, "Cuando la tragedia se hace historia y la historia tragedia", *Noua Tellus*, 34/2, 2016, 53-87.

11   Tres modos de enfermedad, la física (*Filoctetes*), la mental (*Ayax*) y la colectiva (*Edipo rey*) y su vínculo con el nuevo método de diagnóstico en relación con la extensión de la tradición hipocrática y el racionalismo

los dioses, mientras que en el segundo ha de producirse el sacrificio de la propia vida para poner fin a la locura. Aunque el dramaturgo se sirve de una terminología en cierto modo especializada en el campo de la medicina, sin embargo, el contexto trágico y heroico sitúan la consideración y el origen de los males corporales en los mismísimos dioses.

La peste colectiva que afecta a Tebas tendrá que ser curada por Edipo, y para ello se ha de indagar la causa del mal a través de conocimiento de la voluntad divina. El grandioso rey Edipo, que se convirtió en el soberano de Tebas tras acabar la Esfinge, tiene que buscar a la persona que acabó con la vida del anterior rey, de Layo. Este asesino está en la propia ciudad de Tebas y ésa es la causa de que la ciudad se encuentre bajo los efectos de una destructiva plaga enviada por el dios Apolo. Hasta que el crimen de Layo deje de estar impune no se pondrá fin a este mal. Edipo busca y al buscar encuentra que él es el culpable, él es el homicida de su propio padre en un cruce de caminos, sin ser consciente de ello. El peor pecado no es el parricidio, sino el haberse casado luego con su madre, Yocasta, y haber engendrado cuatro hijos con ella.

Como es tradicional en la religión griega, ante la presencia de una peste se procede a conocer la voluntad de los dioses. Edipo se había adelantado a la petición de sus conciudadanos y había mandado a Creonte a Delfos a consultar al dios Apolo. La respuesta, como es ya conocido por el argumento trágico, apuntará al propio Edipo como origen del mal. El haber matado a su padre Layo, el haberse casado con su madre Yocasta y haberse convertido en rey de Tebas es un crimen cometido inconsciente e involuntariamente, pero que ha irritado a la divinidad. El descubrimiento del pasado del monarca, que se va haciendo de una manera progresiva a lo largo de la tragedia, es la clave de la obra. El causante de la impureza que reina en Tebas es el rey Edipo. El culpable de la muerte de Layo, el propio padre de Edipo, ha de pagar con el destierro o con la muerte. Así se pondrá fin a la maldición divina que pesa sobre el homicida.

<hr>

incipiente de la época; cf. Joaquín Fortanet Fernández, "Del castigo divino al diagnóstico: la concepción de la enfermedad en Sófocles e Hipócrates", *Ágora: Papeles de filosofía*, 41/2, 2022, 1-15.

La cusa de la enfermedad es divina y su curación también. Edipo, al reconocer su culpabilidad, decide sacarse los ojos y abdicar de su realeza. Deja el trono a su cuñado Creonte y se va al destierro. La grandeza de la heroicidad de Edipo es el cargar en su persona, con la ceguera y el destierro, la peste de su ciudad como forma de expiar sus actos anteriores, a pesar de que no fue en ningún momento consciente de ellos. En la tragedia sofoclea la peste gira en torno a la persona de Edipo y va ligada a su destino, como también se podrá observar después en el relato tucidídeo sobre Pericles.

En esta historia legendaria la peste viene directamente de la divinidad; como ocurría en la *Ilíada* homérica, es Apolo el responsable (*Edipo rey*, 22-30):[12]

> La ciudad, como tú mismo ves, es víctima de embates excesivos, y aún no puede sacar fuera la cabeza del abismo y del oleaje sangriento. Se consume en los gérmenes fructíferos de la tierra, se consume en los hatos de bueyes que pacen en los campos, y en los partos estériles de las mujeres. Sobre ella se ha abatido y al azota una deidad portadora de fuego, la peste aborrecible que vacía la mansión de Cadmo, en tanto que el negro Hades se enriquece de gemidos y lamentos.

Igual proceder al de los aqueos ante los muros de Troya se observa en los tebanos, que acuden a los templos a suplicar por su ciudad y su vida. Así lo expresa el sacerdote ante los penitentes (*Edipo rey*, 148-150): "Hijos, levantémonos, pues hemos venido aquí a obtener lo que el rey, en persona, nos promete. Y, ¡ojalá!, Febo, que nos mandó este oráculo, viniera a salvarnos y a poner fin a esta peste".

El sufrimiento de la ciudad queda patente es las lamentaciones que expresa el coro de los tebanos y que coincide con aquellos males apuntados por Hesíodo que acompañaban a las plagas (*Edipo rey*, 166-175):

> ¡Ay de mí! Innúmeras son las penas que soporto.

---

[12] Sófocles, *Antígona, Edipo rey, Electra*, Luis Gil (trad. y present.), Madrid, Guadarrama, 1981.

> El contagio afecta al pueblo entero,
> Y no hay lanza de pensamiento
> que pueda defendernos.
> No crecen los frutos de la ilustre tierra,
> ni en los partos soportan las mujeres
> las fatigas causantes de sus ayes de dolor.
> Uno tras otro, cual ave bien alada,
> más raudos que la llama infatigable,
> los puedes ver precipitarse
> a la ribera del dios occidental.

4. La *Historia de la guerra del Peloponeso*: la peste de Atenas

Después de estos relatos transmitidos por poetas, en los que el mito enmarca los acontecimientos que producen y sufren la peste y sus consecuencias, pasamos al último de los testimonios, compuesto por un historiador, casi propio de un médico, Tucídides. Antes habría que mencionar, sin entrar al detalle, algunos pasajes que Heródoto incluye en sus *Historias* y en los que aparece también la peste. El VIII 115 el historiador describe brevemente la peste que afecta al ejército persa de Jerjes al invadir Tesalia en su campaña contra el Helesponto en 480. Los soldados se ven afectados por el hambre y por la peste, males que suelen ir unidos. Este tipo de enfermedades epidémicas eran bastante frecuentes en las guerras por las malas condiciones higiénicas, la insalubridad de las aguas, en casos contaminada por los enemigos, y la escasez de alimentos. Por otra parte, en VII 171 se recoge la noticia de la peste que azota a los cretenses que regresan de la guerra de Troya. También el hambre junto con la enfermedad acaba con la población hasta el punto de quedar deshabitada y necesitar una nueva inmigración.

El primer relato científico sobre la peste la encontramos en el historiador Tucídides. En su *Historia de la guerra del Peloponeso*. La peste es algo habitual en las guerras antiguas, pues los conflictos bélicos hacen que las personas se encierren dentro de las murallas de la ciudad, el hacinamiento, el hambre, la escasez de higiene, la duración del asedio, etcétera, conducen irremediablemente a la enfermedad, que se extenderá de manera contagiosa entre la población expuesta a ella. Esta peste de Atenas duró casi cuatro años, entre el 430 y el 426 a. C., y en ella perdió la vida casi un tercio de la población del Ática. Se puede decir que hay un antes y un después de esta peste de Atenas. En el segundo año de la guerra de Atenas contra Esparta la población sufre una intensa epidemia, cuya importancia hizo que se convirtiera en un motivo presente y repetido en la literatura historiográfica, médica e incluso poética.[13]

Tucídides en su *Historia de la guerra del Peloponeso* analiza la enfermedad no sólo desde el punto de vista médico, sino también desde la perspectiva de sus consecuencias políticas. En el fondo también es la colectividad la protagonista de la plaga, como lo fue en la Tebas sofoclea y el ejército griego homérico. Se trata de un relato impactante, pues el propio autor fue testigo directo y sufrió la enfermedad. El historiador no sólo describe la situación pandémica, sino que intenta hacer un análisis de las causas y aventura una serie de explicaciones de tipo médico sobre la enfermedad. Asimismo, como historiador se adelantan algunos acontecimientos que son provocados por las consecuencias posteriores de la pandemia. Es, por tanto, un relato completo y coherente:

> Yo, por mi parte, describiré cómo se presentaba; y los síntomas con cuya observación, en el caso de que un día sobreviniera de nuevo, se estaría en las mejores condiciones para no errar en el diagnóstico [...] porque yo mismo padecí la enfermedad y vi personalmente a otros que la sufrían sin ningún motivo que lo explicase, en plena salud y de repente, se iniciaba con una intensa sensación de calor en la cabeza y con un

---

[13] Denys Lionel Page, "Thucydides Description of the Creat Plague at Athens", *The Classical Quarterly*, 3, 1953, 97-119; José Alsina, "¿Un modelo literario de la descripción de la peste de Atenas?", *Emerita*, 55/1, 1987, 1-13; Carlos Sierra Martín, "Reflexiones sobre Atenas, la peste y Tucídides", *Euphrosyne*, 40, 2012, 283-296; Alfonso Gutiérrez y Consuelo Giménez Pardo, "La peste (plaga) de Atenas", riecs. *Revista de investigación y educación en ciencias de la salud*, 3/2, 2019, 61-63.

enrojecimiento e inflamación en los ojos; por dentro, la faringe y la lengua quedaban enseguida inyectadas y la respiración se volvía irregular y despedía un aliento fétido.[14]

Los médicos de entonces desconocían esta enfermedad y las investigaciones actuales no han aclarado totalmente la causa de esta peste de Atenas, si bien se han propuesto numerosas enfermedades epidémicas, como tifus, peste bubónica, escarlatina, fiebre tifoidea, tuberculosis, fiebre hemorrágica, etcétera.[15]

Comenzó a declararse por primera vez entre los atenienses la epidemia, que... no se recordaba que se hubiera producido en ningún sitio una peste tan terrible y una tal pérdida de vidas humanas. Nada podían hacer los médicos por su desconocimiento de la enfermedad que trataban por primera vez; al contrario, ellos mismos eran los principales afectados por cuanto que eran los que más se acercaban a los enfermos; tampoco servía de nada ninguna otra ciencia humana. Elevaron, asimismo, súplicas en los templos, consultaron a los oráculos y recurrieron a otras prácticas semejantes; todo resultó inútil, y acabaron por renunciar a estos recursos vencidos por el mal.

En el relato se incluye una descripción bastante precisa de los síntomas, así como el proceso de expansión el virus por todo el cuerpo: el inicio estaba en un fuerte dolor de cabeza, luego los ojos se enrojecían e hinchaban, para luego afectar a la lengua y garganta; además de otros síntomas, como el estornudo, el mal aliento... La segunda fase era más intensa y peligrosa: cuando se veía afectado el pulmón, la tos, el dolor y los vómitos dominaban al enfermo hasta producirle espasmos.

---

[14] Tucídides, *Historia de la guerra del Peloponeso*, 2 vols., Julio Calonge (introd.), Juan José Torres (trad. y notas), Madrid, Gredos, 1990.

[15] Ma. del Pino Carreño Guerra, "Guerra y peste en Atenas. Revisión sobre el posible origen de la pandemia ateniense del 430-426 a. C.", *Asclepio*, 71/1, 2019, 249.

La fiebre, "el gran ardor" y una sed inmensa se hacían dueños de los afectados en su interior, que le empujaban a buscar el alivio del agua. Tucídides afirma que este gran calor afectaba a las entrañas para finalmente provocar una descomposición intestinal, que los dejaba exhaustos y avocados a la muerte. La fase crítica de la enfermedad es, a juicio del historiador, el momento de la fiebre, que es cuando más personas fallecían. Sin embrago, como se ha descrito, el superar esta fase no suponía estar libre de la muerte. No había solución para esta enfermedad. El que se contagiaba, o moría o podía quedar gravemente afectado: podían perder algunos de sus brazos, los ojos e incluso la memoria. Sin duda el saber que no había tratamiento ni cura para este mal hacía que la peste fuera aún más terrible que cualquier enfermedad:

> Después de estos síntomas, sobrevenían estornudos y ronquera, y en poco tiempo el mal bajaba al pecho acompañado de una tos violenta; y cuando se fijaba en el estómago, lo revolvía y venían vómitos con todas las secreciones de bilis que han sido detalladas por los médicos, y venían con un malestar terrible... Por fuera el cuerpo no resultaba excesivamente caliente al tacto, ni tampoco estaba amarillento, sino rojizo, cárdeno y con un exantema de pequeñas ampollas y de úlceras; pero por dentro quemaba de tal modo que los enfermos no podían soportar el contacto de vestidos y lienzos muy ligeros ni estar de otra manera que desnudos, y se habrían lanzado al agua fría con el mayor placer... así, o perecían, como era el caso de la mayoría, a los nueve o a los siete días, consumidos por el calor interior, quedándoles todavía algo de fuerzas, o, si conseguían superar esta crisis, la enfermedad seguía su descenso hasta el vientre, donde se producía una fuerte ulceración a la vez que sobrevenía una diarrea sin mezclar, y, por lo común, se perecía a continuación a causa de la debilidad que aquella provocaba.

Una de las conclusiones más destacadas de su presentación de esta peste fue que tal enfermedad era muy diferente de otras ya conocidas:

La naturaleza de esta enfermedad fue tal que escapa sin duda a cualquier descripción; atacó a cada persona con más virulencia de la que puede soportar la naturaleza humana, pero sobre todo demostró que era un mal diferente a las afecciones ordinarias en el siguiente detalle: las aves y los cuadrúpedos que comen carne humana, a pesar de haber muchos cadáveres insepultos, o no se acercaban, o si los probaban perecían.

La enfermedad era realmente muy contagiosa, lo que marcaba una diferencia neta con otros males similares. La ciudad de Atenas estaba asediada y la población estaba hacinada en su interior. Además, la guerra había atraído a habitantes de otros puntos de Ática que se refugiaron las tras murallas atenienses. Esta inmigración provocó una situación de peor salubridad. La falta de alimento y de condiciones higiénicas óptimas es un caldo de cultivo habitual en gran número de acontecimientos bélicos de la Antigüedad y, en general, de todas las épocas históricas.

Se apunta a que la enfermedad podía venir de Etiopía y se dice que el agua podía estar contaminada. De hecho, era práctica habitual en los asedios el envenenar en agua de las ciudades cercadas. En este caso se señala a los peloponesios como autores del envenenamiento del agua de los pozos:

Unos morían por falta de cuidados y otros a pesar de estar perfectamente atendidos. No se halló ni un solo remedio, por decirlo así, que se pudiera aplicar con seguridad de eficacia; pues lo que iba bien a uno a otro le resultaba perjudicial... Pero lo más terrible... el hecho de que morían como ovejas al contagiarse debido a los cuidados de los unos hacia los otros: esto era sin duda lo que provocaba mayor mortandad. Porque si, por miedo, no querían visitarse los unos a los otros, morían abandonados, y muchas casas quedaban vacías por falta de alguien dispuesto a prestar sus cuidados... la enfermedad, en efecto, no atacaba por segunda vez a la misma persona, al menos hasta el punto de resultar mortal.

El problema de esta peste, en concreto, y de todas, en general, es qué hacer después con los cadáveres. Los fallecidos se amontonaban en la ciudad y no había forma de organizar los sepelios siguiendo las normas religiosas y ciudadanas. Las casas y templos estaban repletos de cuerpos muertos.

Tucídides pinta un panorama casi típico del final del mundo, en el que los ciudadanos actúan sin ningún pudor ni vergüenza, no sólo a la hora de enterrar a sus seres queridos, sino en el hecho de dilapidar los bienes heredados en la idea de que su muerte estaba próxima:

Los santuarios en los que se habían instalado estaban llenos de cadáveres, pues morían allí mismo. Todas las costumbres que antes observaban en los entierros fueron trastornadas y cada uno enterraba como podía. Muchos recurrieron a sepelios indecorosos debido a la falta de medios, por haber tenido ya muchas muertes en su familia; en piras ajenas, anticipándose a los que las habían apilado, había quienes ponían su muerto y prendían fuego; otros, mientras otro cadáver ya estaba ardiendo, echaban encima el que ellos llevaban y se iban. También en otros aspectos la epidemia acarreó a la ciudad una mayor inmoralidad.

Tanto Tucídides como Sófocles fueron espectadores y, en parte, protagonistas de la experiencia de la peste en la ciudad de Atenas. Los dos autores se vieron afectados por la peste, pero, como vemos, cada uno de ellos compuso un relato diferente. Tucídides intenta aproximar su relato a un análisis médico, como un científico y profesional de la materia, como se observa, por ejemplo, en el tipo de léxico utilizado y en la descripción detallada de los síntomas, próximo a los textos hipocráticos.[16] Sin embargo, Tucídides busca algo más que una explicación médica, busca una etiología de tipo político, intencionada por la justificación del relato de la peste entre los dos discursos de Pericles. Representa un nuevo modo de pensar, más racionalista, frente a la concepción mítica representada por Homero o la tradicional de Sófocles.

---

[16]   Charles Lichtenthaeler, *Tucydide et Hippocrate vus par un historien-médecin*, Ginebra, Droz, 1965; y Denys Lionel Page, *op. cit.*, 97-119.

En su relato historiográfico, Tucídides sitúa la descripción de la peste entre dos discursos de Pericles.[17] En el primero el mandatario hace una alabanza de la ciudad ateniense como un lugar ejemplar para el resto de la Hélade, mientras que el segundo y último se trata de una exculpación de los desastres de la guerra y de la propia pandemia en vísperas de acabar su vida a causa del contagio. La peste, que ocurre entre estos dos discursos, sirve al historiador para dibujar un panorama desastroso de Atenas, víctima de la peste, frente a la posición álgida anterior. En suma, la peste y sus consecuencias se han convertido en una auténtica tragedia para la ciudad, pero una tragedia real.

Tucídides relata en su *Historia* los acontecimientos de la peste de la misma forma que hacían los médicos al contar su experiencia en los escritos conocidos como *Epidemias*. Como ya se ha indicado, el historiador también fue protagonista de los hechos, estuvo enfermo y vio a otros muchos que padecieron lo mismo. Él no se sirve de explicaciones religiosas ni míticas, no recurre a castigos superiores, sino que sitúa el hecho en un plano médico y real. Evita la explicación religiosa y se apoya en las causas naturales. No obstante Tucídides también alude a las súplicas que los ciudadanos nacían en los templos y las consultas oraculares que se llevaron a cabo para conocer la causa del mal. Incluso Pericles se sirve de los dioses para atribuir el origen del mal y evitar que recaigan en él todas las responsabilidades (II 64, 1-2):

> Si nuestros enemigos nos han invadido y han hecho lo que era normal que hicieran al no estar vosotros dispuestos a someteros, y si ha sobrevenido además, más allá de nuestras previsiones, esta epidemia, la única cosa entre todo lo ocurrido que ha sobrepasado nuestros cálculos. Y es por ella en buena parte, bien lo sé, que soy más odiado, injustamente por cierto, a no ser que, cuando obtengáis un éxito inesperado, también me lo atribuyáis a mí. Pero hay que soportar los males enviados por los dioses con resignación.

---

[17]   Antonio Cortijo Ocaña, "Guerra y enfermedad: entre el discurso fúnebre de Pericles y la plaga de Atenas", *Mirabilia: Electronic Journal of Antiquity, Middle & Modern Ages*, 30, 2020, 144-133.

5. Las *Epidemias* de Hipócrates: la peste de Perinto

Para terminar esta serie de relatos hemos seleccionado uno estrictamente médico, tomado del *corpus hippocraticum*, con una descripción médica de un tipo de epidemia (la "tos de Perinto"), que afectó a la población de Perinto, Tracia, a finales del siglo v a. C.[18] A esta ciudad acudieron médicos de la Escuela de Cos a estudiar y curar el mal. En el libro *Epidemias* de Hipócrates se dan datos de esta enfermedad (VI 7, 10):[19]

> En Perinto, la mayoría enfermó en primavera, pero actuó como causa concomitante una epidemia de tos invernal, y en los demás casos, las enfermedades crónicas; pues incluso en los casos dudosos la enfermedad se mostró con claridad. Hay casos de enfermedades crónicas en los que no se produjo, como en los que tenían dolores nefríticos, pero también en otros, como el hombre junto al que me llevó Cinisco.

En la sección III del libro VI de *Epidemias* se puede leer una descripción de los síntomas de los afectados por esta tos:

> En verano se presentaron muchas fiebres de tipo causón; se producían sin vómitos. Y desarreglos intestinales, con heces de poca consistencia, acuosas, no biliosas, espumosas, abundantes. Retenían, a veces, las (deyecciones) al estar en reposo (tenían) un sedimento. De ellas, una vez expuesta al aire, la que se asemejaba a una deposición del color del glasto era totalmente nociva. En estos casos, muchos sufrieron coma y desvarío; a consecuencia del sueño se pusieron así: pero cuando despertaban, reconocían todo. Respiración alta, pero no mucho; en la mayor parte de los casos, orina de poca densidad y escasa, pero, en otro aspecto, no exenta de color. No se produjeron hemorragias nasales, a no ser en unos pocos

---

[18] Mirko Drazen Grmek, "La description hippocratique de la toux épidemique de Périnthe", en *Hippocratica*, M. D. Grmek y F. Robert (eds.), París, Éditions du CRNS, 1980, 199-221.

[19] Hipócrates, *Tratados hipocráticos. V. Epidemias*, Alicia Esteban, Elsa García Novo y Beatriz Cabellos (trads.), Madrid, Gredos, 1989.

casos, ni afecciones junto al oído, a no ser en algunos casos sobre los que escribiré más tarde. No se inflamó el bazo, ni el hipocondrio derecho estuvo muy doloroso ni muy en tensión; sin embargo, tenía alguna significación. Y en la gran mayoría de los casos, la crisis se produjo aproximadamente hacia los catorce días: en unos pocos con sudor, en unos pocos con escalofríos intensos, y en muy pocos hubo recidivas...

A modo de reflexión final podemos decir que las pestes, como la propia muerte, han estado presentes desde que el hombre existe y que desde que le ha sido posible a éste lo ha expresado, primero con un leguaje mítico y luego con otros tipos de discurso hasta llegar al estrictamente médico.

En la cultura griega los testimonios apuntan a plagas que afectan a toda la comunidad, aunque son causadas por un proceder particular de un individuo. La trascendencia política y social de estas enfermedades colectivas, especialmente a partir del pasaje del historiador Tucídides, ha servido de modelo para los relatos que se han ido confeccionando a lo largo de la historia de Occidente para explicar y, sobre todo, para justificar la gestión de la pandemia por los gobernantes de turno, sin olvidar lo ocurrido entre 2019 y la actualidad. Entonces se echaba la culpa a los dioses, se buscaba un culpable; ahora se ha llegado a señalar a los extranjeros. También en aquella época se evitaba alarmar a la población y se pedían responsabilidades a los dirigentes, como parece lógico.

El ser humano sigue siendo el mismo. El temor a algo que se desconoce es universal y atemporal y está justificado que se busquen explicaciones religiosas, míticas, supersticiosas, irracionales y muy alejadas de la ciencia, lo que, sin duda, pone de relieve la actualidad y vigencia de los textos de la antigua Grecia como modelo de comportamiento humano.

Referencias

Alsina, José, "¿Un modelo literario de la descripción de la peste de Atenas?", *Emerita*, 55/1, 1987.

Bañuls Oller, José Vicente, "Cuando la tragedia se hace historia y la historia tragedia", *Noua Tellus*, 34/2, 2016.

Carreño Guerra, Ma. del Pino, "Guerra y peste en Atenas. Revisión sobre el posible origen de la pandemia ateniense del 430-426 a. C.", *Asclepio*, 71/1, 2019.

Cortijo Ocaña, Antonio, "Guerra y enfermedad: entre el discurso fúnebre de Pericles y la plaga de Atenas", Mirabilia: Electronic Journal of Antiquity, Middle & Modern Ages, 30, 2020.

Detienne, Marcel, *Apolo con el cuchillo en la mano: una aproximación experimental al politeísmo griego*, Madrid, Akal, 2001.

Draskóczy, Eszter, "Intertesti ovidiani e biblici, scienza medica e simbolismo teologico nella bolgia del falsari: la epste di Egina emulata dalla lebbra e scabbia dei falsari di metallo", en *Ortodossia ed eterodossia in Dante Alighieri*, Carlota Cattermole Ordóñez, Celia de Aldama Ordóñez y Chiara Giordano (eds.), Madrid, La Discreta, 2014.

Fortanet Fernández, Joaquín, "Del castigo divino al diagnóstico: la concepción de la enfermedad en Sófocles e Hipócrates", *Ágora: Papeles de filosofía*, 41/2, 2022.

García Pérez, David, "La peste del tirano Edipo: política, medicina y desmesura", *Nova tellus. Anuario del Centro de Estudios Clásicos*, 39/1, 2021.

Gil, Luis, *Therapeia. La medicina popular en el mundo clásico*, Madrid, Guadarrama, 1969.

Grmek, Mirko Drazen, "La description hippocratique de la toux épidemique de Périnthe", en *Hippocratica*, M. D. Grmek y F. Robert (eds.), París, Éditions du crns, 1980.

Gutiérrez, Alfonso, y Giménez Pardo, Consuelo, "La peste (plaga) de Atenas", riecs. *Revista de investigación y educación en ciencias de la salud*, 3/2, 2019.

Hesíodo, *Obras y fragmentos*, Aurelio Pérez y Alfonso Martínez (introd., trad. y notas), Madrid, Gredos, 1978.

Hipócrates, *Tratados hipocráticos. V. Epidemias*, Alicia Esteban, Elsa García Novo y Beatriz Cabellos (trads.), Madrid, Gredos, 1989.

Homero, *Ilíada*, Emilio Crespo (trad., pról. y notas), Madrid, Gredos, 1996.

Lichtenthaeler, Charles, *Tucydide et Hippocrate vus par un historien-médecin*, Ginebra, Droz, 1965.

Nieto, Jesús María, *Cristianismo y profecías de Apolo. Los oráculos paganos en la Patrística griega (siglos ii-v)*, Madrid, Trotta, 2010.

Page, Denys Lionel, "Thucydides Description of the Creat Plague at Athens", *The Classical Quarterly*, 3, 1953.

Pino Campos, Luis Miguel y Hernández González, Justo, "Los conceptos de peste y epidemia: semántica y lexicografía", *Revista de Filología*, 26, 2008.

Sierra Martín, Carlos, "Reflexiones sobre Atenas, la peste y Tucídides", *Euphrosyne*, 40, 2012.

Sófocles, *Antígona, Edipo rey, Electra*, Luis Gil, Madrid (trad. y present.), Madrid, Guadarrama, 1981.

Tucídides, *Historia de la guerra del Peloponeso*, 2 vols., Julio Calonge (introd.), Juan José Torres (trad. y notas), Madrid, Gredos, 1990.

Vernant, Jean Pierre, y Naquet, Pierre Vidal, *Mito y tragedia en la Grecia antigua*, Barcelona, Paidós, 2008.

Vintró, Eulalia, "Tucídides y Sófocles ante la peste", *Boletín del Instituto de Estudios Helénicos*, 2/2, 1968.

Capítulo 6

Emergencia mítica: el nacimiento de una diosa en *Los días de la peste* de Edmundo Paz Soldán

Luis Alberto Pérez Amezcua
Universidad de Guadalajara
perez.amezcua@cusur.udg.mx

Miriam Darnok Sandoval Gómez
Universidad de Guadalajara
darnok.sandoval@alumnos.udg.mx

Introducción

> "Pero más temo a la Hélade, creadora de mitos.
> Nono de Panóplis, *Dionisíacas*, I, 385

En el capítulo 3 del libro *American Gods*, del famoso autor británico Neil Gaiman (1960), una voz extraña le dice en sueños a Shadow Moon, el personaje principal, que "los dioses mueren. Y cuando mueren de verdad nadie los llora ni los recuerda. Las ideas son más difíciles de matar que las personas, pero también se pueden eliminar".[1] Según esta visión, las divinidades serían inmanentes a los seres humanos, estarían ligadas a una ideología cambiante que respondería a una especie de ciclo vital de lo sagrado. Los dioses mueren cuando se olvidan; nacen y prosperan cuando se piensa activamente en lo que representan. Siguiendo esta lógica, los dioses nacerían en el determinado momento en que las condiciones sociales se conjugasen de una manera tal que permitiesen una teogonía especialmente ligada con las nuevas ideas e inquietudes en circulación.

---

[1] Neil Gaiman, *American Gods*, Barcelona, Roca, 2017, 71.

En *Los días de la peste*,[2] del escritor boliviano Edmundo Paz Soldán (1967), asistimos a la representación de uno de esos casos en que nace y prospera una divinidad. Ma Estrella, una diosa cruel, una diosa de la venganza, es cada día más popular en ese país sin nombre que es como muchas —si no es que todas— las naciones latinoamericanas: políticamente corruptas, extremadamente pobres, socialmente violentas. En la novela se cuenta cómo el culto a la Innombrable, como también se le mienta, se ha extendido de manera general en una región llamada Los Confines y en particular en una cárcel que ahí se ubica, de apodo la Casona. Sin embargo, el culto es prohibido porque atenta contra los intereses del juez Arandia, quien opera junto con el prefecto de la localidad, Vilmos, para medrar políticamente con dicha interdicción. La novela inicia en el momento en que Lucas Otero, el alcaide de la prisión —conocido como el gobernador—, anuncia la citada prohibición a los reos, lo que genera malestar entre los fieles, que apelan a una libertad de culto que no está siendo respetada.

Al mismo tiempo, en la Casona surge un virus desconocido de gran letalidad[3] que se va extendiendo —poco a poco primero y después con gran rapidez— entre los presos y los trabajadores de la prisión —directivos, guardias, médicos—, quienes son especialmente potenciales transmisores de la enfermedad al exterior del recinto. De este modo, la novela cuenta polifónicamente la historia, en breves fragmentos intercalados, de más de una treintena de personajes, quienes ahí conviven y sufren la represión religiosa y el miedo a la enfermedad, sin olvidar la violencia y la miseria que padecen de forma cotidiana. Todo esto genera desde luego distintas reacciones de los personajes, que estarán condicionadas en su mayor parte por sus orientaciones imaginarias individuales. No es el conocimiento científico ni la lógica, ni siquiera el sentido común, lo que genera las acciones y las reacciones, sino las creencias, las ideas sobre el más allá o acerca de los dioses.

---

[2]   Edmundo Paz Soldán, *Los días de la peste*, Barcelona, Malpaso Ediciones, 2017.

[3]   Cabe destacar la cualidad anticipatoria de la novela frente al coronavirus, pues éste surgió dos años después de que fuera publicada. Aunque desde luego ya era posible para el autor encontrar la influencia de esa especie de subgénero literario, el de la peste, es sorprendente cómo logró vislumbrar los efectos que el virus tendría en un entorno cerrado como el de una prisión, ambiente idóneo para una rápida diseminación.

Lo que buscamos con este trabajo, por un lado, es analizar, desde una perspectiva mitocrítica, la representación de Ma Estrella, la diosa central de la novela —tanto de su surgimiento como del florecimiento de su culto— y revisar la configuración simbólica del relato, con el fin de hacer hincapié en la importancia de las respuestas del imaginario ante situaciones límite —en este caso, la aparición del virus desconocido y el atentado a la fe de los seguidores de la divinidad—. El objetivo es mostrar cómo las circunstancias de extrema pobreza generan una divinidad extremadamente vengativa. Por otro lado, se mostrarán algunas semejanzas entre esta historia y el mito de Ifigenia —con base en la comparación de la estructura de los mitemas de los relatos— que muestran cómo es posible encontrar resonancias míticas en torno al tema del castigo divino. Al final se ofrecerá una reflexión acerca del papel que cumple el imaginario en la aparición de nuevas conductas rituales en el mundo actual.

La obra de Edmundo Paz Soldán ha sido bien atendida por la crítica y *Los días de la peste*, en particular, ha suscitado distintas lecturas interesantes,[4] pero ninguna desde el punto de vista de los estudios del imaginario. Consideramos que, no obstante lo valioso de los acercamientos realizados hasta el momento, esta novela es una obra que exige ser estudiada desde dicha perspectiva, pues su imbricación simbólica es tan estrecha que debería resultar insoslayable.

1. La pregunta fundamental

En el texto "Introducción. Del origen y fundamento de la mitología", Karl Kerényi (1897-1973) da cuenta de "una materia especial que condiciona

---

4 Por ejemplo, Francisco Javier Hernández Quezada, "Los días de la peste: mundos enfermos, mundos interconectados, *Revista Lateral*, 27, julio de 2021, 176-192; Jesús Montoya Juárez, "La velocidad de los cuerpos: mercado, distopía y desecho en *Los días de la peste*, de Edmundo Paz Soldán", *Co-herencia*, 16/30, enero-junio de 2019, 159-187; Ellen Maria Martins de Vasconcellos, "La contigüidad del tiempo en *Los días de la peste*, de Edmundo Paz Soldán", *Desde el Sur*, 11/2, 2019, 61-73.

el arte de la mitología".[5] Para designar dicha "materia especial" el filólogo húngaro utiliza el término *mitologema*. Los mitologemas, siguiendo con su exposición, contienen en sí mismos un sentido profundo y, si se trata de un auténtico mitologema, "este sentido es algo que no se puede expresar tan bien ni tan plenamente de forma no mitológica".[6] Los mitologemas, así, tienen un eminente carácter explicativo, "han sido creados para este fin: para proporcionar explicaciones".[7]

Por su parte, Fátima Gutiérrez, en su libro *Mitocrítica. Naturaleza, función, teoría y práctica*, define de una manera más directa (y acaso metodológicamente más operativa) al mitologema. Para ella, éste es "toda pregunta que se plantea el hombre, carente de respuesta desde el razonamiento positivista".[8] No se trata desde luego de cualquier clase de preguntas, sino de aquellas que son profundas y fundamentales: las que se cuestionan por el sentido de la vida, los misterios de la muerte, lo central de lo sagrado, la necesidad de lo ético. Para la investigadora española las respuestas a este tipo de cuestionamientos son los mitos.[9] A partir de estas premisas, Gutiérrez —seguidora de la teoría de Gilbert Durand, de quien hablaremos a continuación— expone una tipología mitológica en la que se encuentran mitos de creación, mitos apocalípticos, mitos cosmogónicos, entre otros, que serían modos particulares de respuesta a los mitologemas (preguntas) que los producen. Hay por lo tanto un carácter trascendente, fundador de un sentido numinoso, detrás de la materia mitológica.

El investigador mexicano Francisco Javier Hernández Quezada indica en el resumen de su artículo sobre la obra de Edmundo Paz Soldán que se estudia aquí que "el tema central [es] la enfermedad infectocontagiosa y sus efectos en la Casona".[10] Aunque sin duda la presencia y las acciones del vi-

---

[5]   Karl Kerényi, "Introducción. Del origen y del fundamento de la mitología", en C. G. Jung y Karl Kerényi, *Introducción a la esencia de la mitología. El mito del niño divino y los misterios eleusinos*, Madrid, Siruela, 2012, 17.

[6]   *Ibidem*, 18.

[7]   *Ibidem*, 19.

[8]   Fátima Gutiérrez, *Mitocrítica. Naturaleza, función, teoría y práctica*, Lleida, Milenio, 2012, 60.

[9]   *Idem*.

[10]   Francisco Javier Hernández Quezada, *op. cit.*, 176 y 177.

rus son importantes (y aunque en algunas de sus páginas el autor concede relevancia al "mundo religioso"), nosotros nos vemos compelidos a afirmar de una manera más radical que *Los días de la peste* es una novela que expresa un mito de destrucción[11] y que trata de responder a un mitologema. La pregunta detrás de este mitologema es "¿quiénes somos?". La respuesta que vislumbramos no es esperanzadora: somos un vivo deseo de venganza.

2. Mismos hombres, mismos dioses

De nuevo con Karl Kerényi, el mitologema es también "la suma de elementos antiguos, transmitidos por la tradición [...] que tratan de los dioses y los seres divinos, combates de héroes y descensos a los infiernos, elementos contenidos en relatos conocidos y que, sin embargo, no excluyen la continuación de otra creación más avanzada".[12] Gilbert Durand (el filósofo francés que acuñó el término "mitocrítica") coincide con el filólogo húngaro, pues asegura que el *sermo mythicus* es un "discurso sobre los dioses".[13]

Los días de la peste, de este modo, es un "sermo mythicus", una creación "más avanzada" de aquellos relatos que cuentan la historia de los dioses de la venganza y la destrucción, de los cuales es ejemplo Némesis. Los dioses son "figuras" que encierran un sentido profundo en sí mismas y que "se desenvuelven en un tiempo primordial".[14] Se trata, por tanto, de algo que aunque aparentemente desaparezca, siempre está latente, pues es consustancial al ser humano; es resultado de sus pulsos vitales. Todo esto es, siguiendo a Carl Gustav Jung, algo que dialoga cercanamente con la idea de lo arquetípico. Creemos —con Durand— que detrás de todo esto hay un fundamento biológico-antropológico del que desde luego es imposible sustraerse y que es éste el que motiva y permite las respuestas imaginarias y las figuraciones divinas igualmente arquetípicas.

---

[11]   Fátima Gutiérrez, *op. cit.*, 63.

[12]   Karl Kerényi, *op. cit.*, 17.

[13]   Gilbert Durand, *Ciencia del hombre y tradición. El nuevo espíritu antropológico*, Barcelona, Paidós, 1999, 98.

[14]   Karl Kerényi, *op. cit.*, 22.

Gilbert Durand, en *Las estructuras antropológicas del imaginario*, define al trayecto antropológico como "el incesante intercambio que existe en el nivel de lo imaginario entre las pulsiones subjetivas y asimiladoras y las intimaciones objetivas que emanan del medio cósmico y social".[15] Esas pulsiones son el componente biológico individual que interaccionan con los compromisos colectivos, con la cultura en la que nace y se desenvuelve el individuo, con su época. Por ello, como advierte Gutiérrez:

> No debe resultar extraño que encontremos las mismas estructuras [...] en muy distintas culturas separadas por el espacio y por el tiempo, reproduciendo los mismos o similares relatos míticos, ya que las contradicciones que pueblan la mente del hombre y las preguntas que éste se plantea, sobre todo en relación con lo que le trasciende, son aproximadamente las mismas.[16]

De lo anterior puede deducirse que es por tanto normal que Ma Estrella tenga semejanzas con otras diosas o con sus atributos. Montoya Juárez afirma que para Paz Soldán fue decisivo un viaje que hizo a la India, y que en Ma Estrella "la iconografía cristiana se confunde con la de la diosa Kali, de aspecto aterrador y habitualmente representada con un cuchillo en la mano".[17] El hecho de que se convoca en la novela a distintas divinidades e ideas sobre seres trascendentales obliga a considerar el aspecto simbólico como altamente relevante, por lo que haremos a continuación un espacio para tratar de demostrar de qué manera éste es no sólo ornamental sino definitivamente estructural, pues se trata de una simbólica ligada a esta preeminencia divina.

---

[15] Gilbert Durand, *Las estructuras antropológicas del imaginario. Introducción a la arquetipología general*, México, Fondo de Cultura Económica, 2004, 43.

[16] Fátima Gutiérrez, *op. cit.*, 57.

[17] Jesús Montoya Juárez, *op. cit.*, 168.

3. Estructura simbólica de *Los días de la peste*

En otro de sus libros, *La imaginación simbólica*, Gilbert Durand propone una definición de símbolo como "signo que remite a un significado inefable e invisible, y que por eso debe encarnar concretamente esta adecuación que se le evade, y hacerlo mediante el juego de las redundancias míticas, rituales, iconográficas, que corrigen y completan inagotablemente la inadecuación".[18] Desde entonces (la primera edición en francés es de 1964) e incluso antes (en 1961 publicó *Le décor mythique de la Chartreuse de Parme; contribution à l'esthétique du romanesque* a propósito de la novela de Stendhal), el autor era perfectamente consciente de la importancia de la detección de las citadas redundancias, esas repeticiones reveladoras que contribuyen para que el analista sea capaz de aproximarse a ese sentido "adecuado", y en consecuencia insistió en ello a lo largo de toda su obra. Por otra parte, Jean-Jacques Wunenburger, señala que uno de los tres niveles de descripción de lo sagrado es "el de las estructuras simbólicas comunes a todas las formas de representación sagrada" (los otros dos son el de la experiencia psíquica y el de las funciones culturales de lo sagrado en las sociedades).[19] Así, la importancia de lo simbólico por sí mismo, por una parte, y por su participación en la expresión de lo sagrado, por otra, justifican, creemos, este procedimiento metodológico.

3.1. La Casona

La Casona no sólo es el espacio en el que ocurre la mayor parte de los acontecimientos de la novela, sino uno de sus símbolos principales. "Como la ciudad y el templo, la casa está en el centro del mundo; es la imagen del universo",[20] aseguran Chevalier y Gheerbrant en su *Diccionario de los símbolos*. En este sentido, la Casona en la novela adquirirá un carácter modélico como representación del mundo, pero del mismo modo será un mundo deformado,

---

[18]   Gilbert Durand, *La imaginación simbólica*, Buenos Aires, Amorrortu, 2007, 21.

[19]   Jean-Jacques Wunenburger, *Lo sagrado*, Buenos Aires, Biblos, 2006, 17.

[20]   Jean Chevalier y Alian Gheerbrant, *Diccionario de los símbolos*, Barcelona, Herder, 1986, 257.

prisionero, un universo de reclusión.[21] El símbolo de la casa como imagen del universo se combina en este sentido con el discurso en torno al aparato represivo de Estado y los agentes de la represión descritos por Althusser,[22] como puede apreciarse en el inicio mismo de la novela: "Lucas Otero se dirigió a la Casona escoltado por dos guardias, chicote eléctrico en mano". La casa no es sólo un lugar amable, sino el espacio en el que ocurrirá la represión en muchas de sus formas (aquí simbolizada por el chicote eléctrico). El sufijo de la palabra (Cas-*ona*) contribuye a la maximización tanto de la importancia del espacio, al agrandarlo, como de la represión que ahí ocurre al albergarla de manera mayúscula.[23]

Uno más de los aciertos del escritor boliviano —estamos convencidos de que todo trabajo de investigación literaria debe encargarse siempre de resaltarlos, de que no debe olvidar su función crítica y únicamente usar al texto como pretexto— es el comienzo de la obra, su íncipit. Con maestría

---

[21] La importancia de la Casona, desde otra perspectiva que dialoga muy bien con la nuestra, la ha advertido también Montoya Juárez, quien la considera "personaje colectivo y verdadero protagonista del texto [que] parece constituirse como un hipercuerpo". En este sentido, la Casona funcionaría como algo orgánico, que permite ver sus espacios interiores (patios, celdas) precisamente como órganos de ese cuerpo por el que circulan sustancias, humanos, bacterias y virus. El budismo identifica la casa con el propio cuerpo (Chevalier y Gheerbrant, *op. cit.*, 258), por lo que la comparación de Montoya Juárez se ve apoyada simbólicamente y a nosotros nos permite profundizar en la imbricación simbólica que queremos destacar y su sentido: la Casona es un cuerpo enfermo.

[22] Cf. Louis Althusser, *Ideología y aparatos ideológicos de Estado. Notas para una investigación*, Medellín, Ediciones Quinto Sol, s/f. Althusser señala que las prisiones, los tribunales y la policía son parte del aparato "especializado" (p. 20) y "represivo" (p. 27) de Estado, y entre los agentes de la represión están "militares, policías, políticos, administradores, etc." (p. 43). Creemos que la novela también admitiría una interesante lectura marxista desde esta perspectiva, pues al ser parte de esta especie de subgénero literario de la prisión presenta una combinación en sus personajes de agentes ideológicos en casi todas sus formas: de la explotación, de la represión y profesionales de la ideología. Incluso algunos funcionarían (especialmente los guardias) como "agentes dobles" de explotación y represión, pues están siempre ocupados en conseguir dinero de los presos de cualquier forma posible, de una forma que bien pudiera considerarse "empresarial". Para Montoya Juárez "el funcionamiento del mercado neoliberal se representa metonímicamente en la Casona, una maqueta, cárcel-mercado". Jesús Montoya Juárez, *op. cit.*, 174.

[23] Es de notar el acierto literario de Paz Soldán, pues con sólo usar el sufijo logra dar un enorme sentido a la Casona, pues éste forma también despectivos y anuncia "privación de lo designado por la base" (como en la palabra "pelón"); de este modo, la Casona recibiría una connotación negativa por el despectivo, sería un lugar despreciable, y anunciaría al mismo tiempo para los presos (y para la doctora Tadic, un personaje importante en la trama médica, quien prefiere dormir en un sillón de la enfermería de la prisión que en su hogar) la carencia de una casa verdadera. Cf. Real Academia Española, *Diccionario de la lengua española*, 23a. ed. Disponible en ‹https://dle.rae.es/-ón›.

Paz Soldán presenta a gran parte del elenco de la novela, dando una breve pincelada del carácter o de la función de cada uno de quienes lo integran: el gobernador, el jefe de Seguridad Hinojosa, y Krupa, su segundo, al juez Arandia, al prefecto Vilmos, las 1 500 personas que habitan la Casona, al cura Benítez, al guardia Vacadiez y por supuesto a Ma Estrella. El gobernador Lucas Otero es el protagonista de este primer fragmento.

La obra se divide en tres partes fundamentales y cada una de las pequeñas secciones que la conforman están encabezadas por el nombre de su protagonista escrito en versalitas y encerrado entre corchetes, con un blanco tipográfico antecediéndolos, por ejemplo en este caso: "[El Gobernador]".[24] Es curioso cómo este "encerrar" los nombres entre paréntesis coincide con el espíritu de la novela: todo está recluido, cercado, hasta esta especie de subtítulos. Estos signos colaboran simbólicamente a desarrollar la sensación de opresión en la lectura de la novela, pues perfectamente podrían no estar; en su ausencia, el nombre seguiría cumpliendo la función de encabezado, pero aquí se va más allá en la decisión tipográfica.

En el mismo íncipit el autor presenta algunos de los espacios importantes de la novela: la casa de Otero, contigua a la Casona (nótese cómo también el alcaide está "atado" a la prisión) y la Casona misma (que se empieza a describir desde ahora, pues se menciona el portón y el arco de la entrada, su explanada de palmeras, el primer patio, los escalones y las galerías del segundo piso, la enfermería, etcétera). Se da cuenta también de que existen privilegios y una oposición entre el gobierno central y la administración provincial de Los Confines. Y por supuesto, se describe a Ma Estrella y el conflicto que está por comenzar por la prohibición de su culto en el penal. Todo en el espacio condensado de tres páginas y media.

Es importante señalar que el potencial de la ambigüedad como recurso literario se despliega también en el uso del nombre "Los Confines",[25] pues

---

[24]   Edmundo Paz Soldán, *Los días de la peste*, 11.

[25]   Nótese que al igual como sucede con el término "Casona", el nombre de la región también presenta un carácter despectivo. Esta característica se hace evidente en diversos puntos de la novela y es quizás en el siguiente fragmento en el que se hace más visible, ya que además de mostrar una connotación negativa hacia los habitantes del sitio, Los Confines se percibe como un espacio en el que el tiempo parece retroceder en lugar de

aunque el *Diccionario de la lengua española* define "confín" en primer lugar como "Término o raya que divide las poblaciones, provincias, territorios, etc., y señala los límites de cada uno", a nosotros nos parece que la palabra sugiere primariamente algo lejano, algo fronterizo, como metafóricamente podría desprenderse de su segunda acepción en el *Diccionario*: "Último término a que alcanza la vista".[26] Por otro lado, "Los Confines" juega con el término "confinamiento" en varios sentidos. "Confinar" es "Desterrar a alguien, señalándole una residencia obligatoria" y también "Encerrar o recluir algo o a alguien en un lugar determinado o dentro de unos límites".[27] Entonces sí, los "confinamientos" son múltiples, incluso muchos de ellos voluntarios. Ma Estrella misma será desterrada, obligada a operar sólo en la clandestinidad. Es casi ocioso recordar, nos parece, el impacto que la palabra *confinamiento* ha tenido en todo el mundo a partir del 2019.

3.2. El arca

En el mismo fragmento, dos guardias acuden al llamado de Hinojosa cargando "un pesado arcón de hierro"[28] que depositan ante Otero, quien encabeza un tradicional —casi ritual— pase de lista a los reos. El gobernador ha organizado la ocasión para avisar que el culto a Ma Estrella queda prohibido. El arcón que han puesto a sus pies contiene "imágenes de la Innombrable en estampas y escapularios, cráneos de cerámica —de animales y de seres humanos— conocidos como santitas. Polvo amarillo, hongos laminados, frascos de sustancia violeta".[29] El simbolismo del arca (y por extensión el de su derivado "arcón") es riquísimo, y no será difícil colegirlo. Se trata de un símbolo de la restauración cíclica. También, dentro de la tradición bíblica y cristiana, el arca es "uno de los símbolos más ricos: símbolo de la morada

---

avanzar; un paraje orientado hacia el pasado: "Allá bien lejos, dice ella repitiendo el nombre, en los confines del imperio, donde viven los salvajes. Los Confines. Donde el mundo redondo se hace plano, dice él, tratando de sonreír". Edmundo Paz Soldán, *Los días de la peste*, 109.

[26] Real Academia Española, *op. cit.*

[27] *Idem.*

[28] Edmundo Paz Soldán, *op. cit.*, 13.

[29] *Idem.*

protegida por Dios (Noé) y salvaguarda de las especies; símbolo de la presencia de Dios en el pueblo de su elección; suerte de santuario móvil que garantiza la alianza de Dios y de su pueblo".[30]

De este modo, es posible darse cuenta desde ahora de que se trata de la representación de una tremenda usurpación. En la novela se ha hablado apenas 10 líneas atrás de la capilla católica del cura Benítez, por lo que la arrogación parece directa a esta fe. En adición, la figura del Arca de la Alianza[31] —de igual forma, presente dentro del ámbito bíblico— ayuda a enfatizar en la aparente intrusión que supone el culto a Ma Estrella respecto al catolicismo. Según lo mencionado en el Éxodo (37:10-22), el arca de la alianza, que fue construida primariamente de madera de acacia, fue recubierta de oro tanto en su interior como en su exterior; su tapa y ornamentos se elaboraron a base del mismo metal.[32]

El oro, por excelencia, es el "metal perfecto", y además de evocar la idea de la iluminación, suele estar estrechamente relacionado con la divinidad y con la perfección.[33] Por su parte, el arcón de la novela se ve constituido por un material distinto, el hierro, que ha sido calificado como un "metal vulgar"[34] y que además "simboliza una fuerza dura, oscura, impura, diabólica".[35] Lo anterior sin duda permite hacer notar que el contenedor en el que se colocan los objetos del culto a la Innombrable recibe connotaciones negativas que posteriormente le serán atribuidas a la diosa, como la maldad, lo impuro y hasta la falsedad. El arcón de hierro parece convertirse en una promesa de que la Innombrable ha llegado a Los Confines y a la Casona como un ser que pese a su intento de querer desterrar al catolicismo, se visualiza como una copia del mismo y lo que éste propone.

---

[30] Jean Chevalier y Alian Gheerbrant, *op. cit.*, 130.

[31] Aquí es conveniente retomar a qué nos referimos cuando hablamos del arca de la alianza. Dicho elemento destaca por ser un receptáculo que albergaba en su interior las tablas de los diez mandamientos; según se menciona, la construcción del arca fue ordenada por Dios a Moisés. Para leer más al respecto podemos acudir a La Biblia, específicamente a los libros del Éxodo y Deuteronomio.

[32] "Ex. 25: 10-22", en *La Biblia católica para jóvenes*, Navarra, Verbo Divino, 2013, 150-151.

[33] Jean Chevalier y Alian Gheerbrant, *op. cit.*, 784.

[34] *Ibidem*, 566.

[35] *Ibidem*, 567.

Las estampas y los escapularios parecen comunes a diversos credos, pero de inmediato los cráneos vienen a cambiar la dimensión iconográfica. Cuando los guardias y el alcaide de la prisión traen todas esas imágenes de la Innombrable en este arcón no se han dado cuenta de que cometieron un error; lo que han hecho sin saberlo es destacar la cualidad sagrada atribuida a la diosa, aumentando así el rechazo de los fieles a la prohibición. Dicho rechazo es representado por la oposición de un preso llamado el Niño, quien le recuerda a Otero que "hay libertad de culto".[36] El Niño es inmediatamente reprimido por Otero, quien lo quema con el chicote eléctrico con el que se ha presentado, aunque por dentro se arrepienta. El mismo gobernador no está seguro de que prohibir el culto sea lo mejor, pues incluso cree que le ayuda a controlar mejor la prisión, pero sus superiores lo han obligado. Más tarde sabremos que el propio Otero es un consumidor de la sustancia violeta (una especie de alucinógeno) como la que se halla en el arcón y que su esposa es una ferviente seguidora del culto. Al final del fragmento, por cierto, las imágenes de la diosa serán quemadas con un fuego encendido por ese mismo chicote, ahora utilizado por el guardia Vacadiez.

Muchas cosas de las que se habla en este comienzo de novela se desarrollarán y explicarán más adelante pero se anunciarán aquí de manera condensada y en clave. Creemos que ciertos detalles no se aprecian del todo en una primera lectura. Esto es sin duda importante literariamente hablando, puesto que demuestra un trabajo minucioso de revisión y de cuidado de la materia textual. Un ejemplo de esto es el breve párrafo en el que una "anciana de pelo ajustado en un moño con cinta verde le pidió con voz quebrada que la ayudara, mi hijo se muere en la Enfermería".[37] Más tarde sabremos que el moño y el color verde son parte del código de reconocimiento del culto a la diosa.

---

[36]   Edmundo Paz Soldán, *Los días de la peste*, 13.

[37]   *Ibidem*, 11.

3.3. El cráneo

El del cráneo será un simbolismo central a lo largo de la novela. Numerosas redundancias lo comprueban. Ya se ha mencionado en el fragmento citado que hay cráneos de animales y de seres humanos que se conocen como "santitas". Habrá cráneos de cerámica, sí, pero también los habrá reales, de animales y de seres humanos. Muchos de los cráneos humanos son parte de un mercado negro que opera en la Casona, pues "la gente rica del pueblo pagaba para conseguir los cráneos humanos que requería el culto de la Innombrable porque eran más efectivos que los de animales".[38] Gilbert Durand recuerda que "la etnografía recalcó la importancia, tanto en el tiempo como en el espacio, del culto de los cráneos [que] sería la primera manifestación religiosa del psiquismo humano".[39] El cráneo es también símbolo "de la mortalidad humana, pero también de lo que sobrevive después de la muerte",[40] por lo que el simbolismo cíclico del arca halla aquí un apoyo en la constelación que se despliega en la novela. El ritual de los cráneos para la Innombrable incluye "santitas pintadas de rojo y [v]elas encendidas en el interior de cada cráneo",[41] por lo que se les une igualmente el muy rico simbolismo del fuego. Podemos ver, pues, cómo el simbolismo se va imbricando, definiendo, enriqueciendo.

Uno de los fragmentos más reveladores de la importancia del simbolismo del cráneo en *Los días de la peste* está en voz de Celeste, la esposa del gobernador. El valor ritual de cada cráneo está determinado tanto por las características físicas de su propietario como por las acciones que éste haya realizado en vida. El ritual del procesamiento de las santitas se describe también ahí, y se muestra con este la existencia de "sacerdotes" a cargo del culto, denominados "santones". Por su importancia, se cita en extenso:

En la choza de Mayra a orillas del río, el atardecer de cielo quebrado y rojizo, Mayra bendijo la santita que le acababa de traer, Celeste, ¿es de

---

[38] *Ibidem*, 30.

[39] Gibert Durand, *Las estructuras antropológicas del imaginario*, 146.

[40] Jean Chevalier y Alian Gheerbrant, *op. cit.*, 353.

[41] Edmundo Paz Soldán, *Los días de la peste*, 51.

un suicida?, yo no no, ¿es de una virgen?, yo no no no, obviamente no es un niño, ¿no?, yo no no no. Mientras más detalles sepamos mejor, Celeste. Le conté lo que sabía, hombre treinta años en la cárcel unos diez por matar a sus padres. Hombre, me gusta, dijo, treinta años, tendrá potencia, y yo qué bien, por eso los cráneos de la Casona eran tan apetecidos en el crematorio. Ma Estrella tenía un pacto con los asesinos los pobres los animales, de ellos extraía su fuerza, yo acumulaba esos cráneos porque cada uno nuevas vidas, protección para el futuro. Mayra ya no me escuchaba, untaba la santita con aceite, la metía en un hoyo en la tierra cavado por Dobleyú en la parte trasera de la choza, tiraba tierra sobre él y la apisonaba con una pala, a esperar tres días para que la santita tenga fuerza, sea desenterrada y Dobleyú la pinte de rojo y me la devuelva, Celeste bien bonita ha quedado.[42]

Es evidente el carácter supuestamente apotropaico de los cráneos, que se espera propicien un bien al fiel que los gestiona, en este caso a Celeste, quien de paso comunica al lector el pacto de Ma Estrella "con los asesinos los pobres", es decir, con los marginados. Las santitas, el arcón y la Casona vinculan así su simbolismo en torno a una especie de sacralidad de lo marginal a la que quieren dar una esperanza cíclica, como si se ofreciera en otra dimensión lo que en este mundo no puede dárseles: libertad, inocencia, riqueza.

El fragmento de Celeste nos permite también hablar de paso de otro espacio importante de la novela: el crematorio. Es lógicamente donde se llevan a cabo este tipo de rituales y será aquí el escenario, más adelante, de un desalojo violento por parte de la policía cuando se haga oficial la prohibición del culto en toda la provincia, gracias a los oficios del "Comité contra la Superstición" manipulado por el juez Arandia, es decir, cuando el veto al culto escale, cuando salga de la prisión, tal y como lo hará el virus. El crematorio será el lugar sagrado de la Innombrable. Crematorio connota, cabe mencionar, de paso, tanto a la muerte como al fuego purificador y destructor.

---

[42] *Ibidem*, 94.

4. La virgen del mal

El encabezado de este apartado es homónimo al título que se le dio a *Los días de la peste* en su traducción al francés[43] y nos parece muy adecuado para mostrar el aspecto femenino y directo de la suplantación divina en que se basa y al mismo tiempo la asociación aquí en extremo polarizada con el mal, puesto que se suele asociar a la Virgen, por lo menos en la religión católica —para la que representa una de las más sagradas figuras—, con el máximo bien. Es desde luego un campo delicado en el que se mete Paz Soldán, pero aún más su traductor, quien al incluirla en el título le da un mayor protagonismo: ya no es la peste sino la diosa la que ocupa la primera plana. De alguna manera el traductor parece intuir que tiene mayor peso lo imaginario que lo biológico (el virus) y responde así a la pregunta de Rodrigo Blanco Calderón: "Pero ¿cuál es en realidad el *tema* que discute la novela a través de sus personajes? Paz Soldán sabe, o intuye muy bien, que en literatura cuando se habla de "peste" en realidad, o al mismo tiempo, se está hablando de otra cosa".[44] En este caso se está hablando de la Innombrable, de una creación del imaginario.

Como se ha visto, Ma Estrella aparece desde el inicio de la novela. A continuación ofreceremos una descripción de sus características con el ánimo de determinar las razones de su "nacimiento", de su emergencia.

Ma Estrella se les aparece a los presos y les pide su fe a cambio de sus favores. El ejemplo aparece muy pronto en la novela, cuando se lee el primer fragmento del carpintero Antuan: "Sería la estatua más grande de la Casona, y todo en honor a Ma Estrella, que lo había salvado desde el primer día en prisión, cuando se le apareció en lo profundo de la noche y le dijo que si se dedicaba a ella sobreviviría. Esa Ma Estrella que le habló no era invención de nadie sino la verdadera. Él le hacía caso y ella lo ayudaba".[45] La

[43]   Edmundo Paz Soldán (ed.), *La vierge du mal*, Robert Amutio (ed.), París, Gallimard, 2020.

[44]   Rodrigo Blanco Calderón, "*Los días de la peste*: relato del encierro" [las cursivas son del original.] *Letras Libres*, 7 de diciembre de 2012. Disponible en ‹https://letraslibres.com/revista/los-dias-de-la-peste-relato-del-encierro/›.

[45]   Edmundo Paz Soldán, *Los días de la peste*, 33.

estatua es un encargo del Tullido, otro personaje devoto de la Innombrable, pero Antuan está dispuesto a realizarlo, aunque teme que no le pague, debido a su devoción. La diosa pide, pues, "dedicación", y Antuan halla una forma de dedicarse al aceptar el encargo.

La Jovera, un transexual de la Casona, también le agradece a la diosa por cuidarla. El fragmento en que se da cuenta de su fe[46] es de gran interés porque ofrece otro aspecto revelador —éste más bien retorcido— de Ma Estrella, como puede verificarse a continuación:

> La Jovera se persignó delante de la efigie de la Innombrable. No había dejado de ser católica, de hecho había visitado por la mañana la capilla del cura Benítez, que quedaba cerca, pero Ma Estrella la atraía porque era una re-bel-de que prefería acostarse con muertos y con animales, ¡atrevida!, a acostarse con otros dioses, por eso el templo dedicado a ella en el pueblo solía estar lleno a todas horas.[47]

Además del ejercicio de estilo que realiza Paz Soldán al reproducir en la escritura de cada fragmento el "habla" de cada personaje al que se alude (en este caso y en otros que corresponden al transexual aparecen palabras divididas en sílabas por guiones), también se indican las características de Ma Estrella que causan un efecto en éstos, ya sea negativo o positivo. En este caso, la simpatía es ocasionada por la disidencia sexual de la diosa, que se sale así del patrón. Se le atribuyen necrofilia y zoofilia en vez de una teofilia "natural" en el ámbito tradicional divino. Esta especie de perversión le da la cualidad de "re-bel-de" y la rebeldía pareciera natural en quienes se encuentran bajo el yugo de agentes de represión.

---

[46] Cabe señalar que los fragmentos en que se presenta a los personajes (que son también usados para describir su relación con la diosa) son casi consecutivos, intercalados acaso con los que corresponden a Rigo, quien no es ni de Los Confines (ha llegado huyendo de otra provincia del país) ni de la fe de Ma Estrella (pues él es seguidor de la Exégesis). Rigo, no obstante, se da cuenta pronto, al llegar a la Casona, de que esta diosa es la que ahí domina (cf. *infra*).

[47] Edumundo Paz Soldán, *Los días de la peste*, 38.

En el mismo fragmento de la Jovera se describe el vestuario de la representación de Ma Estrella que se encuentra en su capilla de la Casona: "Se fijó en el vestido rojo, en la falda larga que le llegaba a los pies, con rostros de carachupas bordados con hilo amarillo y serigrafías de personajes populares de telenovelas y de la vida real. En esas serigrafías no encontró la cara de Barbi, la asesina confesa. Sugeriría que la incluyeran, había hecho méritos suficientes".[48] Aún más que los colores llamativos del atuendo y del simbolismo zoológico (las carachupas son zarigüeyas en Bolivia y Perú),[49] llaman la atención los personajes, pues éstos vinculan a la Innombrable con la cultura popular, con sus gustos y sus aficiones, con la clase pobre y sin educación, con los asesinos como la Barbi.

La primera noticia que se ofrece acerca del carácter vengativo de Ma Estrella proviene de Rigo, ese personaje que tiene una visión especial de las cosas y un razonamiento sumamente lógico aunque en el propio marco de las creencias. Rigo se da cuenta del tipo de diosa que es la Innombrable, pero considera que probablemente es lo que se requiere en un sitio como ése: "El dios Mayor enseñaba a desprenderse de las glorias terrenas para alcanzar el camino de la liberación. La Innombrable, en cambio, sonaba rastrera. Enseñaba a pensar en venganzas en nuestro pequeño confín, cuando lo necesario era trepar a las estrellas. Quizás en la Casona se necesitaba esa mirada tan terrestre para sobrevivir".[50] La asociación con la tierra y no con el cielo es significativa: es una diosa más cercana a lo humano, es decir, hallamos una redundancia en torno a esta peculiaridad mundana que ya se ha anunciado de otras formas.

---

[48]   *Ibidem*, 39.

[49]   La zarigüeya es uno de los nombres de este animal, a quien el historiador mexicano Alfredo López Austin dedicó su libro *Los mitos del tlacuache*, 4a ed., México, Universidad Nacional Autónoma de México, 1998, y en el que señala la enorme popularidad de la especie en todo el continente americano. López Austin se encarga de recordar que una autoridad como Claude Lévi-Strauss reconoció tanto su importancia que tuvo que escribir una "Cantata de la zarigüeya" en *Mitológicas I. Lo crudo y lo cocido*, México, Fondo de Cultura Económica, 1968. Dice López Austin que "el mito más importante del tlacuache, sumamente extendido y rico en variantes, es el que relata las proezas del marsupial como un Prometeo americano" (p. 20), por lo que podemos hallar una asociación con la voluntad de ayudar a los seres humanos aun yendo en contra de las imposiciones de los dioses más poderosos.

[50]   Edmundo Paz Soldán, *Los días de la peste*, 88 y 89.

Uno de los segmentos más importantes para entender a Ma Estrella es el del juez. Limberg Arandia es originario de Los Confines y por lo tanto ha sido testigo de la emergencia de la diosa. Cuenta que se trata originalmente de un culto indígena marginal y que "su mensaje de venganza no solo se dirigía a los poderosos sino a todos los seres humanos",[51] por lo que reitera lo señalado por Rigo en el fragmento inmediato anterior, un par de páginas atrás (vemos cómo el autor va construyendo el retrato de manera polifónica). El juez reflexiona que el culto hace 20 años apenas existía y que fue "reinventándose con los años, como se inventan y se reinventan todos los dioses".[52] La rápida evolución de Ma Estrella en ese par de décadas incluyó que se le representara con el cuchillo en la boca y que se prohibiera nombrarla.

El cura Benítez suele acudir a la capilla de la diosa en el penal, a recoger los cráneos que dejan los presos, práctica que considera sacrílega, aunque no tanto como el sacrificio de animales que sigue ocurriendo en el aniversario de la diosa. El origen de la Innombrable también se verifica en el decorado simbólico. En ese recinto "hay cuadros en las paredes, que narraban, ahora con intermitencias, la primera aparición de la Innombrable en Los Confines y el desarrollo del culto entre el pueblo. No ganaría la guerra pero lograría concesiones"[53].

5. Resonancias míticas

Como se ha venido sosteniendo, *Los días de la peste*, a través de las dos historias que se interconectan —la prohibición del culto a la Innombrable y la aparición de la peste—, muestra la configuración de un mito de la destrucción. Una manera de evidenciar que efectivamente se está ante un relato de esta índole es efectuar una comparación; a partir de una selección de relatos se verifican las diferencias y similitudes existentes entre las partes que

---

[51]   *Ibidem*, 92.

[52]   *Ibidem*, 93.

[53]   *Ibidem*, 119.

conforman dichos discursos. Es precisamente esta tarea la que a continuación se presenta y para la que es necesario retomar un concepto fundamental, el del mitema.

El primero en acuñar el término fue Claude Lévi-Strauss, quien menciona que "la sustancia del mito no se encuentra en el estilo, ni en el modo de la narración, ni en la sintaxis, sino en la historia relatada",[54] y por ende, un mito se encuentra formado por "unidades constitutivas"[55] —los mitemas. Por su parte, Gilbert Durand retoma este concepto y establece en *La imaginación simbólica* que "la mitología estructural nunca se detiene en un símbolo separado de su contexto: tiene por objeto la *frase compleja,* en la que se establecen relaciones entre los semantemas, y esta frase es la que constituye el *mitema*".[56] En sintonía y de manera más sencilla, Fátima Gutiérrez indica que un "relato está compuesto por unidades mínimas y redundantes de significación que se denominan *mitemas*".[57]

Al regresar a lo que nos compete, se descubrió que el mito del sacrificio de Ifigenia puede ser equiparable con lo narrado en la obra de Edmundo Paz Soldán debido a los mitemas y tópicos que se presentan en el primer relato y que se replican en el segundo; según se percibe, el mito griego cuenta con siete secciones —estado de paz, muerte del animal sagrado, pecado, castigo, revelación, ofrenda y restitución del orden— que además de seguir un orden determinado pueden crear un contraste con lo sucedido en *Los días de la peste*. Cada fase o sección se explicará a continuación.

5.1. Estado inicial: la paz

De manera similar, tanto la novela de Paz Soldán como el relato griego nos proporcionan una idea de mundos en los que si bien no se vive en una paz

---

54 Claude Lévi-Strauss, "La estructura de los mitos", en *Antropología estructural*, Barcelona, Paidós, 1987, 233.

55 *Idem.*

56 Gilbert Durand, *La imaginación simbólica*, 62.

57 Fátima Gutiérrez, *op. cit.*, 61.

utópica, sí se cuenta con cierto nivel de equilibrio.[58] La historia de Ifigenia[59] parece dar inicio en el momento en que su padre, el rey Agamenón, decide comenzar su travesía —junto con sus guerreros— hacia Troya para participar en la guerra que ahí se está gestando; en el trayecto se hace una parada en Áulide, sitio en el que todo parece marchar en completo orden. Durante ese estado inicial nada se encuentra en desacuerdo, todo fluye según el designio de los dioses y el destino que éstos han preparado para sus habitantes.

Por su parte, el inicio de la novela del boliviano arranca con la descripción de la Casona, la cárcel en la que se desarrollan los acontecimientos; en los primeros párrafos de la obra se establece quién manda en el sitio, se muestra la distribución física de la prisión, las costumbres que se tienen[60] y en general se describe lo que parece ser un día común en ese paraje tan particular. Esta noción se puede apreciar en el siguiente fragmento: "Se desplazó con aire marcial [...] ignorando a la gente que venía de visita y peleaba a gritos su lugar en la fila, los vendedores de artesanías y juguetes hechos por los presos, las caseras de los puestos de comida que ofrecían pollo asado y anticuchos".[61]

En los dos relatos se tiene una circunstancia inicial parecida; se muestran instantes en los que la armonía se hace presente y en los que la cotidianidad aparece como una realidad que parece innata, que no manifiesta señales de un peligro inminente. En ambos casos, la tranquilidad es sólo una ilusión que augura que todo está a punto de cambiar.

5.2. Muerte del animal sagrado

El símbolo adopta múltiples formas y una de ellas es la animalización; no es de extrañar que Gilbert Durand haya mencionado que "de todas las

---

[58] De igual forma, los dos relatos no muestran una temporalidad específica sino que presentan cierta ambigüedad, se podría decir que incluso revelan cierta atemporalidad.

[59] Seguimos en este caso la tragedia *Ifigenia en Áulide* de Eurípides.

[60] Edmundo Paz Soldán, *Los días de la peste*, 12. "Alrededor de mil quinientas personas buscaron sitio en el patio que antes parecía un mercado, con sus puestos improvisados para la venta de comida, papel higiénico, jabón. Pasar revista era una tradición iniciada con la fundación del penal, más de un siglo atrás".

[61] *Ibidem*, 11.

imágenes, las de animales son las más frecuentes y comunes".[62] Debido a lo basto de esta simbología[63] es que la presencia animal se puede percibir en prácticamente todos los grupos de imágenes que el mitólogo propone;[64] incluso hay un apartado, el de los símbolos teriomorfos, en el que sólo se agrupan elementos relacionados con la parte negativa de estos seres vivos. En suma, es justamente esta aparición continua la que nos permite apreciar la constante vinculación del reino animal con la divinidad; es tanta la cercanía entre éstos que incluso existen algunas especies a las que se les relaciona directamente con los dioses de diversas culturas y que han llegado a considerarse como criaturas divinas.

En los dos relatos que nos ocupan, la muerte del animal sagrado se convierte en una realidad que cambia el rumbo de la historia. Por su parte, en el mito de Ifigenia se da muerte a una corza (una cierva) consagrada a la diosa Artemisa,[65] acción que se percibe como un acto de traición dado que, además de que el animal era destinado a la deidad griega, en Áulide se contaba con un bosque que era sagrado para la diosa —lugar en el que se realiza el atroz suceso—; la deidad era la patrona del sitio, de ahí que el suceso sea concebido como un sacrilegio.

En el caso de la novela, ocurre un hecho similar. Gracias a las diferentes voces narrativas que se presentan en el texto, se descubre que en *Los días de la peste* se provoca la muerte de uno de los animales que muestran un carácter sacro dentro de la Casona: el murciélago. Pese a que no se establece de manera directa que el mamífero sea un ser consagrado a la Innombrable, esta idea se ve reforzada con las constantes apariciones del quiróptero y con

---

[62] Gilbert Durand, *Las estructuras antropológicas del imaginario*, 73.

[63] *Idem*. El autor menciona que "el simbolismo animal parece muy vago por el hecho de estar demasiado extendido. Parecería que puede remitir a valorizaciones tanto negativas, con los reptiles, las ratas, los pájaros nocturnos, como positivas, con la paloma, el cordero y, en general, los animales domésticos".

[64] Gilbert Durand propone una tipología de símbolos que incluye los teriomorfos, nictomorfos, catamorfos, ascensionales, espectaculares, diairéticos, de la inversión, de la intimidad; los cíclicos y los relacionados con el progreso. Todos éstos, a su vez, son agrupados con lo que él denomina regímenes del imaginario. Para indagar al respecto —de una forma más accesible— se puede optar por consultar *Mitocrítica. Naturaleza, función, teoría y práctica* de Fátima Gutiérrez, obra a la que ya nos hemos referido.

[65] Alfonso Reyes, *Mitología griega*, México, Fondo de Cultura Económica, 2018.

el parecido que dichos animales guardan con la diosa, tal y como se percibe en este pasaje: "En el fondo del cielo distinguió a Ma Estrella, parada sobre una nube y con una corona de cartón en la cabeza [...] y un punzón entre los dientes de vampiro".[66]

Como sucede en el relato de Ifigenia, en la obra del boliviano se da muerte a un murciélago —que como ya se ha percibido, se transforma en un animal divino— dentro de un espacio sagrado para Ma Estrella, es decir, la Casona. El sitio se convierte en un recinto sacro dado que la presencia y el poder de la Innombrable dentro del lugar es indiscutible; se cuenta con una capilla dedicada a la diosa, múltiples murales la retratan, las santitas son un elemento común y los presos demuestran el amor que tienen por la Innombrable a través de rezos, tatuajes, escapularios y efigies. En general, se puede declarar que el sitio se encuentra regido casi en su totalidad por esta diosa de la venganza. Es por ello que la acción de atacar a la criatura se vuelve una acción irreverente.

> Entró por la ventana abierta en la noche calurosa. La corriente de aire que sintió cerca de su cara la había despertado. El Flaco lo hizo caer con un bate, lo pisoteó en el suelo y lo tiró al basurero. El murciélago, quiso gritar ella en la sala desierta. El murciélago. A la mañana siguiente Saba había visto su sangre en el suelo. Mientras preparaba el desayuno, Carito se había sentado a jugar al lado de la mancha reseca.[67]

La muerte del animal que se encuentra ligado a las deidades supone un evento catastrófico, puesto que "[l]os animales son símbolos de los principios y las fuerzas cósmicos, materiales o espirituales".[68] Acabar con la vida

---

[66] Edmundo Paz Soldán, *Los días de la peste*, 39. Cabe mencionar, no obstante, que aún en una creencia distinta a la de la Innombrable el murciélago aparece como un animal sagrado; Rigo, cuando está asustado en la aterradora celda conocida como Los Silbidos, reza del siguiente modo: "Más silbidos. Uiiiih uiiiih uiiiih. Una presencia negra en la celda. / Pintaba las paredes de ese color y se acercaba a respirarnos en las orejas. Quería alquitranar el corazón. No seremos tuyos, no seremos tuyos. / *Diosa pulga, sálvanos. Dios murciélago, sálvanos.* / La presencia se fue. Destellos de luz. ¿Nos habían hecho caso los dioses?", 89. [Cursivas en el original.]

[67] Edmundo Paz Soldán, *Los días de la peste*, 79-80.

[68] Jean Chevalier y Alian Gheerbrant, *op. cit.*, 102-103.

de un ser sagrado equivale a ir en contra de lo divino, del orden establecido y de la vida misma; incluso representa la culminación de un periodo de sosiego. El murciélago, según lo establecido en el *Diccionario de los símbolos* "es en particular un símbolo de longevidad, pues se supone que él mismo la posee, por el hecho de vivir en las cavernas —que son un pasaje hacia el dominio de los inmortales",[69] por ende, con la destrucción del quiróptero, el periodo en el que la prisión había gozado de paz expira y da pie a otro tiempo muy distinto. Por otro lado, cabe destacar que en ambas historias el ataque al animal parece dar pie a otro elemento relevante, aspecto que se retomará a continuación.

5.3. El pecado

Cuando Fátima Gutiérrez habla de los símbolos catamorfos, y específicamente de la acción de caer, menciona que "la caída es castigo, y por lo tanto, consecuencia del pecado, generalmente, como acabamos de ver, un pecado de soberbia: el del hombre, el héroe o el ser divino inferior que quiere equipararse al dios creador todopoderoso".[70] Este aspecto, sin duda, resuena en las historias que hemos venido trabajando. En el mito de Ifigenia, el actuar del padre de la joven tiene un papel fundamental; Agamenón, al encontrarse de caza, se jacta de ser un mejor cazador que la diosa Artemisa.[71] Es precisamente esta acción la que puede clasificarse como el pecado —estamos ante un acto de soberbia— que posteriormente llevará a la caída simbólica del susodicho.

En la novela de Paz Soldán hay dos momentos fundamentales que pueden englobarse dentro de la idea del pecado. La primera de ellas se observa al inicio de la obra; Otero, el alcaide de la cárcel, guiado por los mandatos del prefecto Vilmos y el juez Arandia, da la orden de recoger todas aquellas pertenencias de los prisioneros que muestren el amor por Ma Estrella. Después de llevar a cabo el pase de lista —pasaje al que ya se ha hecho

---

[69] *Ibidem*, 736.

[70] Fátima Gutiérrez, *op. cit.*, 95.

[71] Como ya se ha mencionado en otra nota, para obtener mayor información al respecto, se puede consultar el libro de Alfonso Reyes, *Mitología griega*.

referencia— se hace una pira con los objetos religiosos —efigies, escapularios, estampas y otros artículos—[72] y se procede a quemarlos; inmediatamente después de ello, un temor inquietante se adueña del gobernador, sentir que expresa con el gesto "se persignó mientras a sus espaldas se desvanecían en el fuego las imágenes de la Innombrable".[73] El acto cometido parece ser de ingratitud, dado que la diosa le permitía al gobernador tener el control de la Casona.

Ahora bien, el pecado definitivo proviene de la prohibición del culto. Tanto la Casona como la zona de Los Confines se caracterizan por verse regidas por el poder de la Innombrable, por ende, con el establecimiento oficial de la negativa hacia la diosa, se percibe —de nuevo— un hecho lleno de ingratitud; incluso se condena el actuar de los reos que intentan practicar la libertad de culto: "Mande guardias a la capilla, prohíba la entrada, avise que habrá una nueva requisitoria y los castigos serán peores".[74] Nuevamente se está ante una acción soberbia, dado que los funcionarios —Vilmos, Arandia y Otero—, en su afán por tener poder, deciden ir en contra de la deidad que tiene el verdadero dominio de aquellos parajes, diosa a la que incluso acuden de manera secreta.[75] De cierta forma, creen que son superiores a Ma Estrella y en su intento de desmitificación[76] terminan por evocar funestas consecuencias.

5.4. El castigo

La acción de pecar se acompaña de la imagen simbólica de la caída y por supuesto de las consecuencias negativas que acarrea, ya que "los mandatos de los dioses no son transgredidos sin castigo".[77] En el caso del mito griego —luego de la acción negativa que Agamenón realiza— la sanción que la diosa

---

[72]   Edmundo Paz Soldán, *Los días de la peste*, 13.

[73]   *Ibidem*, 14.

[74]   *Ibidem*, 143.

[75]   *Ibidem*, 129: "El Prefecto podía gritar que se trataba de una superstición a eliminar, pero alguna vez había hecho cerrar el templo de la Innombrable para ofrecer un sacrificio privado a la diosa".

[76]   *Ibidem*, 128.

[77]   Fátima Gutiérrez, *op. cit.*, 96.

impone se ve reflejada en los vientos que dejan de soplar en el sitio y que evitan que la flota pueda navegar hacia Troya, tal como se puede observar en la obra de Eurípides: "—No hay ningún rumor, ni de pájaros ni de mar. Los silencios del viento dominan este estrecho de Euripo".[78]

En la obra de Paz Soldán, después de que el binomio "muerte del animal sagrado" y "pecado" se presenta, un acontecimiento marca una pauta en la historia de la Casona y se convierte en el castigo de Ma Estrella: la aparición de un virus desconocido. No es extraño que la enfermedad se presente como una consecuencia de la infracción hacia lo divino, como lo menciona Jesús Montoya Juárez: "Aquí, la peste, castigo divino desde la literatura clásica y consecuencia de los pecados (religiosos o laicos) del hombre a lo largo de la historia de Occidente, aparece en el cuerpo social, como pandemia, cuando una cultura o civilización determinadas opta por abandonarlo".[79]

Cuando la peste se comienza a expandir, los presos no pierden la oportunidad de señalar que la enfermedad ha surgido como un castigo que la Innombrable ha impuesto por la prohibición del culto. Son múltiples los momentos en que los personajes hacen comentarios como: "No debieron cerrarla. Han prohibido el culto y por nada más vendrá el castigo divino. Ya comenzó".[80] Pese a que el equipo médico trata de explicar, desde el área biológica, el porqué de la aparición del virus, la respuesta colectiva —asociada a lo divino— es la que más sobresale. Parece ser que es "difícil estar todo el tiempo en contra de la diosa del lugar"[81] y la peste se ha desatado gracias a la ingratitud de aquellos a los que Ma Estrella había acogido.

5.5. La revelación

Una vez que el castigo de los dioses ha comenzado a hacerse sentir, los devotos tratan de buscar una solución a los males, y ésta suele acompañarse de una revelación. En el relato de Ifigenia la voz del adivino tiene un papel fundamental; Calcas le revela a Agamenón que el sacrificio de Ifigenia

---

[78] Eurípides, *Tragedias III. Ifigenia en Áulide*, Madrid, Gredos, 1979, 261.

[79] Jesús Montoya Juárez, *op. cit.*, 170.

[80] Edumundo Paz Soldán, *Los días de la peste*, 184.

[81] *Ibidem*, 48.

permitirá calmar la ira de la diosa Artemisa, propiciará que los vientos vuelvan a soplar y que la travesía hacia Troya pueda retomarse.[82] Con este descubrimiento se da la pauta para que los infractores puedan recuperar el estado de paz con el que se contaba previo a la muerte del animal sagrado y a la manifestación del pecado.

En *Los días de la peste*, si bien no existe un adivino que diga qué es lo que se debe hacer para apaciguar a la Innombrable, sí hay personajes que son conscientes de la dificultad que conlleva obtener la gracia de la deidad luego de cometer un acto en contra de la misma; el Flaco[83] —preso que provoca la muerte del murciélago y que finge ser un médico para poder ganarse la vida— menciona que "Ma Estrella no era de perdones fáciles, había que ganárselos sacrificando animales o con un trabajo continuo de humildad".[84] Este parlamento funciona como una revelación puesto que, parece indicar que se necesita un milagro para que la diosa renuncie a su ira y permita que la Casona regrese a su estado natural. En añadidura, Antuan —reo que se dedica a la talla de madera y que es fiel seguidor de la deidad— comienza con la elaboración de una estatua de Ma Estrella como manera de buscar el perdón.

---

[82] Eurípides, *op. cit.*, 264. "Con el ejército reunido y aprestado permanecemos en Áulide sometidos por la imposibilidad de navegar. Y Calcante, el adivino, cuando consultamos los oráculos en nuestro apuro, respondió que sacrificáramos a Ifigenia, a quién yo engendré, en honor de Ártemis, que habita por esta región, y que obtendríamos la navegación y el aniquilamiento de los frigios [si hacíamos tal sacrificio; pero si no la sacrificábamos no lo conseguiríamos]".

[83] El Flaco es un personaje de suma importancia en la novela; además de ser una de las primeras voces narrativas que aparecen en la obra, es quien da muerte al murciélago —animal con el que comienza la propagación del virus—. Según se menciona en un pasaje, el susodicho "lo hizo caer con un bate, lo pisoteó en el suelo y lo tiró al basurero", Edmundo Paz Soldán, *Los días de la peste*, 80. Cabe mencionar que su familia —que de igual forma vive en la prisión— cobra protagonismo en la transmisión de la enfermedad. Su hija, Carito, luego de jugar a un lado de la mancha de sangre seca que dejó el animal, comienza a presentar los síntomas de la peste —innumerables vómitos, fiebre, diarrea, temblores y sangrados—; después de ser ingresada en la enfermería, se convierte en la paciente cero. Por su parte, la esposa, llamada Saba, al estar en contacto con la niña, se contagia y se le otorga el nombre de paciente uno. Ambas mueren.

[84] Edmundo Paz Soldán, *Los días de la peste*, 176.

5.6. La ofrenda y la restitución del orden

La joven Ifigenia se convierte en la ofrenda necesaria para obtener el perdón de la diosa de la caza y para que el orden de las cosas se restablezca.[85] Al rastrear la aparición de estos elementos en la novela nos encontramos con algunas diferencias. El regalo principal para Ma Estrella no es el ofrecimiento de una vida, sino la estatua que Antuan se ha dado a la tarea de construir; un presente muy singular puesto que será "la estatua más grande del penal".[86] Originalmente, el Tullido se había acercado a Antuan para encargar la estatua de la Innombrable —como un medio para asegurar la protección de la diosa—, sin embargo, más adelante, el artista declara que "lo haría gratis, una ofrenda para saciar a la diosa".[87] Parece ser que esta figura es el objeto primordial para poder recuperar el equilibrio, sin embargo, cuando la novela finaliza, el obsequio no es terminado. De igual forma, se indica que "se hacían bailes y entonaban cánticos a manera de ofrendas".[88]

Contrario a lo sucedido en el mito griego, en la novela no se consigue una restitución del orden, sino que ocurre lo contrario: la peste sigue causando estragos, más personas se infectan del virus desconocido y más reos mueren a causa del mismo. La ofrenda principal no se finaliza y, por ende, la oportunidad que se tenía para implorar por el perdón de Ma Estrella se ve perdida. En lugar de obtener la paz que antes se tenía, se vive en un ambiente en el que la venganza de la diosa no tiene fin y donde la salvación parece cada vez más lejana. "Por favor no la toquen, Antuan señaló a la estatua. Adonde me lleven, traigánmela para que continúe. Porque si

---

[85] Para ilustrar la noción, es necesario retomar el parlamento de Aquiles en la tragedia griega: "Hija de Zeus, tú que cazas animales salvajes, y que en la noche volteas la blanca luz astral, acepta esta víctima que te ofrecemos como regalo el ejército de los aqueos y el soberano Agamenón: la sangre pura de un cuello hermoso y virginal. Y concédenos realizar una navegación indemne y arrasar los muros de Troya por la lanza" (Eurípides, *op. cit.*, 319). Como bien se aprecia, se reafirma que Ifigenia era el condicionante para que el castigo de Artemisa fuera retirado.

[86] Edmundo Paz Soldán, *Los días de la peste*, 28.

[87] *Ibidem*, 286.

[88] *Ibidem*, 236.

no… Si no, ¿qué?, dijo Quisber. Ya ha pasado lo peor. Esto no es nada, respondió Antuan".[89]

5.7. Hallazgos

Como ya se ha podido apreciar, la historia de *Los días de la peste* comparte ciertos elementos con el mito de Ifigenia. Este último parece responder al esquema siguiente: Estado de paz + Muerte del animal sagrado + Pecado + Castigo + Revelación + Ofrenda = Restitución del orden. La obra del boliviano sigue —de forma mayoritaria— el mismo esbozo, aunque existe una diferencia considerable en las dos últimas secciones —Ofrenda y Restitución del orden—. Mientras que en el relato griego la ofrenda nos lleva directamente a obtener paz, en la novela, la dádiva inacabada —la estatua que Antuan no concluye—, lejos de conducir hacia el orden, permite que el afán de venganza de la diosa sea alimentado. Por ende, la novela embona dentro del diagrama que se presenta a continuación: Estado de paz + Muerte del animal sagrado + Pecado + Castigo + Revelación + Ofrenda inacabada = Estado de caos (no restitución del orden).

Lo anterior permite comprobar que lo suscitado en la obra pazsoldiana responde a la concepción de un mito de destrucción; como ya se ha mencionado, lejos de encontrarnos con un relato en el que se instaura una nueva raza o se funda un territorio, se tiene una historia en la que el mundo —en este caso, la vida en la Casona— parece caerse a pedazos y se reforma hasta tornarse incierto. Todo se vuelve caos; la esperanza de retomar el orden que antes imperaba en la prisión parece imposible. La propagación del virus está fuera de control y la Casona está siendo desalojada —acontecimientos totalmente opuestos a los que se presentan al inicio de la historia—, e incluso la novela finaliza con una frase que augura el desastre pues "se preguntó quién ganaría, si el virus o la Innombrable".[90] Parece ser que sin una ofrenda para Ma Estrella todo pecado cometido hacia la diosa del

---

[89]   *Ibidem*, 325.

[90]   *Idem*.

lugar será castigado con ímpetu, a pesar de que con ello se cause la extinción de los habitantes del penal.

Conclusiones

En síntesis, *Los días de la peste* cuenta con imágenes simbólicas que van más allá de lo meramente ornamental. Se ha podido comprobar que los símbolos que se presentan en la obra conforman una red en la que se relacionan de una u otra manera; de cierta forma, se puede decir que cada símbolo que aparece en la historia permite enriquecer a los otros que ahí se encuentran. Es por ello que resalta el aspecto simbólico que se observó en esta novela —lejos de ser sólo formal— es totalmente estructural.

En el caso de la representación de la Casona —que se puede considerar como uno de los símbolos principales— además de evocar la idea del "centro del mundo" o de la "imagen del universo", funciona como un ente modélico que crea un mundo lleno de reclusión y opresión. La imagen de la casa, del hogar —en este caso— se ve trastocada, y en lugar de presentar un sitio apacible y con paz, se muestra como un sitio donde la violencia es algo cotidiano y la represión se genera de diferentes maneras. Además de que el lugar se somete a un proceso de maximización —de ahí el nombre la "Casona"— se cuenta con elementos que permiten reforzar la sensación de opresión que se genera en el paraje, tal es el caso de la elección tipográfica que permite "encerrar" los nombres de los personajes que aparecen en el texto en cuestión. En adición, se descubre que el nombre "Los Confines" se ve teñido de un carácter ambiguo y que juega con términos como "confinamiento", "desterrar" y "encerrar".

El segundo símbolo que se retomó, el del arca, se convierte en elemento muy interesante. Esta imagen —que se constituye como un símbolo de la restauración cíclica, y que por si fuera poco aparece en un relevante fragmento de la novela— permite dar evidencia de la aparente usurpación que el culto a Ma Estrella provoca con respecto a la fe católica; imágenes como el arca de Noé y el Arca de la Alianza permiten que esta idea se vea reforzada. De igual forma, la aparición del arcón y la descripción de las piezas que se encuentran en el interior permiten destacar la cualidad sagrada del culto y su diosa.

Por su parte, el simbolismo que envuelve a la imagen del cráneo se ve regido por la función ritual. La imagen del cráneo y en este caso las denominadas "santitas" permiten recordar la mortalidad del ser humano, pero también la inmortalidad a la que puede acceder. En el culto a la Innombrable los cráneos adquieren poder según lo que el individuo haya hecho en vida y la edad con la que haya contado. Cabe destacar, que la configuración simbólica no estaría completa sin la diosa primordial de la obra. Ma Estrella es representada como una deidad vengativa, cuya emergencia responde a un profundo deseo de justicia por parte de los olvidados, los marginales, los pobres. Como bien señala el juez Arandia: "el pueblo, a medida que veía que los cambios en sus vidas no eran tan revolucionarios como hubiera querido, decidió desempolvar, o mejor crearse profecías que hablaban del descabezamiento de los de arriba. La pobreza en Los Confines era tanta que se necesitaban décadas para transformaciones tan dramáticas como las que ocurrían en el resto del país".[91]

De todo lo anterior sale a relucir que los dioses —tal y como lo afirma Neil Gaiman— pese a su carácter divino sí tienen la probabilidad de morir si sus creyentes así lo deciden. Los dioses pueden ser olvidados si no satisfacen parte de las necesidades de la población. Es por ello que en la Casona y en Los Confines el catolicismo ha pasado a un segundo plano, puesto que el mensaje y el Dios no son acordes a los habitantes. Mientras que el Dios de la fe católica parece sólo ayudar a los poderosos y promete una vida eterna después de la Muerte, Ma Estrella parece acoger a los desafortunados, a los marginales, a los que han sido dejados de lado y en lugar de prometerles "algo" después de la muerte, les proporciona una esperanza; la esperanza de poder tomar venganza contra todos aquellos que les han dañado —y principalmente, tomar represalias contra los adinerados. Los personajes de la obra necesitan a una diosa que sea maternal y violenta a la vez, que

---

[91]   *Ibidem*, p. 92.

pueda redimir a quienes le rezan, que se oriente a lo divino, pero más que nada, a lo terrenal. De ahí que la pregunta que la Jovera hace en uno de los pasajes de la obra, cobre tanto sentido: "¿Creaste al hombre que te hizo y al hacerlo le diste un conducto para crearte como diosa? ¿O eres una simple estatua y es mi fe la que te convierte en otra cosa?".

Referencias

ALTHUSSER, Louis, *Ideología y aparatos ideológicos de Estado. Notas para una investigación*, Medellín, Ediciones Quinto Sol, s/f.

BLANCO CALDERÓN, Rodrigo, "Los días de la peste: Relato del encierro", *Letras Libres*, 7 de diciembre de 2012. Disponible en ‹https://letraslibres.com/revista/los-dias-de-la-peste-relato-del-encierro/›.

CHEVALIER, Jean, y Gheerbrant, Alian, *Diccionario de los símbolos*, versión castellana de Manuel Silbar y Arturo Rodríguez, adaptada y completada por José Olives Puig, Barcelona, Herder, 1986.

DURAND, Gilbert, *Las estructuras antropológicas del imaginario. Introducción a la arquetipología general*, Víctor Goldstein (trad.), México, Fondo de Cultura Económica, 2004 [1960].

__________, *Ciencia del hombre y tradición. El nuevo espíritu antropológico*, Agustín López y María Tabuyo (trads.), Barcelona, Paidós (Orientalia), 1999.

__________, *La imaginación simbólica*, Marta Rojzsman (trad.), Buenos Aires, Amorrortu, 2007 [1968].

EURÍPIDES, *Tragedias III*, Carlos García Gual y Luis Alberto de Cuenca y Prado (trad., introd. y notas), Madrid, Gredos, 1979.

GAIMAN, Neil, *American Gods*, Mónica Faerna (trad.), Barcelona, Roca, 2017.

GUTIÉRREZ, Fátima, *Mitocrítica. Naturaleza, función, teoría y práctica*, Lleida, España, Milenio, 2012.

HERNÁNDEZ Quezada, Francisco Javier, "Los días de la peste: mundos enfermos, mundos interconectados", *Revista Letral*, 27, julio de 2021. Disponible en ‹https://doi.org/10.30827/rl.v0i27.16491›.

JUNG, C. G., y Kerényi, Karl, *Introducción a la esencia de la mitología. El mito del niño divino y los misterios eleusinos*, 2a. ed., Brigitte Kiemann y Carmen Gauger (trads.), Madrid, Siruela, 2012 (Biblioteca de Ensayo, 33) [1941].

La Biblia católica para jóvenes, Navarra, Verbo Divino, 2013.

LÉVI-STRAUSS, Claude, "Cantata de la zarigüeya", en *Mitológicas I. Lo crudo y lo cocido*, México, Fondo de Cultura Económica, 1968.

__________, "La estructura de los mitos", en *Antropología estructural*, Barcelona, Paidós, 1987.

LÓPEZ Austin, Alfredo, *Los mitos del tlacuache. Caminos de la mitología mesoamericana*, 4a. ed., México, Universidad Nacional Autónoma de México, 1998 [1990].

MARTINS DE VASCONCELLOS, Ellen Maria, "La contigüidad del tiempo en *Los días de la peste*, de Edmundo Paz Soldán", *Desde el Sur*, 11/2, 2019.

Montoya Juárez, Jesús, "La velocidad de los cuerpos: mercado, distopía y desecho en *Los días de la peste*, de Edmundo Paz Soldán", *Co-herencia*, 16/30, enero-junio de 2019. Disponible en ‹https://doi.org/10.17230/co-herencia.16.30.7›.

Nono de Panóplis, *Dionisíacas. Cantos I-XII*, Sergio Daniel Manterola y Leandro Manuel Pinkler (intro., trad. y notas), Madrid, Gredos, 1995 (Biblioteca Clásica Gredos, 208).

Paz Soldán, Edmundo, *Los días de la peste*, Barcelona, Malpaso Ediciones, 2017.

__________, *La vierge du mal*, Robert Amutio (trad.), París, Gallimard, 2020.

Real Academia Española (rae), *Diccionario de la lengua española*, 23a. ed. [Versión 23.6 en línea]. Disponible en ‹https://dle.rae.es›.

Reyes, Alfonso, *Mitología griega*, México, Fondo de Cultura Económica, 2018.

Wunenburger, Jean-Jacques, *Lo sagrado*, María Belén Bauzá (trad.), Buenos Aires, Biblos, 2006 (Colección Daimon).

CAPÍTULO 7

Repensar el bien común en tiempos de pandemia

Sandra Timaure
Universidad de Piura
sandra.timaure@udep.edu.pe

Introducción

La noción de bien común debería ser continuamente revisada, puesta en relación con los nuevos tiempos y las necesidades emergentes; pero observamos que, por el contrario, ha quedado delegada a ser un concepto referencial de la teoría política. La tendencia a defender la libertad subjetiva y a olvidar el tramado de relaciones que la hacen posible, ha puesto en evidencia a una sociedad fragmentada, cuyos pedazos estarían dispersos y muy probablemente incompletos. Es tarea pendiente restaurar o, si se prefiere, reconfigurar la idea de un todo integral; pero ello sería imposible si no se tiene en cuenta el efecto aglutinante de lo bueno. Nadie va a incorporar a su escala de intereses las pretensiones o deseos de otro, si no lo une a él un vínculo que vaya más allá de la formalidad o de la legalidad; por esta razón, consideramos que para repensar el bien común en estos tiempos de pandemia conviene —de inicio— tener presente el concepto de la amistad política aristotélica.

Sostiene el estagirita en la *Ética nicomáquea* que la amistad es la virtud más necesaria para la vida, pues nadie escogería vivir sin amigos, aunque tuviera todos los otros bienes.[1] Resulta indiscutible que el hombre

---

[1] Aristóteles, *Ética nicomáquea*, Madrid, Gredos, 1985, 1155a 4-6.

se realiza, de algún modo, en comunidad. La alteridad resulta imprescindible para dilatar la perspectiva de las decisiones prácticas. No en balde las valoraciones éticas se fundamentan en la regla de oro, haciendo equivalentes el estimar al otro como a sí mismo y, como diría Paul Ricoeur, el estimarse a sí mismo como otro.[2] Esta realidad intersubjetiva nos conduce al vínculo tan necesario, y a veces problemático, entre la persona y la sociedad en la que vive. Nos preguntamos: ¿es realmente posible hoy en día establecer una comunidad de amigos, como deseaba Aristóteles o, al menos, limitar su contrario, la enemistad o la discordia (*stasis*)?

La amistad política no ha de sostenerse sobre la base de los afectos, sino más bien sobre el consenso racional; para alcanzar la *homonoia* o concordia es necesario que los hombres sean capaces de entenderse por medio del discurso y del intercambio de ideas. La cuestión fundamental consistirá en ponerse de acuerdo acerca de lo bueno para todos y no detenerse en el bien de un individuo particular. Pero alcanzar este ideal supone diversas dificultades, el talante moral de los sujetos involucrados, las condiciones de desigualdad material, las apetencias o intereses personales serían sólo algunas. La comunidad se caracteriza precisamente por una diversidad de voces que no siempre se articulan o que no siempre funcionan de un modo armónico.

Como también deja ver Aristóteles en su libro *La política*, el hombre puede llegar a ser el más perfecto de los animales, gracias a la práctica de la virtud, o el peor de todos cuando está divorciado de la ley.[3] El estagirita reposa su optimismo —si lo tuviera— sobre la educación y la disciplina en el carácter; pero no deja de ser consciente de la ambigüedad que el hombre puede tener frente al bien. Hay en él una convicción de que el individuo sólo puede alcanzar su plenitud dentro de los marcos jurídicos de la polis; por lo tanto, el sujeto se desarrollará, logrará su bienestar propio, únicamente si es capaz de promover la convivencia.

Resulta pertinente entonces considerar la pregunta que se hace Jacques Maritain en su texto *The Person and the Common Good*: ¿existe la sociedad

---

[2]   Cf. Paul Ricoeur, *Sí mismo como otro*, Madrid, Siglo XXI, 1996.

[3]   Aristóteles, *La política*, Madrid, Gredos, 1998, I, 2, 1253a 31-39.

para cada uno de nosotros, o cada uno de nosotros existe para la sociedad?[4] Incluso, podríamos aproximarnos al problema desde la distinción entre medios y fines y reelaborar la cuestión: ¿es la sociedad un medio para la autorrealización personal o es ella misma un fin? Para poder dar respuesta a esta interrogante, se tendrían que revisar, como lo hace el mismo Maritain, dos conceptos fundamentales: la noción de persona y el sentido de lo común o de lo comunitario. Antes de determinar si es necesario que se establezca entre ellos una relación de subordinación, conviene ver hasta qué punto se implican mutuamente o si es realmente posible abordar la idea de mundo social como una unidad autónoma y superior.

1

El bien de la comunidad puede ser considerado como la suma de los logros y beneficios temporales, entenderse como el cálculo general de todos los esfuerzos privados. También puede, por el contrario, estimarse como un sistema que estaría por encima de las iniciativas particulares, una especie de tramado de principios reguladores que limitarían las libertades. En todo caso, hay situaciones en las que resulta indispensable entender cuál es el fundamento de la relación entre el sujeto y el Estado como, por ejemplo, podría ser el surgimiento mismo de la pandemia de covid-19. El hombre puede preguntarse: ¿debo usar una mascarilla, vacunarme o guardar cuarentena? En otras palabras, sería importante determinar qué le corresponde hacer o cómo se debe comportar el ciudadano en estas circunstancias.

Sabemos que no habría inconvenientes si la acción particular va en consonancia con lo establecido por la colectividad, pero si el sistema de creencias de una persona se viera vulnerado, si la regla general resultara incompatible con sus convicciones, ¿hasta dónde debería llegar el carácter normativo, incluso punitivo, de la autoridad política? La tensión entre la

---

[4] Cf. Jacques Maritain, *The Person and the Common Good*, John J. Fitzgerald (trad.), Nueva York, Charles Scribner's Sons, 1947.

libertad individual y las determinaciones gubernamentales ha sido tema de un largo debate; la cuestión de si la ley ha de establecerse para evitar el abuso de poder, para proteger a los ciudadanos de una cierta voluntad tiránica o, por el contrario, si ha de tener el propósito de configurar un tejido social regulador, todavía genera discusiones y profundos desencuentros.

Muchas veces se plantea la cuestión como un simple dilema: o defendemos nuestro derecho a ser independientes y autónomos, teniendo cuidado sobre los otros sólo si esto repercute en beneficio propio o, más bien, nos sometemos a la *auctoritas* gobernante y, en consecuencia, promovemos el sacrificio individual y la subordinación al todo, como funcionaría una colmena o un hormiguero. Pareciera que únicamente se pudiera escoger entre un enfoque utilitarista o un enfoque totalitario, pero si esto es así, al hombre sólo le quedarían dos opciones: vivir en una suerte de narcisismo o ver su vida devorada en nombre de una nación o de un partido. Tzvetan Todorov, en su introducción al libro *Insumisos*, muestra el contraste experimentado entre la Bulgaria comunista de su juventud y la Francia liberal de su adultez. Señala cómo, en el primer caso, las restricciones a la libertad y la continua vigilancia impedían el pleno desarrollo de la persona, y cómo en el segundo caso el divorcio entre el individuo y la vida pública, entre la moral y la política, estrechaban el horizonte de la posible autorrealización.[5]

Superar el dilema y establecer otra posibilidad que explique la relación entre el sujeto y el Estado supone, como hemos dicho, comprender mejor qué estamos entendiendo por persona y por sociedad. Veamos el primer punto. Maritain señala que para entender adecuadamente la subjetividad hay que realizar una distinción entre persona e individuo; confundir estos dos términos puede generar dificultades insalvables. La individualidad tiene que ver con el carácter unitario y aislado que se le asigna a una cosa por su condición material, de allí que el individuo pueda, por un lado, considerarse parte integral de un todo; y por otro, separarse o, incluso, ser reemplazado. En el ámbito de lo meramente corpóreo la apreciación es cuantitativa

---

[5]   Tzvetan Todorov, *Insumisos*, Barcelona, Galaxia Gutenberg, 2016, 6-23.

o, como señala santo Tomás, dimensiva.[6] La distinción entre los individuos se centra más en lo estrictamente numérico.

El individuo es una unidad cerrada que, sin embargo, es incapaz de satisfacer todas sus necesidades o requerimientos, se vincula con los demás por un sentido de indigencia. Mientras que la personalidad implica una comunicación con los otros, no por necesidad sino por abundancia.[7] La persona se expresa en su índole singular e irrepetible, siendo ella misma un todo. Nos dice Tomás de Aquino que es *omnium naturarum dignissima*, de todo lo que existe en la naturaleza lo más digno.[8] La persona no puede multiplicarse o transferir su contenido vital a otros, como lo hacen los padres a los hijos; no está incluida en una categoría genérica. Nos dice Edualdo Forment: "La persona, a diferencia de todos los demás nombres, sin la mediación de algo esencial, se refiere recta o directamente al ser propio, que es inefable, porque no es de orden esencial".[9] Se puede decir que, más allá de esta dignidad ontológica, una sociedad tendría que reconocer en el ciudadano su distinción propia o su singularidad, para así evitar el mero razonamiento estratégico a la hora de tomar decisiones que afecten el ámbito público o la consideración del bien común.

Es la persona la que establece un tramado de relaciones de amistad, en el sentido aristotélico que hemos mencionado, la que es capaz de comunicar amor y conocimiento, la que crea instituciones y espacios comunes y, en última instancia, la que puede reafirmar su libertad en el diálogo con los demás. Ciertamente el hombre es individuo y persona, no puede renunciar a su condición corpórea, pero sería un error reducirlo a su ser meramente material. Entender la sociedad en la que vive como una simple unidad constituida por partes que se subordinan o como una relación de miembros que se agrupan por estricta conveniencia, supondría considerar al hombre sólo como un individuo y dejar de lado su condición de persona. En realidad, una

---

[6] Tomás de Aquino, *El ente y la esencia*, Madrid, Ediciones ENUSA, 2002, cap. 2.

[7] Jacques Maritain, *op. cit.*, 31.

[8] Thomas Aquinas, *Quaestiones disputatae de potentia*, q. 9. a. 3.

[9] Edualdo Forment, "Persona y conciencia en santo Tomás de Aquino", *Revista Española de Filosofía Medieval*, 10, 2003, 277.

sociedad constituida por personas terminaría siendo "a whole composed of wholes".[10] Una totalidad donde se ha de preservar y respetar el sentido de plenitud de cada uno de los sujetos que la conforman.

Conviene, por tanto, preguntarse si durante la pandemia de covid-19 los hombres han sido considerados sólo como individuos, es decir, sustituibles, o se ha respetado su condición de persona, lo que implicaría una dignidad irremplazable. A propósito de esto podemos tener en cuenta al menos dos expresiones del problema: *a)* el anonimato asociado a ser tratado simplemente como una cifra, y *b)* la muerte sufrida en aislamiento. Cada día, durante el curso de la pandemia, las instituciones políticas y sanitarias arrojaron números de contagios y fallecidos; la enfermedad, representada en cantidades, mostró un rostro deshumanizado y bastante difícil de precisar. Sabemos que el atributo principal de lo matemático ha de ser justamente la abstracción, la falta de adherencia a lo singular o único.

Recibir el reporte diario de las muertes en términos tan impersonales o neutros pudo generar una incomprensión de la gravedad de lo que estaba sucediendo. Por ello, la portada de *The New York Times* del 24 de mayo de 2020 causó tanto impacto. Allí se pudieron leer los nombres, junto a ciertos comentarios y anécdotas, de las primeras 100 000 víctimas de covid-19 en Estados Unidos. Simone Landon, editora asistente del periódico, señaló que para evidenciar el efecto que tantas pérdidas podían tener en la sociedad no tenía sentido poner 100 000 puntos o rayas en una página, pues esto "doesn't really tell you very much about who these people were, the lives that they lived, what it means for us as a country".[11] Al publicar estos breves obituarios, los difuntos pasaron de ser simples números a ser sujetos propiamente biográficos, es decir, pasaron de ser *individuos* a ser considerados *personas*.

---

[10]   Jacques Maritain, *op. cit.*, 22.

[11]   John Grippe, "The project Behind a Front Page Full of Names", *The New York Times*, 23 de mayo, 2020. Disponible en ‹https://www.nytimes.com/2020/05/23/reader-center/coronavirus-new-york-times-front-page.html›. "Realmente no decía mucho sobre quiénes eran estas personas, las vidas que vivieron, lo que esto significó para nosotros como país". [Traducción propia.]

Otro efecto de la pandemia donde se pudo apreciar la distinción entre el individuo y la persona fue en el modo de morir y la forma de iniciar un duelo. El individuo es entendido como cuerpo o materia signada; y puede ser, en ese sentido, tenido como un simple portador de la enfermedad o como un organismo altamente contaminante. Las muertes ocurridas durante la emergencia de covid-19, producidas por la misma pandemia o por otras causas, se dieron, en su mayor parte, en un escenario de extremo aislamiento. Muchos hombres y mujeres fallecieron lejos de sus seres queridos, sin la posibilidad de ser acompañados o consolados. Igualmente, los familiares perdieron la oportunidad de despedirse y, de esta manera, procesar su pérdida de un modo más psíquicamente sano. Algunos médicos fueron capaces de advertir las consecuencias que estas prácticas podían tener en la comprensión de la dignidad personal:

> If the first casualty of war is truth, the first casualty of coronavirus disease (covid-19) for patients nearing death is human dignity. Although the pandemic has claimed 6,800 Canadian lives, 60,000 people have died in Canada since the World Health Organization declared the novel coronavirus (covid-19) outbreak a global pandemic. Given the insidious nature of this virus, care for patients dying of any cause has been distorted in ways previously thought unimaginable. Because of public health restrictions, patients are dying alone. Even for the sickest of sick, whether they are dying in palliative care units, medical or surgical wards, intensive care units, hospices, or long-term care facilities, limited visitation polices are being strictly enforced. The primary contact these dying patients have is with health care providers, with whom touch can only be experienced through layers of latex, eye contact through layers of goggles and plastic shields, and human presence through layers of anxiety, caution, and fear.[12]

---

[12] James Bolton, Harvey Max Chochinov y Jitender Sareen, "Death, Dying, and Dignity in the Time of the covid-19 Pandemic", *Journal of Palliative Medicine*, 23/10, Mary Ann Liebert, 2020: "Si la primera baja de la guerra es la verdad, la primera baja de la enfermedad del coronavirus (covid-19) para los pacientes que están a punto de morir es la dignidad humana. Aunque la pandemia ha cobrado 6 800 vidas canadienses, 60 000 personas

Si volvemos al examen de la relación entre el sujeto y el Estado, tendríamos que decir que puede establecerse un vínculo que, aun teniendo en cuenta el bien de la comunidad, no pierda de vista el bienestar de cada uno de los ciudadanos. Sabemos que no fue posible evitar el advenimiento y desarrollo de la pandemia, pero sí se pudo abordar desde una perspectiva diferente, menos individualista o pragmática. Se pudieron establecer tratos diferenciados, que tomaran en consideración tanto el contexto como las características propias de las personas. Las medidas de cuarentena obligatoria, por ejemplo, obviaron las desigualdades económicas o dejaron de lado situaciones específicas que impedían la convivencia.

Las poblaciones pobres quedaron sometidas a mayores amenazas y riesgos porque para sobrevivir tenían que incumplir las normas; las víctimas de la violencia doméstica se vieron obligadas a compartir el mismo techo con sus potenciales agresores. Es importante considerar que durante la crisis del coronavirus se pudieron tomar medidas que, sin elevar el nivel de exposición de contagio, protegieran las necesidades concretas de algunos sujetos; un régimen de salida para los niños, especialmente para aquéllos con ciertos requerimientos especiales, o el descongestionamiento responsable de cárceles y centros de detención podrían haber generado un abordaje más diferenciado y, por tanto, más digno del problema.[13]

Ahora bien, es necesario revisar con más detenimiento la noción de sociedad para comprender cómo la persona, en su singularidad, podría encontrar su lugar sin que ello implique una subordinación pasiva; o cómo

---

han muerto en Canadá desde que la Organización Mundial de la Salud declaró el surgimiento del nuevo coronavirus (covid-19) como una pandemia global. Dada la naturaleza insidiosa de este virus, la atención a los pacientes que mueren por cualquier causa se ha distorsionado de maneras que antes se consideraban inimaginables. Debido a las restricciones de salud pública, los pacientes están muriendo solos. Incluso para los más enfermos, ya sea que estén muriendo en unidades de cuidados paliativos, salas médicas o quirúrgicas, unidades de cuidados intensivos, hospicios o centros de atención a largo plazo, se aplican estrictamente las políticas de visitas limitadas. El contacto principal que tienen estos pacientes moribundos es con los proveedores de atención médica, con quienes el roce sólo se puede experimentar a través de capas de látex, el contacto visual a través de capas de gafas y escudos de plástico, y la presencia humana a través de capas de ansiedad, precaución y miedo". [Traducción propia.]

[13] Cf. Carlos Ayala Corao, "Retos de la pandemia de covid-19 para el estado de derecho, la democracia y los derechos humanos", Max Planck Institute (MPIL), Research Paper Series, núm. 2020-17, 8 de mayo de 2020.

podría preservar sus intereses o convicciones sin tener que enfrascarse en una lucha o desvincularse de los otros.

2

La vida política supone una serie de restricciones y sacrificios; cumplir con las exigencias que trascienden la esfera privada puede verse como una carga, si no se entiende como parte del desarrollo propio. Los fines de la sociedad no tienen por qué ser radicalmente distintos a los propósitos personales. Incluso, hay ideales que sólo pueden ser alcanzados de forma cooperativa o en comunidad. Cuando se actúa en nombre de la justicia o se hace algo por amistad, se va más allá de los intereses particulares, se apunta a lo que usualmente llamamos bien común.

Podríamos decir entonces que la relación entre el sujeto y el Estado puede ser de una implicación mutua; no tiene que enfocarse desde la subordinación, la oposición y, mucho menos, la exclusión. La persona requiere de una estructura social para poder desarrollarse y, a la vez, contribuye con sus esfuerzos a mejorar el mundo donde vive. Un escritor, un científico, un carpintero, un médico, cualquier hombre que se dedique a lo que Alasdair MacIntyre llama una práctica,[14] ha de incorporar su búsqueda personal a un tramado institucional y a una tradición. Nos dice el filósofo escocés: "Mi bien, por tanto, es el bien de alguien que es parte de un conjunto ordenado de conjuntos sociales. Mi bien sólo se puede conseguir a través de la consecución del bien común. Y el bien común es aquello hacia lo que nos inclinamos cuando estamos funcionando normalmente y desarrollando lo que debemos ser".[15]

Esta coincidencia entre el bien particular y el bien común no es, por lo general, tan fácil de reconocer. Señala MacIntyre que el hombre se inclina

---

[14]   Alasdair MacIntyre, *Tras la virtud*, Barcelona, Crítica, 2001, 233.

[15]   Alasdair MacIntyre, "Teorías del derecho natural en la cultura de la modernidad avanzada", *Doxa. Cuadernos de Filosofía del Derecho*, 35, 2012, 523.

hacia el bien común cuando actúa normalmente, cuando hace lo que debe hacer. Pero ¿qué es lo que debe hacer?, ¿qué significa actuar normalmente? La cuestión resulta difícil de desentrañar si se pretende encontrar un criterio universal y único; si se procura establecer un patrón de conducta o el diseño de una sociedad ideal. Las respuestas no están en algún lugar, esperando ser encontradas por un espíritu disciplinado, tampoco se puede apelar a una guía moral *a priori*. Para MacIntyre la comprensión de lo bueno es un proceso, una búsqueda que involucra, de algún modo, a toda la comunidad. Implica un aprendizaje que proviene, en primer lugar, de los miembros más cercanos, como la familia y los amigos y, en última instancia, de los extraños o integrantes de otras comunidades.

De cierta manera, el bien ha de ser buscar el bien y hacerlo de forma cooperativa. Por tanto, lo que debe hacer el hombre, lo que significa actuar normalmente, supone el ejercicio del diálogo o la conversación, el intercambio inagotable de experiencias y razonamientos. MacIntyre afirma en *Tras la virtud*: "La vida buena para el hombre es la vida dedicada a buscar la vida buena para el hombre".[16] Es una actividad que no pareciera tener un destino preciso o firme, una indagación que no ha de culminar con hallazgos definitivos. Siendo la realidad tan cambiante, llena de tantos imponderables como, por ejemplo, esta misma pandemia: buscar lo bueno para todos supondrá un ejercicio de constante interlocución.

La indagación acerca del bien común debe estar sostenida sobre la base de ciertos fundamentos, y el más importante ha de ser la confianza o, si se prefiere, la noción de justicia. El examen de lo bueno carecería de sentido si no se puede confiar en que el otro se rige por unos principios básicos, lo que Adela Cortina llamaría mínimos morales o, en otras palabras, "aquellos deberes que son exigibles a cualquier ser racional".[17] Debemos estar seguros de que el otro va a evitar la violencia hacia el inocente, se va a abstener

---

[16]   Alasdair MacIntyre, *Tras la virtud*, 271.

[17]   Adela Cortina, *Ética civil y religión*, Madrid, ppc, 1995, 65.

del fraude, va a decir la verdad y va a procurar defender la justicia en las relaciones interpersonales.[18]

Ahora bien, es evidente que esto no siempre es así, los hombres no guían sus acciones por reglas en todos los casos; por el contrario, se ven expuestos a hacer y recibir daños o a sufrir diversos males. Es por esta vulnerabilidad que se hace tan necesario el cumplimiento o la garantía de una ley, que podemos llamar ley natural o protección de los derechos humanos. En *Animales racionales y dependientes*, MacIntyre advierte que, si somos incapaces de seguir normas de convivencia universales y objetivas, estaremos continuamente frustrados en la consecución del bien común.[19]

La universalidad de los principios no tendría que restar libertad a la acción humana; el hecho de que nos tengamos que guiar a partir de fundamentos que descubrimos en la realidad, no basados en la pura elección individual, no debe tomarse como una amenaza a la autonomía moral. Esos preceptos básicos permitirían los puntos de encuentro, articularían la posibilidad del diálogo intersubjetivo, indispensable, como hemos visto, para aspirar al bien común.

Conviene ahora revisar brevemente la noción de sociedad. Cuando MacIntyre señala que el aprendizaje ético proviene de la comunidad, ¿cuáles serían los límites que establece? ¿Se trata de la ciudad, del país o de la región? Más todavía, ¿se podría considerar una dimensión global? Thomas Osborne sostiene que el filósofo escocés parece pensar que "la historia humana se está moviendo desde los bienes comunes más pequeños hasta el bien común más amplio de la civilización".[20] De hecho, la pandemia de covid-19 ha resultado tan significativa porque ha puesto en evidencia las nuevas dimensiones de la esfera social. Una enfermedad que aparece por primera vez en China, al poco tiempo comienza a extenderse por todo el mundo y, aun tomando medidas de rigor, su propagación general resulta indetenible. Tanto como el virus como las consecuencias económicas que la

---

[18]   Alasdair MacIntyre, "Teorías del derecho natural en la cultura de la modernidad avanzada", 524.

[19]   Cf. Alasdair MacIntyre, *Dependent Rational Animals. Why Human Beings Need the Virtues*, Chicago, Open Court, 1999.

[20]   Thomas Osborne, "MacIntyre, Thomism and the Contemporary Common Good", *Analyse & Kritik*, 30, 2008, 81.

pandemia ha generado, las fronteras o delimitaciones territoriales han sido inexistentes.

La pertenencia a una polis supone, para Aristóteles, la condición mínima de humanidad, pues afirma que quien esté excluido de ella será o una bestia o un Dios. La cuestión que se presenta en la actualidad es a qué llamamos polis exactamente; el ámbito local resulta demasiado estrecho para la comprensión de los fines personales. Nos dice Fariñas Dulce: "En las sociedades complejas y plurales de nuestro tiempo, cuyos Estados engloban fenómenos más o menos amplios e influyentes de multiculturalidad y multinacionalidad, la ecuación ciudadano = nacional ha quedado desvirtuada".[21] La comunidad no se puede reducir a un espacio físico compartido, tampoco a gozar de una serie de costumbres y prácticas culturales comunes; probablemente, en la actualidad, este concepto tenga más relación con la actividad de tejer redes y desarrollar campos de atención o interés, que pueden irse extendiendo sin límites definidos.

Tratemos de evaluar, en primer lugar, si es posible hablar de una polis o comunidad global, donde se pueda articular una búsqueda del bien común o donde se puedan dar mecanismos de participación ciudadana. El mundo digital ha ampliado o, si se quiere, difuminado las fronteras nacionales. Y aunque el cosmopolitismo es una idea que ha estado presente en Occidente desde tiempos antiguos, la tecnología ha permitido poner en práctica lo que en el pasado no dejaba de ser un marco de intenciones. Si bien el pensamiento estoico consideraba que entre los hombres existía un vínculo universal que trascendía cualquier limitación cultural o geográfica, el enfoque ético (la búsqueda del bien común) resultaba bastante abstracto y difícil de ejecutar. Y no sólo por los obstáculos en las comunicaciones, sino también por la comprensión misma de las capacidades morales del sujeto.

El individuo sólo podía hacerse cargo de su propio cultivo de la virtud, dejando de lado las necesidades materiales y concretas de las personas; el

---

[21] José María Fariñas Dulce, *Globalización, ciudadanía y derechos humanos*, Madrid, Instituto de Derechos Humanos "Bartolomé de las Casas", Universidad Carlos III de Madrid & Dykinson, 2000, 36.

hombre estoico, aunque entienda el mundo como una ciudad,[22] sólo tiene la capacidad de ocuparse de sí mismo, de propiciar el autogobierno. En el sentido práctico, el estoicismo promovía una suerte de desprecio por los asuntos mundanos y apelaba a ideales mucho más contemplativos. Martha Nussbaum, en su libro *La tradición cosmopolita*, es muy crítica al respecto, nos dice: "Es incoherente calmar la propia conciencia a propósito de los deberes de ayuda material pensando que lo material no es necesario para el verdadero florecimiento, y, al mismo tiempo, insistir con tanto rigor en la inviolabilidad absoluta de los deberes de justicia".[23]

Si bien podríamos decir que el hombre contemporáneo se inclina a identificarse con una postura más ecuménica, la noción de ciudadano global —muy usada en nuestro tiempo— debe revisarse con cuidado: ¿cómo podría un individuo ser o sentirse parte de una colectividad tan heterogénea y plural? ¿Cómo podría articular sus ideas y acciones en un entramado de personas tan culturalmente diversas? Las dificultades para establecer una discusión justa y verdaderamente inclusiva acerca de lo bueno para todos parecerían, de algún modo, insalvables. El mayor riesgo de establecer una búsqueda del bien común desde una perspectiva cosmopolita suele estar en caer en la tentación de imponer una visión dominante, de asumir que lo bueno puede establecerse sólo desde un determinado sistema referencial.

Afirmar que un ciudadano del mundo es aquel que se preocupa por los otros y actúa en consecuencia no siempre será una premisa válida o efectiva, porque puede derivar en lo que David Jefferess llama "política cultural de la benevolencia".[24] Esto quiere decir que *unos*, los que están en capacidad de ayudar, cooperan con los *otros*, los que están urgidos de apoyo o socorro, no comprendiendo y escuchando sus verdaderas necesidades sino imponiendo sus propios mecanismos de asistencia. La intención no será, por tanto, buscar el bien *con* los otros, sino *para* los otros, razón por la cual no tendría nada de "común". De hecho, actuar de esta manera podría

---

22 Marco Aurelio, *Meditaciones*, IV, 4.

23 Martha Nussbaum, *La tradición cosmopolita*, Barcelona, Paidós Ibérica, 2020, cap. 2 (Kindle).

24 David Jefferes, "Global citizenship and the cultural politics of benevolence", *Critical Literacy: Theories and Practices*, 2/1, 2008, 28.

entenderse, en algunos casos, como una suerte de violencia simbólica o cultural.

Ahora bien, ¿debemos renunciar al esfuerzo de apelar a una comunidad global o internacional en la aspiración de comprender el bien común? En un mundo tan interconectado y, a la vez, desigual, resulta muy difícil —quizás utópico— pretender alcanzar un acuerdo acerca de lo bueno en general. Pero la imposibilidad misma de lograr un objetivo no siempre es suficiente para desalentar la búsqueda o anularla; como se ve en las novelas de caballería, el viaje configura o modela el espíritu de quien lo realiza. Tener la disposición de discutir acerca de lo justo no hará al hombre automáticamente justo; de igual manera, indagar sobre lo bueno no ofrecerá garantías de conocerlo, pero sí inclinará la balanza un poco más hacia esa posibilidad.

Los tratados multilaterales, los acuerdos y todas las estrategias de integración global de alguna manera apuntan a pensar un bien, que debería ir más allá de la mera resolución de conflictos. La mayor parte de las instituciones y de las organizaciones no gubernamentales tiene un propósito que no sólo se enfoca en restaurar una suerte de orden natural o social, también procura servir de conciencia ante los excesos de poder del Estado o de las fuerzas económicas. Aspectos como la neutralidad o la mirada despolitizada, propios de estos organismos, hacen posible una discusión que no está fundamentada en el utilitarismo o en el simple carácter contractual.

Pero, por muy afincada que esté la noción de ciudadanía global, el concepto de polis ha de suponer márgenes que establezcan distinciones identitarias, no puede ser pensada sin límites; ya sea una ciudad, una nación o una región; la comunidad de la que habla MacIntyre debe estar definida por una cierta singularidad. En el contexto de un determinado cuerpo social, la discusión sobre el bien común supondrá, por tanto, una continuidad histórica. Lo bueno para una comunidad ha de guardar relación con su pasado, con los errores y los aciertos de experiencias pretéritas; más aún, con la comprensión misma de esas experiencias. El propósito de hacerlas inteligibles implica incorporarlas en una estructura narrativa.

El relato de lo que una comunidad es pasa no sólo por establecer una explicación de los eventos históricos, sino también por imaginar acontecimientos o desenlaces distintos. Al hacer este ejercicio se revisten los hechos de una significación moral y política, y además se exploran probabilidades que, aunque no logradas, pudieran expresar desarrollos verosímiles. Una comunidad que busca su bien, por tanto, tratará de entenderse desde los sucesos concretos, pero también tendrá que abrirse a la especulación; su historia habrá de contener las acciones, los intentos o conatos, tanto como los ideales incumplidos.

Toda esta reflexión es necesaria para entender que lo bueno para una comunidad no tiene por qué ser lo bueno para otra, que cada sociedad tiene sus rasgos y peculiaridades. La búsqueda del bien común ha de tener como punto de partida la comprensión de lo propio, pero —como el concepto de *oikoiesis* estoico— ha de extenderse hacia una atención más universal. El pluralismo o la multiculturalidad tendrían que ser el telón de fondo ante ciertas decisiones que se tomen localmente. Podríamos decir que la sociedad, o lo que hemos llamado polis, supone un marco de referencia específico, abierto al diálogo o al intercambio con otras culturas; un ámbito que siempre ha de ser permeable a influencias externas, aunque reafirme continuamente su identidad.

La experiencia de la pandemia de covid-19 nos ha confrontado, por una parte, con la exigencia de articular esfuerzos, pero también ha mostrado las consecuencias del marcado aislamiento político y moral. La crisis sanitaria puso en evidencia las profundas desigualdades que existen entre países con desarrollo económico, tecnológico y científico, y Estados deprimidos material y estructuralmente. Hemos podido observar que esta peste si no ha ensanchado las brechas, al menos las ha hecho más visibles. Veamos algunos efectos que ha tenido la enfermedad en nuestras sociedades y cómo se ha visto comprometida la noción de bien común.

Lo primero que se ha de mencionar es la ausencia de una respuesta internacional coordinada. Cada país se ocupó de cerrar sus fronteras y de establecer ciertas medidas de control; el mundo demostró no estar preparado para una situación de crisis global, a pesar de ya existir algunas advertencias o pronósticos. Las acciones de organismos como la Organización Mundial de la Salud (oms) resultaron ineficaces y lentas. Preocupa que en el futuro cercano puedan desatarse otras situaciones de emergencia, ocasionadas probablemente por el cambio climático, y no se haya podido establecer una forma efectiva de comunicación entre gobiernos. Como bien ha comentado Steven M. Jones: "We behaved in this pandemic like a cat chasing a laser beam. We jumped on social distancing and masks and lockdowns and vaccination. But none of those solutions in and of itself, is sufficient to solve the problema. This is a complex problema, and complex problems require complex interdependent solutions".[25]

En la discusión sobre el bien común, en el contexto de la pandemia, tendríamos que tomar en cuenta lo siguiente: ¿cuál es el lugar que ocupa la libertad individual?, ¿a la hora de tomar decisiones tiene que ser considerada la opinión de todos o sólo la de algunos, llamados expertos?, ¿conviene, en situaciones de excepción, tener como prioridad la seguridad sobre la autonomía personal?, ¿cómo proteger los fundamentos de la democracia y evitar la consolidación del populismo? Todas estas preguntas han resonado a lo largo de la crisis sanitaria y muy pocas parecen tener una respuesta unánime. La inmediatez de la emergencia y la necesidad de resolver han erosionado algunos aspectos procedimentales, propios de las democracias, como el respeto por las instituciones y la deliberación.

El poder se ha concentrado en el ejecutivo y, lógicamente, esto ha debilitado toda posibilidad de diálogo o de debate. Lo que la crisis del coronavirus ha puesto en evidencia es una sociedad bastante desintegrada, que no ha sido capaz de construir acuerdos o de establecer estrategias para enfrentar situaciones contingentes. La prioridad del utilitarismo económico o la idea de que el bien común se reduce a una instancia meramente cuantitativa y pragmática ha impedido el desarrollo de una visión más integral sobre lo bueno para la comunidad.

La cuestión central ha de ser propiciar mecanismos y espacios de participación. Se sabe que el actuar, y no tanto el pensar, es lo propio de la

---

[25] Gretchen Berlin, "How might the covid-19 pandemic end?", *Mckinsey and Company*, 19 de julio de 2021. Disponible en ‹https://www.mckinsey.com/industries/public-and-social-sector/our-insights/how-might-the-covid-19-pandemic-end›. "Nos comportamos en esta pandemia como un gato persiguiendo un rayo láser. Saltamos del distanciamiento social y las máscaras a los encierros y la vacunación. Pero ninguna de esas soluciones, en sí misma, es suficiente para resolver el problema. Este es un problema complejo, y los problemas complejos requieren soluciones complejas e interdependientes". [Traducción propia.]

política; más todavía cuando las amenazas o riesgos son evidentes. Por eso, no se tendría que esperar a que los acontecimientos y/o las tragedias sucedan. La discusión sobre el bien común es una tarea permanente o constante o, al menos, tendría que serlo. Resulta perentorio ponerse de acuerdo, tanto en el ámbito nacional como internacional, pues los pronósticos acerca de lo que viene son poco alentadores. Es, por tanto, necesario procurar la configuración de una polis que integre las diferencias y que, de algún modo, recupere el sentido aristotélico de la amistad.

3

Ahora bien, hay que entender que la amistad política, sobre la cual se sostiene el sentido del bien común, no se reduce a la simple estructura de convivencia ciudadana. Los hombres pueden pertenecer a un grupo social organizado, sin que exista realmente un vínculo entre ellos; pueden valerse de los mecanismos administrativos de la comunidad y cumplir con ciertos deberes, pero aun así estar y sentirse solos. Hannah Arendt, en *Los orígenes del totalitarismo*, señala los riesgos que supone una sociedad fragmentada. Nos dice: "La característica principal del hombre-masa no es la brutalidad y el atraso, sino su aislamiento y su falta de relaciones sociales normales".[26]

El régimen totalitario promueve, para su permanencia, la desintegración de los nexos personales; le resulta muy conveniente propiciar la competencia, la separación e, incluso, la incomunicación entre los miembros del Estado. De esta manera, se produce una cierta atrofia de la persona que beneficia a cualquier sistema antidemocrático. En soledad, como señala Samantha Rose Hill, "we are unable to realise our full capacity for action as human beings",[27] perdemos no sólo el contrapeso tan necesario de la mira-

---

[26]   Hannah Arendt, *Los orígenes del totalitarismo*, Madrid, Taurus, 2004, 398.

[27]   Samantha Rose Hill, "Where loneliness can lead", *Aeon*, 16 de octubre, 2020. Disponible en ‹https://aeon. co/essays/for-hannah-arendt-totalitarianism-is-rooted-in-loneliness›. "Somos incapaces de darnos cuenta de nuestra total capacidad para actuar como seres humanos". [Traducción propia.]

da del otro, sino el sentido de la cooperación y de la creación de lo que Arendt llama mundo común.

También el individualismo, propio de las democracias liberales, puede implicar un desarraigo de la comunidad. Daniel Bell afirma que la sociedad actual se caracteriza por ser "prodigal, promiscuous, dominated by an anti-rational, anti-intellectual temper in which the self is taken as the touchstone of cultural judgments, and the effect on the self is the measure of the aesthetic worth of experience".[28] La pandemia de covid-19 ciertamente ha puesto de relieve este espíritu anticientífico; ha mostrado el descrédito en el que han caído algunas instituciones, tanto políticas como académicas. El sujeto se ha centrado en su libertad personal, dando más valor a la opinión propia que a la interpretación rigurosa de los hechos. Esta situación genera un tipo de aislamiento que podría llamarse autoinfligido, pues el hombre mismo busca separarse de los demás; a veces movido por la desconfianza y otras veces por la incapacidad de apreciar fines o propósitos comunes.

Podemos concluir que buscar el bien común no ha de entenderse simplemente como un proceso continuo e inacabado, quizás ilusorio, sino como una tarea que comporta cierto carácter de urgencia; cuestiones como el cambio climático, el debilitamiento de las democracias, las amenazas sanitarias (como futuras pestes) nos exhortan a mirarnos los unos a los otros con un sentido que trascienda la mera individualidad, que rescate el valor del posible entendimiento general o de lo que los antiguos llamaron *homonoia*.

---

[28] Daniel Bell, *The cultural contradictions of capitalism*, Nueva York, Basic Books, Publishers, 1978, 37. "Pródiga, promiscua, dominada por un temperamento antirracional, antiintelectual, en el que el yo es considerado la piedra de toque de los juicios culturales, y el efecto sobre el yo es la medida del valor estético de la experiencia". [Traducción propia.]

Referencias

Appiah, Kwame Anthony, *Cosmopolitismo*, Buenos Aires, Katz Barpal Editores, 2007.

Aquinas, Thomas, *Quaestiones disputatae de potentia*, textum electronicum praeparavit et in-dexavit Ricardo M. Rom. S. R. E. Presbyterus. Bonis Auris, mcmxcviii. Disponible en ‹http://web.documentacatholicaomnia.eu/04z/z_12251274__Thomas_Aquinas__Quaestiones_Disputatae._de_Potentia__LT.pdf.html›.

Aquino, Tomás de, *El ente y la esencia*, Madrid, Ediciones eunsa, 2002.

Arendt, Hannah, *Los orígenes del totalitarismo*, Madrid, Taurus, 2004.

__________, *Los orígenes del totalitarismo*, Madrid, Alianza, 2006.

Aristóteles, *Ética nicomáquea*, Madrid, Gredos, 1985.

__________, *La política*, Madrid, Gredos, 1998. Ayala Corao, Carlos, "Retos de la pandemia de covid-19 para el estado de derecho, la democracia y los derechos humanos", Max Planck Institute (mpil), Research Paper Series, núm. 2020-17, 8 de mayo de 2020.

Bell, Daniel, *The cultural contradictions of capitalism*, Nueva York, Basic Books, Publishers, 1978.

Bolton, James, Chochinov, Harvey Max y Sareen, Jitender, "Death, Dying, and Dignity in the Time of the covid-19 Pandemic", *Journal of Palliative Medicine*, 23/10, Mary Ann Liebert, 2020.

Berlin, Gretchen, "How might the covid-19 pandemic end?", *Mckinsey and Company*, 19 de julio, 2021. Disponible en ‹https://www.mckinsey.com/industries/public-and-social-sector/our-insights/how-might-the-covid-19-›.

Cortina, Adela, *Ética civil y religión*, Madrid, ppc, 1995.

__________, Ciudadanos del mundo, Madrid, Alianza, 2009. Fariñas Dulce, José María, *Globalización, ciudadanía y derechos humanos*, Madrid, Instituto de Derechos Humanos "Bartolomé de las Casas", Universidad Carlos III de Madrid & Dykinson, 2000.

Forment, Edualdo, "Persona y conciencia en santo Tomás de Aquino", *Revista Española de Filosofía Medieval*, 10, 2003.

Grippe, John, "The project Behind a Front Page Full of Names", *The New York Times*, 23 de mayo, 2020. Disponible en ‹https://www.nytimes.com/2020/05/23/reader-center/coronavirus-new-york-times-front-page.html›.

Hill, Samantha Rose, "Where loneliness can lead", *Aeon*, 16 de octubre, 2020. Disponible en ‹https://aeon.co/essays/for-hannah-arendt-totalitarianism-is-rooted-in-loneliness›.

Jefferes, David, "Global citizenship and the cultural politics of benevolence", *Critical Literacy: Theories and Practices*, 2/1, 2008.

MacIntyre, Alasdair, *Dependent Rational Animals. Why Human Beings Need the Virtues*, Chicago, Open Court, 1999.

_______, "Teorías del derecho natural en la cultura de la modernidad avanzada", *Doxa. Cuadernos de Filosofía del Derecho*, 35, 2012.

_______, *Tras la virtud*, Barcelona, Crítica, 2001.

Maritain, Jacques, *The Person and the Common Good*, John J. Fitzgerald (trad.), Nueva York, Charles Scribner's Sons, 1947.

Nussbaum, Martha, *La tradición cosmopolita*, Barcelona, Paidós Ibérica, 2020 (Kindle).

Osborne, Thomas, "MacIntyre, Thomism and the contemporary Common Good", *Analyse & Kritik*, vol. 30, Stuttgart, 2008.

Ricoeur, Paul, *Sí mismo como otro*, Madrid, Siglo XXI, 1996.

Todorov, Tzvetan, *Insumisos*, Barcelona, Galaxia Gutenberg, 2016.

Capítulo 8

La representación de la peste de 1630 en la novela *I promessi sposi* y en cuatro de sus adaptaciones audiovisuales

Pablo Úrbez Fernández
Universidad Villanueva
Pablo.urbez@villanueva.edu

Introducción

La novela de Alessandro Manzoni *Los novios*, considerada la obra cumbre del romanticismo italiano, ha sido a su vez reiteradamente adaptada para el medio audiovisual desde los comienzos del cine en Italia.

Los novios, escrita en 1826, sitúa su trama en el primer tercio del siglo XVII, durante la ocupación española de la ciudad de Lombardía. Un narrador omnisciente, que continuamente interpela al lector, confiesa haber descubierto un manuscrito que da cuenta de los hechos que relata. Esos hechos tienen como protagonista a Renzo, un campesino huérfano de un pueblo cercano al lago Como, y a Lucía, su prometida, hija única de una viuda, Agnese. Ambos están enamorados y desean contraer matrimonio próximamente, lo cual solicitan al sacerdote del lugar, don Abondio. Sin embargo, el señor de aquellas tierras, don Rodrigo, se ha encaprichado con Lucía, por lo cual amenaza a don Abondio y le impide celebrar dicho matrimonio. El sacerdote, mediocre y acobardado, accede. Debido a la oposición de don Rodrigo, Renzo se ve obligado a abandonar su pueblo. Los dos amantes vivirán un tiempo separados, sufriendo penalidades y superando obstáculos, trasladándose ambos a la ciudad de Milán, donde les sorprenderá la peste de

1630. Fallecido don Rodrigo y libres de la epidemia, finalmente Renzo y Lucia podrán reencontrarse y unirse en matrimonio.

Esta historia de valor universal, en la cual subyacen la fidelidad, el sacrificio, el honor y el compromiso, ha tenido sus respectivas adaptaciones al medio audiovisual. Entre todas ellas hemos decidido seleccionar cuatro obras, por considerar a cada una representativa del momento histórico en el cual se filmó: la película de Mario Bonnard de 1922, como paradigma del cine mudo de época; el largometraje de Mario Camerini de 1941, como ejemplo del cine fascista; el filme de 1967 de Sandro Bolchi, como representante del cine de vocación cultural y educativa de la sociedad democrática del bienestar; y el telefilme de Francesca Archibugi de 2004, como obra del nuevo milenio y expresamente rodada para la televisión. Somos conscientes de haber excluido de esta selección otras cintas bajo el título de título *I promessi sposi*, como las dirigidas por Ubaldo Maria Del Colle (1913), Mario Maffei (1964) y Salvatore Nocita (1989).

El propósito de este trabajo consiste en analizar los aspectos referidos a la peste de 1630 en cada uno de los relatos: cómo se describe en la novela y cómo se plasma en esas cuatro adaptaciones audiovisuales. Por tanto, excluimos de nuestro análisis las características referidas a otros ámbitos de la novela, como son la ocupación española de la Lombardía, el encaprichamiento de don Rodrigo por Lucía, la huida de Renzo y el comportamiento de don Abondio, entre otros. Cuando sea pertinente, por su estrecha vinculación con la peste, sí recurriremos a otros pasajes del relato.

Como hipótesis, como punto de partida, suponemos que cada obra audiovisual, como consecuencia del momento histórico en el que se filma, se aproxima de manera distinta a la novela de Manzoni, debido a los intereses y la sensibilidad de cada época. Siguiendo esta premisa, esa mirada particular también debe manifestarse en la manera de representar la peste de 1630. Intuimos que, según su año de producción, se utilizarán unos u otros recursos audiovisuales para plasmar la enfermedad, se enfatizarán unos aspectos y disminuirán otros, y cuestiones como la gestión política de la enfermedad ocuparán una trama prioritaria o permanecerán como un asunto accidental.

1. Metodología

Para llevar a cabo nuestro análisis, abordaremos aspectos de la estructuración de la narración (elección, exclusión y orden de los acontecimientos en el guion), el contenido de los diálogos, el encuadre y la imagen fílmica (planificación visual y posibles analogías). En este sentido, proponemos un análisis de índole cualitativa, atendiendo preferentemente a las cuestiones narrativas y visuales.

Por supuesto, tendremos presentes las condiciones específicas de cada medio artístico: la novela y el producto audiovisual. Según Bluestone, el problema de la adaptación tiene como origen las diferencias fundamentales entre la novela y película, que él sitúa en la distancia que separa la "imagen visual" de la "imagen mental".[1] En este sentido, apunta Fumagalli[2]

> Il film ha la necessità di una struttura molto più compatta di quella di un romanzo [...] La compattezza del film è necesariamente anche linearità della trama e coesione tematica. Per questo la prima, primissima decisione, è capire quale sarà, nel film, la *spina dorsale della storia*, l'elemento drammaturgico essenziale che porta su di sé lo sviluppo dell'arco drammatico. Chi è il protagonista e che cosa vuole.[3]

En sentido parecido se manifiesta Peña Ardid, para quien "el paso del texto literario al filme supone indudablemente una transfiguración no sólo de los contenidos semánticos, sino de las categorías temporales, las

---

[1] George Bluestone, *Novels into Film*, Baltimore, The John Hopkins Press, 1957, citado en Carmen Peña-Ardid, *Literatura y cine*, Madrid, Cátedra, 1999, 28.

[2] *Ibidem*, 114.

[3] "La película necesita una estructura mucho más compacta que la de una novela [...]. Entre sus competencias están necesariamente la linealidad de la trama y la cohesión temática. Por ello la primera, la primerísima decisión, es entender cuál será *la espina dorsal de la historia*, el elemento dramatúrgico esencial que trae consigo el desarrollo del arco dramático: quién es el protagonista y qué quiere". Armando Fumagalli, *L'adattamento da letteratura a cinema*, Chicago, University of Chicago Press, 1999, 114. [La traducción es mía.]

instancias enunciativas y los procesos estilísticos que producen la significación y el sentido de la obra de origen".[4]

Basándonos también en Sánchez Noriega[5] para analizar el modo en el que la peste de la novela *I promessi sposi* se representa en las obras audiovisuales, atenderemos la organización del relato, las supresiones, las traslaciones de diálogos y acciones, los añadidos y el desarrollo de la trama.

1.1. La peste en *I promessi sposi* de Manzoni (1827)

La novela de Manzoni abarca un total de 38 capítulos, de los cuales cuanto se refieren a la peste y comprende los capítulos 31 a 36. De esta manera, desde el prisma narrativo, podemos advertir que la peste no cumple función contextualizadora para enmarcar el relato desde su inicio; tampoco sería del todo acertado afirmar que *I promessi sposi* versa sobre cómo Renzo, Lucía y la población de Lombardía sobrellevan la enfermedad. No es una novela exclusivamente destinada a retratar el impacto de la pandemia. Al contrario, su finalidad es relatar el romance entre Renzo y Lucía: a qué dificultades deben enfrentarse para, tras su separación, poder reencontrarse y contraer matrimonio. Entre esas dificultades se topan con la amenaza de don Rodrigo, la cobardía de don Abbondio, un secuestro, la carestía, el paso por aquellas tierras de los ejércitos mercenarios y, por último, la peste. La peste supone el obstáculo último y más difícil para los protagonistas, durante la cual tendrá lugar el clímax y la resolución de la narración.

Para empezar, la primera mención a la peste se encuadra en esa citada situación calamitosa. Manzoni refiere que se sucedieron dos olas: "Una en primavera agudizada por el verano. Con la cosecha mejoró la carestía, pero en otoño un nuevo azote de la enfermedad".[6] Manzoni también incide en cómo apareció la enfermedad: fueron los soldados invasores, quienes dormían amontonados sobre paja hedionda. El pan terminó por mezclarse

---

[4]   Carmen Peña-Ardid, *op. cit.*, 23.

[5]   José Luis Sánchez Noriega, *De la literatura al cine*, Barcelona, Paidós, 2000, 138-140.

[6]   Alessandro Manzoni, *Los novios*, Madrid, Rialp, 2020, 392.

con sustancias no alimenticias, faltó agua saludable, y a esto es le unió la sequedad y un calor anticipado y violento.[7]

Hasta aquí, el relato es más descriptivo que narrativo, generalizado para la región de Lombardía. Para cuanto se refiere a la ciudad de Milán, Manzoni introduce la narración de este modo a través de un infante lombardo que estuvo en contacto con los citados soltados extranjeros:

> Sea como fuere, entró este infante desventurado y portador de desventura, con un fardo de ropas compradas o robadas a soldados alemanes; fue a alojarse a casa de unos parientes, en el suburbio de la puerta Oriental, junto a los Capuchinos; en cuanto llegó, cayó enfermo; fue llevado al hospital, donde un bubón que se le descubrió bajo una axila, hizo sospechar a quien lo atendía lo que en efecto era; al cuarto día murió.[8]

Hasta ahora hemos observado cómo, de manera rigurosa, Manzoni ha dado cuenta de la duración de la pandemia, cuáles fueron las causas de su aparición y quiénes portaron inicialmente la enfermedad. A lo largo de los capítulos posteriores, entremezclados con las vivencias de Renzo y Lucía, ocurren una serie de acontecimientos que podemos asimilar a todo tipo de pandemias y que su vez podemos catalogar en cuatro categorías: la actitud de la autoridad política con respecto a la enfermedad; la actitud de los científicos, especialmente de quienes niegan la pandemia; el comportamiento de la masa, en busca de un chivo expiatorio, y por último, cuáles son los métodos empleados para erradicar la enfermedad.

En lo que se refiere al papel de la autoridad política, Manzoni narra que "Inicialmente una junta de sanidad propuso al gobernador prohibir la compra de ropas y géneros de los soldados que pasaban, pero el gobernador no le vio el sentido y no lo dictaminó. Fue destituido en septiembre por Ambrosio Spínola",[9] Por una parte, observamos que se ha constituido *ex pro-*

---

fesso una junta para dedicarse exclusivamente a la gestión de la pandemia. A su vez, hay distintas opiniones políticas respecto a la toma de decisiones (la junta propone una ley y el gobernador la desestima) y, finalmente, que la mala gestión de la pandemia acarrea consecuencias políticas: la presión política conlleva a la destitución del gobernador. Cabe decir que Ambrosio Spínola, reputado militar genovés al servicio de la monarquía hispánica, apenas duró un año en el Milanesado, pues falleció en septiembre de 1630.

En la novela también se narra que "los decuriones trataban de juntar dinero mediante préstamos, contribuciones; y del que recogían, daban un poco a la Sanidad, un poco a los pobres; compraban un poco de trigo: suplían parte de las necesidades".[10] El papel de la autoridad política, así, es remediar económica y socialmente los gastos y reveses imprevistos como consecuencia de la pandemia. Supone reunir un dinero extraordinario para hacer frente a la escasez de alimentos y para sustentar a las familias que, a causa de la enfermedad, no pueden ejercer su empleo.

De otra parte, Manzoni se extiende para describir cuánto hubo de negacionismo acerca de la enfermedad:

Incluso muchos médicos, haciéndose eco de la voz del pueblo (¿era, también en ese caso, voz de Dios?), se mofaban de los presagios siniestros, de las amenazadoras advertencias de unos pocos; y tenían siempre a disposición nombres de enfermedades comunes, para calificar cada caso de peste que se vieran llamados a curar; cualquiera que fuese el síntoma, cualquiera que fuese la señal con que había aparecido.[11]

Un detalle interesante es que el pueblo, el común de los mortales, no quiere escuchar hablar de la enfermedad, prefiere un mundo sin enfermedad: de allí el populismo, la opción de contentar a la población negando la realidad si fuese necesario. Pese al aumento del número de contagios, continuará una férrea resistencia a admitir la enfermedad:

---

[10]   *Ibidem*, 428.

[11]   *Ibidem*, 426.

Había, por lo demás, cierto número de personas aún no persuadidas de que la peste existiera. Y como, tanto en el lazareto como en la ciudad, algunos se curaban, "se decía" (los últimos argumentos de una opinión derrotada por la evidencia son siempre curiosos de saber), "se decía por la plebe, y también por muchos médicos parciales".[12]

Sin embargo, es curioso observar cómo la realidad se termina imponiendo: "También en el público, aquella terquedad de negar la peste iba naturalmente cediendo y perdiéndose, a medida que el morbo se difundía, y se difundía por el contacto y el trato; y tanto más cuando, tras haber permanecido algún tiempo entre los pobres, comenzó a alcanzar a personas más conocidas".[13] Cuando la enfermedad alcanza tanto a los pobres como a los aristócratas, es difícil que el enfermo persista en la negación de la enfermedad.

De los métodos utilizados para negar la pandemia, el lenguaje constituyó una de las principales técnicas:

Al principio, pues, nada de peste, de modo alguno, de ninguna manera: prohibido incluso proferir el vocablo. Después, fiebres pestilenciales: la idea se admite por el sesgo de un adjetivo. Después, no verdadera peste; o sea, peste sí, pero en cierto sentido; no peste exactamente, sino algo para lo que no se sabe encontrar otro nombre. Finalmente, peste sin duda y sin discusión: pero ya se le ha pegado otra idea, la idea de envenenamiento y maleficio, la cual altera y confunde la idea expresada por la palabra que ya no se puede rechazar.[14]

Así, la pandemia va pasando por diferentes estadios del lenguaje. Quien controla el lenguaje nombra la realidad, y según como la nombre, puede controlarla. No son detalles accidentales, sino esenciales, el denominar o no peste a una enfermedad, el empleo de uno u otro adjetivo.

---

[12]   *Ibidem*, 433.

[13]   *Ibidem*, 430.

[14]   *Ibidem*, 433.

Fruto de esta manipulación del lenguaje, cuanto se termina generando es confusión, en esa mezcla de desconocimiento (bien por ignorancia, bien por ocultar intencionadamente la verdad) que se da entre la masa de la población y los científicos: "De los hallazgos del vulgo, la gente instruida tomaba lo que se podía acomodar con sus ideas; de los hallazgos de la gente instruida, el vulgo tomaba lo que podía entender, y cómo lo podía; y con todo se formaba una masa enorme y confusa de pública demencia".[15]

Mas cabe añadir que no sólo el lenguaje contribuyó a negar la peste, sino el recurso a la propia ciencia experimental. La elaboración premeditada de teorías a través del método científico supuso otra herramienta para negar la enfermedad. A pesar de la extensión de la cita, conviene atender a cómo detalla Manzoni la actitud de don Ferrante:

Dice, pues, que en cuanto se empezó a hablar de peste, don Ferrante fue uno de los más resueltos a negarla, y que sostuvo constantemente, hasta el final, esa opinión; y no ya con alboroto, como el pueblo, sino con razonamientos, de los que nadie podrá decir al menos que carecieran de concatenación.

—*In rerum natura* —decía— no hay sino dos géneros de cosas: sustancias y accidentes; y si yo pruebo que el contagio no puede ser ni una cosa ni otra, habré probado que no existe, que es una quimera. Vamos a ello. Las sustancias son o espirituales o materiales. Que el contagio sea una sustancia espiritual, es un disparate que nadie querría sostener; de modo que es inútil hablar de ello. Las sustancias materiales son o simples o compuestas. Ahora bien, el contagio no es sustancia simple; lo cual se demuestra con cuatro palabras. No es sustancia aérea, porque, si fuera tal, en vez de pasar de un cuerpo a otro, volaría al punto a su esfera. No es ácuea, porque mojaría, y la secarían los vientos No es ígnea, porque quemaría. No es térrea, porque sería visible. Sustancia compuesta, tampoco, porque de todos modos tendría que ser sensible

---

[15]   *Ibidem*, 447.

a la vista y al tacto; y este contagio, ¿quién lo ha visto?, ¿quién lo ha tocado? Queda por ver si puede ser accidente. Peor que peor. Nos dicen estos señores doctores que se comunica de un cuerpo a otro; que éste es su Aquiles, éste el pretexto para hacer tantas prescripciones inútiles. Ahora bien, suponiéndolo accidente, vendría a ser un accidente transportado: dos palabras que no casan, al no haber, en toda la filosofía, cosa más clara, más límpida que ésta: que un accidente no puede pasar de un sujeto a otro.[16]

Examinemos ahora el comportamiento de la turba en su búsqueda de un chivo expiatorio. No por parte de los negacionistas, sino de quienes admiten que existe la enfermedad, tiene lugar un ataque contra un médico. Sin argumento racional alguno, se le critica él es uno de los principales beneficiarios de la proliferación de la enfermedad:

El protomédico Luis Settala, casi octogenario, era verdaderamente uno de los hombres más respetables de su tiempo [...] el pobre hombre compartía los prejuicios más comunes y funestos de sus contemporáneos: estaba por delante de ellos, pero sin alejarse del tropel, que es lo que acarrea las desgracias, y hace muchas veces perder la autoridad adquirida por otros medios. Y, sin embargo, la grandísima que disfrutaba, no sólo no bastó para vencer, en este caso, la opinión de lo que los poetas llaman vulgo profano, y los cómicos, respetable público; sino que tampoco pudo salvarlo de la animosidad y los insultos de esa parte de él que pasa más fácilmente de los juicios a las demostraciones y a los hechos. Un día que iba en litera a visitar a sus enfermos, empezó a aglomerarse gente a su alrededor, gritando que él era el jefe de quienes querían a toda costa que hubiese peste; él quien aterrorizaba a la ciudad, con aquel ceño, con aquella barbaza: todo para dar trabajo a los médicos. La muchedumbre y el furor iban en aumento.[17]

---

16   *Ibidem*, 523.

17   *Ibidem*, 427.

A partir de entonces, se propagan rumores acerca de unos supuestos untadores, personas que durante la noche recorrían la ciudad *untando* las puertas para propagar a propósito la enfermedad: "Con semejante persuasión de que existían untadores, se debía descubrirlos, casi infaliblemente; todos los ojos estaban alerta; cada acto podía inspirar recelos. Y el recelo se convertía fácilmente en certeza, y la certeza en furor".[18] Así, con la finalidad de detener a esos supuestos untadores, se constituyeron comités cívicos dedicados a perseguirlos, observando comportamientos extraños en la calle y con la posibilidad de acusar sin pruebas, bastando sólo la mera sospecha.

De allí el cuidado con que los ciudadanos debían comportarse en la vía pública; no bastaba sólo con ser inocente, había que esmerarse en parecerlo:

> Tales cosas no ocurrían solamente en la ciudad: el frenesí se había propagado como el contagio. El viandante a quien los campesinos encontrasen fuera del camino real, o que por él haraganease mirando acá y allá, o se tendiese a descansar; el desconocido en quien se encontrase algo extraño o sospechoso en el rostro, en las ropas, eran untadores; al primer aviso de quien fuera, al grito de un muchacho, se tocaba a rebato, se acudía; los infelices eran acosados a pedradas, o, presos, eran conducidos, entre el furor del pueblo, a la cárcel.[19]

El propio Renzo fue perseguido por ser considerado un untador, a consecuencia de ser un desconocido en la ciudad (proviene del lago Como) y moverse sin rumbo fijo por la calle buscando a Lucía.

Es interesante a su vez el diagnóstico que Manzoni hace de semejante actitud persecutoria, que resulta perjudicial para la convivencia cívica y, especialmente, para la propia vida familiar: "No sólo se desconfiaba del vecino, del amigo, del huésped; sino que los nombres, los vínculos del amor humano, marido y mujer, padre e hijo, hermano y hermana, eran de terror; ¡y

---

18   *Ibidem*, 437.

19   *Ibidem*, 438.

algo más horrible e indigno de decirse!, la mesa doméstica, el lecho nupcial, se temían como asechanzas, como escondrijos de ponzoña".[20]

Pero la búsqueda irracional de culpables también alcanzó a las autoridades, en un deseo de apaciguar los ánimos de la citada turba. Manzoni repara, además, en que no fue una actitud nueva, sino un mecanismo habitual cada vez que se desencadenaban acontecimientos que desbordaban a los gobernantes:

> Los magistrados, disminuidos cada día, y cada vez más descorazonados y confusos, emplearon toda la poca resolución de que eran capaces, por así decirlo, en buscar a aquellos untadores [...] Los procesos que se produjeron como consecuencia no eran ciertamente los primeros de tal género; y ni siquiera se los puede considerar como una rareza en la historia de la jurisprudencia. Pues, por no hablar de la antigüedad, y aludir sólo a algo de tiempos más próximos a aquel del que tratamos, en Palermo, en 1526; en Ginebra, en 1530, después en 1545, una vez más en 1574; en Casal Monferrato, en 1563; en Padua, en 1555; en Turín, en 1599, y de nuevo en ese mismo año de 1630, fueron procesados y condenados a suplicios, en su mayoría atrocísimos, alguno o muchos infelices, como reos de haber propagado la peste con polvos, con ungüentos, o con hechizos, o con todo eso junto. Pero el asunto de las llamadas unturas de Milán, como fue el más célebre, es quizás también el más observable.[21]

Para concluir este apartado referente a la novela, abordaremos qué métodos se emplean para erradicar la enfermedad. En primer lugar, se prohíbe que "entren a la ciudad las gentes de los pueblos, órdenes verbales a los guardias de las puertas".[22] Una medida destinada, así, a controlar los movimientos de la población para reducir las posibilidades de transmisión.

---

20   *Ibidem*, 447.

21   *Ibidem*, 448-449.

22   *Ibidem*, 423.

Más adelante, una medida de índole religioso: "pedir al cardenal arzobispo que se hiciera una procesión solemne, llevando por la ciudad el cuerpo de San Carlos".[23] Además del motivo sobrenatural, puesto en la fe en que la acción divina detuviese la enfermedad, también tenía como propósito elevar la moral de la población.

Viendo el escaso éxito de ambas medidas, el tribunal: "prescribió reglas más estrechas para la entrada de personas en la ciudad; y, para asegurar su ejecución, mandó cerrar las puertas; como también, con el fin de excluir, en la medida de lo posible, de la reunión a apestados y sospechosos, mandó clavar las puertas de las casas secuestradas".[24]

Recapitulando el papel de la autoridad política, que reunió dinero para gastos extraordinarios, se ocupó de: "aumentar los servidores públicos de varias especies: monatos, ordenanzas, comisarios. Los primeros estaban destinados a los servicios más penosos y peligrosos de la pestilencia: sacar de las casas, de las calles, del lazareto, los cadáveres; llevarlos en carros a las fosas y enterrarlos; llevar o guiar al lazareto los enfermos y atenderlos".[25] Entre las funciones que corren a cargo de los gobernantes es gestionar adecuadamente el retiro de los cadáveres, a fin de evitar su putrefacción y las consecuencias pandémicas.

Tras este análisis de la representación de la pandemia, y tomando como punto de partida estos cuatro temas que han sido más objeto de nuestra atención (la actitud de la autoridad política, el negacionismo científico, la búsqueda irracional de culpables y las medidas destinadas a erradicar la enfermedad), nos detendremos en el análisis de las cuatro adaptaciones audiovisuales. Para ello, atenderemos tanto cuestiones de contextualización cinematográfico-histórica (la sensibilidad de la época de realización del filme) como a los aspectos estético-narrativos.

---

[23]   *Ibidem*, 436.

[24]   *Ibidem*, 439.

[25]   *Ibidem*, 441.

1.2. La peste en *I promessi sposi* de Mario Bonnard (1922)

En 1922, coincidiendo con el inicio de la dictadura fascista de Mussolini, Mario Bonnard filmó una versión de casi 140 minutos de *I promessi sposi*, protagonizada por Emilia Vidali y Domenico Serra. En la memoria colectiva de los espectadores de aquel entonces, posiblemente resonaría la gripe española de 1918, la cual impactó también en el frente italiano durante la Primera Guerra Mundial.[26] Además, la posguerra trajo consigo la devaluación de la lira, desempleo y crisis económica, factores que propiciaron el ascenso al poder de Mussolini.

Los acontecimientos referidos a la peste aparecen en la película pasada la hora y media de metraje, después de haber narrado minuciosamente el paso de las hordas mercenarias por la región de Lombardía. Tras ello, un rótulo informa: "E un fante sventurato e apportatore di sventura, con un gran fagotto di vesti rubate a soldadi alemanni, entrò a Milano".[27] Conviene señalar que la mayoría de aquellos rótulos reproducen (la mayor parte de las ocasiones, literalmente) los fragmentos de la novela. La cámara recoge entonces a un soldado tambaleante, auxiliado por sus compañeros en cuanto se desploma en la calle. Un nuevo rótulo declara: "¡Era la peste!".

---

[26] Eugenia Tognotti, *La spagnola in Italia. Storia dell'influenza che fece temere la fine del mondo*, Milán, Franco Angeli, 2002.

[27] "Y un desventurado soldado de a pie y portador de desgracias, con un gran fardo de ropa robada a los soldados germanos, entró en Milán".

Imagen 8.1.

A partir de entonces, el caos se apodera de la región de Lombardía y, especialmente, de la ciudad de Milán. En un ejercicio descriptivo, la película muestra la propagación de la enfermedad entre los habitantes, las convalecencias en las casas, los fallecimientos, la atención caritativa, la agitación en las calles y el ir y venir de carretillas transportando enfermos y fallecidos. Por otra parte, el filme de Bonnard captura con la cámara un par de cuerpos descamisados, con la finalidad de señalar los síntomas de la enfermedad: "Un sozzo bubone di un livido paonazzo".[28] Hinchazones, suciedad y paralelismos con la clásica descripción de la enfermedad de la peste. De esta manera, Bonnard expone la peste principalmente en relación con los estragos causados por la enfermedad y el dolor de las familias ante los fallecimientos. La imagen paradigmática es la de una madre sosteniendo en brazos a su hija fallecida.

---

[28]   "Un bubón sucio de un hematoma morado".

Imagen 8.2.

Sin embargo, no hay interés alguno en mostrar la actitud negacionista ante la enfermedad ni tampoco la manera en que la autoridad política (en colaboración con los médicos) procuró paliar la incidencia de los contagios. La desconfianza entre los vecinos y las falsas acusaciones se reducen a la increpación a Renzo por creerle un untador, de la misma manera que narra la novela. Por tanto, tampoco hay interés en recrear el clima de tensión entre la ciudadanía.

Respecto a la vinculación de la peste a las tramas narrativas, la película de Bonnard detalla minuciosamente el contagio y la convalecencia de don Rodrigo. Su alegría y sus excesos durante una fiesta se tornan en desgracia cuando sufre un desmayo. Cuando en la escena siguiente se desviste y se introduce en su cama, padece pesadillas y espasmos. Posteriormente, su lugarteniente y sus criados aprovechan para robar sus pertenencias, de lo cual no puede defenderse.

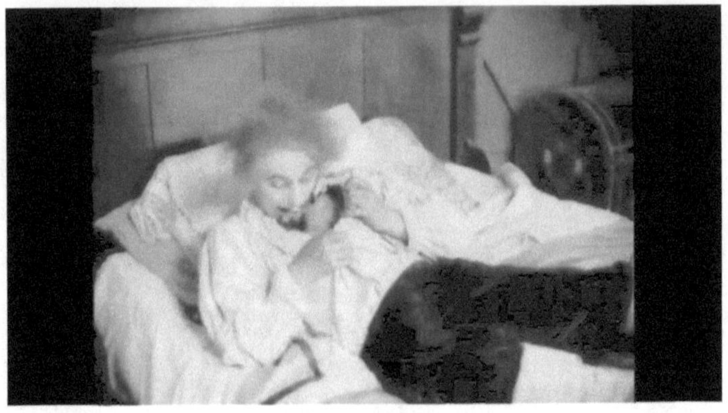

Imagen 8.3.

En cuanto a Lucía, el relato presenta la manera en que la vive en Milán en casa de donna Prassede y don Ferrante. A diferencia de la novela, que solamente menciona que Lucía enfermó y a consecuencia de ello fue trasladada al Lazareto, la película sí incide en el contagio de la joven. En plano fijo, observamos a Lucía convaleciente sobre su cama, agotada, intentando incorporarse, pero sin fuerza alguna. Los monatos entran en el palacio y reciben unas monedas de donna Prassede para llevarse a Lucía al Lazareto.

Imagen 8.4.

Finalmente, tras el periplo de Renzo por las calles de Milán, su llegada al Lazareto coincide y dará lugar a la resolución del conflicto. Allí encuentra a fray Cristóforo y a don Rodrigo y, finalmente a Lucía. Realmente, don Rodrigo y Lucía son los únicos enfermos que conocemos del Lazareto. Si bien la cámara incidía anteriormente en la exposición de los estragos de la peste y presentaba la deplorable situación de las calles milanesas, no sucede así con el Lazareto. No hay descripción alguna del hospital ni del estado en el que allí se encuentran los enfermos. En el Lazareto predomina el aspecto narrativo sobre el descriptivo. Tras la reconciliación entre Renzo y Lucía, fray Cristóforo reza ante un altar, lo cual provoca (en la siguiente escena) el desencadenamiento de una tormenta que anuncia el final de la epidemia.

Imagen 8.5.

1.3. La peste en *I promessi sposi* de Mario Camerini (1941)

Si la película anterior coincidía con el inicio de la dictadura fascista, la obra de Mario Camerini se estrenó en sus postrimerías, durante la Segunda Guerra Mundial, cuando ya se había estandarizado en la cinematografía italiana de época un estilo gótico, monumental y expresionista que influyó en esta versión de la novela de Manzoni. Gino Cervi y Dina Sassoli interpretaron los papeles protagonistas.

En este caso, la peste aparece a la hora y 20 minutos del relato, pero con una diferencia significativa respecto a la versión anterior: es un médico quien pregunta "¿dónde está el hombre enfermo?", y accede al interior de un edificio para atenderlo. Posteriormente, cuando la enfermedad se ha extendido por la región, encontramos una nueva diferencia con la versión de 1922: un tribunal de sanidad debate acerca de la conveniencia o no de adoptar determinadas medidas para paliar los contagios y la autoridad política confía en su criterio, sin culpar a los médicos de la propagación. En concreto, uno de los doctores critica la falta de agua y las dificultades para aislar a los enfermos.

Por tanto, no importa tanto la convalecencia del enfermo o el dolor de las familias, sino la labor del gobernante para detener los contagios. Ante la aparente imposibilidad de frenar los contagios, únicamente se confía en ofrecer esperanza al pueblo, para lo cual se ordena salir en procesión para venerar las reliquias de san Carlos. La realidad es que dicha procesión se percibe más como un gesto político que por devoción religiosa, lo cual puede relacionarse con un populismo focalizado en elevar la moral de la población.

Imagen 8.6.

Precisamente, la procesión de las reliquias de san Carlos ofrece otra de las claves del filme: amplios planos generales y largos *travellings* para mostrar a las multitudes, a un pueblo que vitorea unido el paso de las reliquias, símbolo de la identidad milanesa. Unas reliquias, además, presentadas de manera explícita, pues se observan el cráneo y los huesos del difunto. La monumentalidad y expresividad del momento parecen vincularse a la estética fascista. Una estética que persiste en el Lazareto, en el último tramo del relato. La mayoría de los planos se desarrollan entonces de noche, dando lugar a una atmósfera oscura solapada por la luz de las antorchas, que cual fuego purificador contrasta con el sufrimiento causado por la enfermedad.

Imagen 8.7.

Porque, a diferencia de la versión de Bonnard, el filme de Camerini sí muestra con detalle el Lazareto. Mientras Renzo busca a Lucía en aquel recinto, descubre con horror el cúmulo de cadáveres amontonados, los enfermos agonizantes apoyados contra la pared y las condiciones insalubres en que se hallan. Por otra parte, la enfermedad de don Rodrigo se narra de manera sucinta, ocupando una posición menor en la jerarquía del relato.

Como parte de la estética *kitsch*, no hay reparo en ofrecer planos de los cuerpos desnudos, especialmente de los niños y los bebés, tanto vivos como fallecidos, para mostrar la belleza de la anatomía humana.

Imagen 8.8.

Conviene destacar el desencadenamiento de la tormenta, ampliamente descrito desde diferentes ángulos y con distintos personajes. Renzo y Lucía, los personajes secundarios, enfermos y sanos, todos son rociados por la lluvia purificadora, la cual incluso se derrama sobre los cadáveres allí esparcidos. No es un elemento accidental, sino que la tormenta cumple una función trascendental en el relato.

Imagen 8.9.

También está presente la imagen, en plano fijo, de una madre falleci-da sosteniendo en brazos a su hijo.

Imagen 8.10.

Imagen 8.11.

1.4. La peste en *I promessi sposi* de Sandro Bolchi (1967)

En esta ocasión, no podemos separar la producción de esta versión de *I pro-messi sposi* con el auge de la televisión pública de los países europeos, así como su función didáctica para prestar un servicio público a la sociedad. Nino Castelnuovo y Paola Pitagora interpretaron a Renzo y a Lucía, y la pro-ducción contó con el asesoramiento de Claudio Cesare Secchi, latinista y director del Centro Nacional de Estudios Manzoni. Fue la primera vez que *I promessi sposi* no se comprimió en una película, sino que se extendió en una miniserie de ocho capítulos, retransmitidos por la RAI, la televisión pú-blica italiana, entre enero y febrero de 1967.

Como consecuencia de su propósito didáctico y de promoción cultu-ral, la miniserie ofrece una mayor literalidad en su adaptación de la novela al medio audiovisual, manteniendo frecuentemente los diálogos originales del texto de Manzoni. Además, la voz en off de un narrador omnisciente (del actor Giancarlo Sbragia) introduce cada capítulo declamando las palabras de la novela original, y posteriormente efectúa las transiciones entre esce-nas a través de descripciones o narrando mediante elipsis los acontecimien-tos. La voz del narrador es solemne y pausada, de marcada impronta teatral.

Cuanto se refiere a la peste comienza en el séptimo capítulo, cuando dicho narrador relata fielmente la descripción de Manzoni acerca del soldado extranjero portador de la enfermedad. Mientras tanto, cuanto observa el espectador en pantalla es la imagen del soldado postrado en cama. Por tanto, desde el principio se percibe un ritmo sosegado e incluso hierático en la narración, más literaria que visual.

A continuación, tiene lugar la reunión del tribunal médico acerca de qué medidas imponer para combatir la enfermedad. A diferencia de la versión de Camerini (1941), no hay apenas debate entre los expertos. Un extenso monólogo da cuenta de la situación y es compartido de manera unánime por los presentes, por lo cual se decreta prohibir a los extranjeros la entrada a Milán.

Imagen 8.12.

De manera coincidente a la versión de 1922, pero en contraposición a la de 1941, el filme relata extensamente cómo padece don Rodrigo la enfermedad. Casi 10 minutos de metraje transcurren entre su regreso a casa, debilitado, y el momento aprovechado por sus subalternos para robar sus pertenencias. Durante ese tiempo, observamos al personaje intentando dormir, incorporándose, tumbándose de nuevo, sudando, jadeando y solicitando la ayuda de sus criados, en un clima asfixiante ante la ausencia de movimiento y la estrechez de su habitación.

Otra constante del filme es la recreación de un ambiente desértico en las calles milanesas.

Imagen 8.13.

Mientras Renzo las recorre, la fotografía conforma una espesa niebla entre la cual deambula el personaje, aguzada por el silencio y la escasez de viandantes, sólo quienes transportan muertos. De este modo, en contraste con las versiones anteriores (donde la enfermedad generaba caos, donde el bullicio y la turbamulta copaban la ciudad), en la miniserie de 1967 la epidemia es sinónimo de soledad: la pandemia genera un vacío, el silencio de la muerte domina sobre el alboroto. También el silencio preside, en plano fijo, cómo una madre sostiene en brazos a su hija muerta.

Imagen 8.14.

En relación con este punto, no se exhiben las reliquias de san Carlos como en la versión anterior. Únicamente hay una breve procesión en el Lazareto, cuando el padre Cristóforo sostiene una cruz a su paso entre los enfermos. Por ello, la miniserie se distancia de la exhibición de multitudes entusiasmadas ante el paso de las autoridades y apenas ocupa unos segundos de metraje. Por otra parte, los enfermos y la situación sanitaria del Lazareto ocupan un rol ínfimo en la trama, pues tiene como foco un extenso diálogo entre Renzo y Lucía en cuanto éste la descubre en el recinto.

Bajo esta premisa de literalidad en los diálogos con respecto a la novela, y en planos preferentemente fijos, los dos protagonistas dan cuenta del futuro de su noviazgo y del voto a la Virgen profesado por Lucía (asesorados por fray Cristóforo) durante casi 20 minutos de metraje. En cuanto concluye su conversación, se desata una breve tormenta, de función meramente conmemorativa para ejercer de transición con el epílogo, ampliamente desarrollado y, de nuevo, plenamente fiel al texto literario.

Imagen 8.15.

1.5. La peste en *Renzo e Lucia* de Francesca Archibugi (2004)

La última adaptación de la novela de Manzoni llevó por título *Renzo e Lucia*, y comprendió una miniserie de dos capítulos que se estrenó en el Canal 5 en 2004. Los dos novios protagonistas fueron interpretados por Stefano Scandaletti y Michela Macalli. El advenimiento de la peste tiene lugar en el segundo capítulo.

A diferencia de las obras anteriores, la pandemia apenas es trascendente en el desarrollo del relato. Su función es más contextualizadora que dramática, supone un marco en el que los personajes puedan desenvolverse, pero los acontecimientos que supuestamente se derivan de la pandemia no dan lugar a giros dramáticos con repercusión.

En este caso, la peste entra en escena sin secuencias precedentes acerca de las tropas extranjeras. Por tanto, no se incide en la situación calamitosa que atravesaba la región de Lombardía: la carestía y la invasión de ejércitos extranjeros, por lo cual la peste no es la puntilla a una situación de por sí desfavorable.

En cuanto se suceden los primeros contagios, sí queda en evidencia la actitud política de la aristocracia milanesa. Ante la advertencia del "riesgo de pandemia", el conde responde que cualquiera que hable de la peste será inmediatamente arrestado. A ello se le une la citada manipulación del lenguaje para ocultar la realidad: "No lo menciones". Sin mención a la peste, parece que no existe.

Imagen 8.16.

La esposa de don Ferrante, a su vez, es un ejemplo de cómo una persona sin formación puede dejarse influir por la manipulación de los científicos expertos: "Mi marido dice que es científicamente imposible que la peste se transmita por contacto, a menos que sea el de una espada. También dice que la epidemia es culpa toda de una diabólica conjunción astral. Pero aquí tenemos una gran biblioteca y estamos protegidos de toda superstición".

Estos ejemplos dan muestra de que la principal preocupación del filme es situar la pandemia como un marco en el cual una serie de personajes rivalizan por cuestiones políticas, pero no da cuenta de los estragos de la pandemia: no hay conflictos en torno al contagio en las familias, los cadáveres no son recogidos ni hay médicos evaluando pacientes ni dolor en las casas. Sí debemos reseñar un plano de una madre sosteniendo a su hija fallecida, como sucede en las películas anteriores.

Imagen 8.17.

No obstante, permea la sensación de que la pandemia se observa como un espectador imparcial y lejano. Además, desde el punto de vista dramático, también se diferencia de las otras versiones en su resolución. Si en las anteriores Renzo decidía, voluntariamente, acometer el *descenso a los infiernos*, es decir, dirigirse a sabiendas al Lazareto para buscar a Lucía, aun corriendo el riesgo de enfermar y contagiarse, no sucede así en esta miniserie. Aquí, Renzo enferma, y por ello es automáticamente trasladado al Lazareto, donde, casualmente, se encuentra con Lucía.

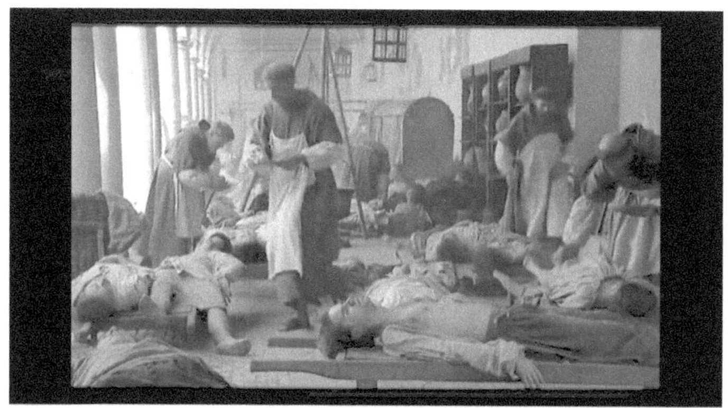

Imagen 8.18.

El clímax del relato, de este modo, queda en una feliz casualidad, pero no en una voluntaria decisión de arriesgar la vida por un bien mayor. También la lluvia emerge, en una suerte de *deus ex machina*, como catalizador que pone fin a la pandemia.

Imagen 8.19.

A diferencia de las obras anteriores, no obstante, continúa el relato extensamente dando cuenta de la unión entre Renzo y Lucía, así como una secuencia que muestra su vida de casados años después, con dos hijos.

Conclusiones

Tras analizar inicialmente la novela *I promessi sposi* y, posteriormente, cuatro de sus adaptaciones audiovisuales, estamos en condiciones de ofrecer algunos resultados. En primer lugar, según el momento histórico de su realización, cada película es más o menos sensible a cada uno de los aspectos que trae consigo una pandemia. La versión de 1922 incidió más en la carestía, en el traslado de enfermos y en las consecuencias que tuvo la epidemia en la población. La de 1941, en la unidad del pueblo bajo un liderazgo firme para superar las dificultades. La de 1967, más didáctica, se interesó más en ofrecer una lectura literal de la obra de Manzoni e incidió en la soledad que genera la enfermedad. Por último, la versión de 2004 utilizó la peste como un mero marco en el cual desarrollar intrigas políticas, pero sin trascendencia narrativa de la epidemia.

En segundo lugar, y a su vez conectado con lo anterior, cada película es representativa de las tendencias cinematográficas de su tiempo, aprovechando tales estilos para recrear la pandemia, aunque se observa especialmente en las versiones de 1941 y 1967. En la obra de Camerini de 1941 la estética *kitsch* de amplios planos generales, *travellings* y exhibición de multitudes está al servicio de la narración, así como el desnudo para recrear la belleza del cuerpo humano. La de 1967, por su parte, no da rienda suelta a los recursos propiamente audiovisuales, que quedan a merced del texto de Manzoni: extensos monólogos de los personajes, narración con voz en off y largos silencios para que el ambiente exprese.

Pese a todo, como última conclusión, en todas las adaptaciones audiovisuales hay una serie de elementos simbólicos de carácter universal, como son la imagen de una madre fallecida sosteniendo en brazos a su hijo y la lluvia como elemento purificador que propicia la resolución de la historia.

Referencias

Fumagalli, Armando, *L'adattamento da letteratura a cinema*, Chicago, University of Chicago Press, 1999.

Manzoni, Alessandro, *Los novios*, Madrid, Rialp, 2020.

Peña-Ardid, Carmen, *Literatura y cine*, Madrid, Cátedra, 1999.

Sánchez Noriega, José Luis, *De la literatura al cine*, Barcelona, Paidós, 2000.

Tognotti, Eugenia, *La spagnola in Italia. Storia dell'influenza che fece temere la fine del mondo*, Milán, Franco Angeli, 2002.

CapÍtulo 9

Covid en Italia, propuesta iconológica

Pablo Zambruno
pabloszambruno@yahoo.it

Introducción. El uso de símbolos para expresar la realidad

Tomo en consideración dos momentos emblemáticos de la historia, el anterior al año 1000 y el contemporáneo de la peste negra, para evaluar cómo se perciben humanamente las situaciones extremas y, al mismo tiempo, cómo se transmiten los cambios de época provocados por las calamidades, desde el punto de vista de las artes plásticas. Para ello, parto de algo universal y transversal, es decir, los símbolos. En primer lugar, debemos comenzar por afirmar que las formas representativas dicen más de lo que representan. Además, hay que añadir que tienen un poder formativo, transmitiendo conceptos que, además de expresar la idiosincrasia de una población, pueden transmitir imperativos de comportamiento.

Cada civilización ha hecho uso de símbolos, tanto a través de la arquitectura como de las artes visuales, para plasmar en el alma de sus súbditos lo que los gobernantes querían imprimir. Piénsese, por ejemplo, en la arquitectura constantiniana: cómo la majestuosidad y el brillo de las basílicas imperiales eran vehículos de lo que el emperador intentaba identificar entre el imperio y su *Rex*.[1]

Por lo tanto, debe recordarse que el hombre es *un animal simbólico*. En efecto, el uso de símbolos es necesario no sólo para imprimir una determinada característica social, sino también para expresar la experiencia

---

[1]   Carl Jung, *L'uomo e i suoi simboli*, Milán, TEA, 2011, 74-77.

poética, espiritual, especialmente en determinadas situaciones que prevalecen sobre la comprensión inmediata del hecho acontecido y vivido, cuando la cotidianidad queda superada. Además, el lenguaje simbólico es connatural al hombre, ya que se remonta a los orígenes mismos del lenguaje. Su estudio sistemático, en cambio, es mucho más reciente, por lo que para muchos es una novedad. Sólo con el progreso de la psicología se ha podido intentar una mejor definición acerca de qué es la actividad simbólica y el significado profundo del lenguaje simbólico.[2]

Pero el uso más significativo del lenguaje simbólico ocurre cuando una realidad, que ya tiene su propio significado, conduce al espíritu hacia otra realidad correspondiente pero oculta. A esto me referiré en la segunda parte de mi trabajo, tomando en consideración lo que se representa hoy en Italia para enfrentar la pandemia. Pero aquí mismo surge el problema: cada símbolo remite a un contenido sensible ofrecido a la conciencia. Cada símbolo encuentra su significado sólo gracias a la actividad de la conciencia y depende tanto de las experiencias individuales como del lenguaje transmitido por el entorno cultural.

En cuanto a los artistas, al querer representar estas experiencias, quedan mucho más cerca de la conciencia integradora, porque, por su propia naturaleza, el arte supone una correspondencia entre la experiencia vital confrontada con el sentido de la vida; se da cuenta de ello y lo expresa. En esta perspectiva florece el mito, hasta convertirlo en un símbolo propiamente dicho. Además, la conciencia simbólica se encuentra así a medio camino entre la conciencia mítica y la reflexiva.[3]

Finalmente, hay que recordar que el lenguaje simbólico, a pesar de todo, es susceptible de ambigüedad. No obstante su ambición de querer adherirse a la experiencia vital hasta tal punto que acaba confundiéndose con un lenguaje absoluto. Además, en tanto el símbolo también se sitúa en el lado reflexivo de la escisión con el mundo, no puede sorprender que se

---

[2]   Charles Bernard, *Teologia simbolica*, Roma, Paoline, 1984, 21-25.

[3]   *Ibidem*, 25-30.

degrade en alegoría. Ésta surge cuando la expresión reflexiva, previamente conceptualizada, busca un material simbólico en el cual encarnarse.[4]

1. Comparación arte-símbolo-religión

En el arte y la religión, la preocupación dominante es siempre dar a la vida ordinaria un sentido trascendente. Para este propósito se hace del símbolo un recurso. En este sentido, nuestros antiguos no creían que la elección de los temas fuera indiferente. Sobre esto y dado que me referiré al año 1000 y a la peste negra, hay que aclarar que, en la Edad Media, toda forma era el hábito de un pensamiento. Parece que trabaja dentro de la materia y le da forma, evitando cualquier pretensión nominalista. La forma no puede separarse de la idea que la crea y la anima, porque la forma es un concepto universal encarnado, que refiere la especie que representa. Por eso, toda obra medieval nos interesa, aun cuando su ejecución sea imperfecta, porque percibimos en ella algo que se asemeja a un ser compuesto de cuerpo y alma.[5]

Quizá por eso la estética medieval es también metafísica. Lleva irresistiblemente al simbolismo: si la belleza no es otra cosa que el esplendor de la Forma, la Ley, la Esencia, la Especie y la Unidad sobre la materia que irradia por dentro y resplandece por fuera, manifestando la apariencia sensible que sólo puede ser el símbolo de un principio simple, inmaterial y metafísico, trascendente, que se revela en el ocultamiento de la forma.

Por tanto, el simbolismo medieval tendrá la característica de ser a la vez teológico y filosófico; ama su imagen, pero busca una justificación racional, algo que, pasando de la razón, de la realidad, eleve al hombre hacia esa Realidad definitiva en la que se oculta la imagen. Dios creó las cosas a su semejanza, por lo que es natural que cuando contemplamos las formas, descubramos en ellas las "huellas" (*vestigia*)[6] de la Belleza, la Sabiduría y

---

[4]   *Idem.*

[5]   Pablo Zambruno, *La bellezza che salva*, Nápoles, EDI, 2008, 15-18.

[6]   Buenaventura de Bagnoregio, *Itinerario mentis in Deum*, I, 6, Madrid, BAC, 1976.

el Arte divinos, éste es el principio constante. Los filósofos lo confirman: el efecto lleva necesariamente la impronta de la naturaleza de la causa.[7]

Si esto es pura Identidad, las formas serán bellas en la medida en que se acerquen a la unidad en su composición, serán bellas si pueden reflejar su propia esencia, siendo idénticas a sí mismas. El artista medieval fue quien captó el principio manifestado en el universo, incluyendo el momento histórico, un verdadero lugar teológico.[8] Si Dios es Luz absoluta, las criaturas recrean la vista y despiertan el amor por el Creador, en la medida en que sus tinieblas se iluminan con color y esplendor. Si Dios es Forma, todo lo que es bello es también *formosus* ("hermoso"), en la medida en que la forma brille en el compuesto armónico. Por tanto, todos los sistemas estéticos de la Edad Media son simbolismos.[9] Si los acontecimientos, buenos o malos, son permitidos por Dios para llevarnos a Él, los momentos son siempre interpretados y manifestados a través de la mirada de la fe que lleva inexorablemente hacia el Señor de la historia.

Hay, como mencioné anteriormente, dos momentos paradigmáticos en la historia del arte medieval, en los que los acontecimientos sociales tienen un impacto notable en las obras arquitectónicas y artísticas. En ambos, tanto en torno al año 1000 como en la peste negra, habrá una llamada a la vida sobria, manteniendo la mirada fija en la aparición de la llamada de la muerte, invitando al hombre a poder mirar más allá.

1.1. El año 1000

Para evaluar la principal característica de este periodo, bastaría echar un vistazo a las traducciones latinas del Pseudo Dionisio, autor que tuvo el prestigio de ser considerado, antes de la prueba hermenéutica realizada por Lorenzo Valla, como aquel Dionisio convertido al cristianismo por san Pablo en el Areópago y quien, por tanto, gozó de autoridad apostólica hasta Valla. En cuanto al *Corpus Dionisyacum*, podemos añadir que está en Occidente

---

7   "Omne agens agit sibi simile", Tomae Aquinatis, *De Potentia*, 7, 5, Bolonia, EDI, 2003.

8   Melchor Cano, *De locis teologicis*, Madrid, BAC, 2001.

9   Pablo Zambruno, *La bellezza...*, 38-41.

desde el siglo VIII, habiendo sido traducido al latín por primera vez por Ilduino, abad de Saint-Denis. Como esta traducción era muy difícil de leer, se hizo otra más tarde, de la mano de Juan Escoto Eriúgena.

Lo que nos interesa de nuestro tema es que en todas las traducciones encontraremos en lugar de "belleza", *kalós*, el concepto de *bonum*. Me refiero a esto porque, en el contexto en que se realizan las traducciones latinas, especialmente la segunda, existirá la sombra milenarista-apocalíptica que afectará a toda la sociedad. Esto porque, ante las amenazas de un inminente fin del mundo, la belleza podría inducir a la humanidad a la voluptuosidad y así sumergir al hombre en la perdición. Además, siempre alrededor de este periodo, los desastres fueron juzgados como una verdadera venganza divina. Evitar la ira de Dios con una vida sobria fue también el propósito inducido por el sentido moral sobre el estético.

Este antecedente tendrá también una referencia en otra traducción hecha sobre otro "argumento de autoridad" y es el de la Biblia. Sobre la belleza, debemos ante todo saber que la palabra "bello", *kalós*, aparece con frecuencia en la versión de los Setenta, es decir, en la versión griega de la Sagrada Escritura. El Génesis y el *Libro de la sabiduría* abundan en conceptos estéticos; el *Cantar de los cantares* y, aunque mucho menos, el *Eclesiastés* (*Qoelet*) y el *Eclesiástico* (*Siracide*) también tratan de la belleza. Ya en los primeros versículos del Génesis encontramos una afirmación que, en la cosmovisión del mundo como reflejo de la belleza divina, es de enorme importancia. Contemplando el universo que Él creó, Dionisio juzga el resto de las obras; el Génesis dice: "Dios vio lo que había hecho, y he aquí, era muy hermoso-bueno"; la frase se repite en varias ocasiones (1,4.10.12.18.21.25.31).

Los traductores de la versión de los Setenta han introducido en la Biblia la noción griega de la belleza del mundo. En cambio, el término no entró en la versión latina de la Biblia, ya que en la Vulgata *kalós* se traduce por *bonum* y no por *pulchrum*, aunque se mantuvo en la cultura medieval. Por lo tanto, debe aclararse que ésta es una de las razones del matiz moral que asume el término *kalós* en el pensamiento occidental.[10] Siendo así, lo que parece ser una estética bíblica es en realidad de origen griego, y entró en la Escritura por la influencia del mundo antiguo y su traducción del griego, pero al occidentalizarse pierde el sentido de la belleza expresado como perfección, en detrimento del sentido moral.[11] Por tanto, la desconfianza hacia la belleza estará inspirada por el reconocimiento de una realidad estética nociva para el hombre, porque comporta voluptuosidad, siendo transmutada, en la mística medieval, en la contemplación de las Escrituras o en el goce de los ritmos interiores del alma en gracia.

1.2. Los "castigos de dios" (*flagella dei*)
El herpes zóster o "fuego de san Antonio"

¿Qué pasó entonces alrededor del 1000? Un mortífero fuego comenzó a devorar gran número de víctimas, tanto entre la gente acomodada como entre las clases medias y bajas del pueblo; perdonó a algunos, mutilados en partes de sus extremidades, como ejemplo para las generaciones posteriores. Al mismo tiempo, la población de casi todo el mundo sufrió una hambruna, debido a la escasez de vino y trigo. Ya en el 997, afectados por una epidemia similar, el fuego de san Antonio, los pueblos habían encontrado un único apoyo, los poderes sobrenaturales encerrados en los relicarios. En aquel tiempo se ensañaba entre los hombres un terrible flagelo, esto es, un fuego oculto que, al tomar un miembro, lo consumía y lo desprendía del cuerpo; la mayoría, en el espacio de una noche, fueron completamente devorados por la aterradora combustión.

Se encontró un remedio para esta terrible plaga, en las tumbas y altares de numerosos santos.[12] Por tanto, frente a las novedades y a los flagelos, la referencia a la sobriedad expresada en el arte románico tiene una precisa comparación con la referencia a lo que es esencial y suficiente en el hombre para salvar su alma. La traducción artística de esta referencia se encuentra,

---

[10]   *Ibidem*, 26-30.

[11]   *Ibidem*, 14-15.

[12]   George Duby, *L'anno mille*, Milán, Einaudi, 2001, 90.

por ejemplo, en la reconstrucción de ventanales en iglesias románicas.[13] Heredero de la arquitectura paleocristiana, el románico había llevado a cabo la técnica de los arcos de descarga constantinianos, permitiendo que los edificios de culto recibieran luz en los ventanales situados en las estancias superiores de los edificios. Aunque la Revelación nos dice que "Dios es Luz" (1 Jn 1, 8), la luz podría sustraer al hombre de la presencia de Dios, a través de la voluptuosidad. Siguiendo a Dionisio entonces, la luz es un elemento *pulchrifico*[14] (es decir, "que tiene la capacidad de hermosear") y, por tanto, potencialmente riesgoso para el hombre, porque la belleza puede ser portadora de vanidad (Cf. Qo 1,1).

2. La peste negra

Dando un salto de época, me detengo a evaluar cómo el tema de la muerte se presentó ante la generación de 1348, con una agresividad y ferocidad hasta ahora desconocida, fascinando a artistas y a quienes les hacían los encargos. Durante mucho tiempo, fue indiscutible que el famoso fresco conocido como *El triunfo de la muerte*, que se encontraba en el cementerio de Pisa (severamente dañado durante la Segunda Guerra Mundial), representó una primera e inmediata reacción del arte figurativo a la peste negra, sobre todo porque la escena también estaba relacionada con una representación del Juicio Final y una *Tebaida*.

Sin duda fue un impresionante *Memento mori* ("recuerda que morirás"). Con la apariencia de una anciana, la muerte avanzaba hacia un grupo de jóvenes que se entregaban al juego y al canto bajo un delicioso bosquecillo. De repente y sin medias tintas se enfrentan a la fugacidad de la vida. En una roca, ángeles y demonios luchan por las almas de algunos difuntos, cuyos cadáveres yacen debajo de ellos. La parte izquierda del fresco muestra el encuentro fortuito de una alegre partida de cazadores y tres

---

[13]   Paolo Piva, "Lo Spazio Liturgico", en *L'arte Medievale nel Contesto*, Milán, Jaca Book, 2019, 141-181.

[14]   Pablo Zambruno, *La bellezza...*, 14-15.

muertos dispuestos en el ataúd, en el que se distinguen serpientes con lenguas de movimientos impredecibles, imagen de las *Vanitas* que luego se hizo frecuente.

La *Tebaida*, por su parte, muestra la contrición de los ermitaños egipcios que durante toda su vida se preparaban para la muerte, mediante la ascesis y una constante actitud de vida en la presencia de Dios. Estas escenas van acompañadas del juicio universal y una representación del infierno. Los frescos, que hoy se atribuyen a Buffalmacco, cuya ubicación ya no es la original, alguna vez marcaron el camino del cortejo fúnebre desde la catedral de Pisa hasta la capilla del cementerio. Sin duda representaron una advertencia eficaz, con tonos incluso intimidatorios, conocida por todos los habitantes de la ciudad. Su origen se remonta a mediados del siglo xiv, y por ello era natural que estuvieran relacionados con la peste.[15]

Pero, según las investigaciones actuales, esta manifestación artística quiso asemejarla a nuestra época. De hecho, las crisis económicas, los aumentos de precios y las guerras en curso que acompañan las primeras décadas del siglo xiv, la base de la iconografía artística hasta su derrumbe en 1348 estuvo marcada por una fuerte religiosidad, a diferencia de la actual, que es entonces cuando se conocerá como *Ars moriendi*, haciéndola pronto ganar una posición de liderazgo en el arte de ese periodo.[16]

En todo esto, la peste no representó una verdadera ruptura, ¡de hecho, este motivo temático ya no pudo fortalecerse artísticamente después de 1348! Desde un punto de vista iconográfico, entre Buffalmacco (1338) y *El triunfo de la muerte*, por ejemplo, de Orcagna en *Santa Croce*, hacia 1345, no hay diferencias. Es sólo el preludio de lo que será el final de un periodo. Sin embargo, ciertas escenas de la vida cotidiana durante la peste, descritas en la literatura y que no han entrado en el arte figurativo, pueden confundirnos. El intenso interés por la muerte ya antes de 1348 contrasta con el fenómeno para el cual la peste en la pintura de la segunda mitad del siglo no dejó ejemplos específicos, a pesar de la constante recurrencia de epidemias.

---

[15]   Klaus Bergdolt, *La peste nera*, Milán, Piemme, 1996, 330-331.

[16]   Johan Huizinga, *Autunno nel medioevo*, Milán, bur, 2001, 354.

Quizá la experiencia de la muerte era demasiado común para ofrecer nuevos impulsos a la iconografía casi exclusivamente sagrada.[17] Si bien en realidad se desconocía por completo el origen de la peste, el hombre medieval vio detrás de ella demonios, culpables y responsables de los flagelos que padecía el hombre. Este tema también aparece en representaciones posteriores de la plaga,[18] quizás inspirándose en el capítulo 16 del Apocalipsis, en el que los ángeles derraman siete copas sobre los hombres que simbolizan la ira de Dios.

A modo de conclusión de esta referencia artístico-epocal, irrumpe en la conciencia cuán diferentes son los estilos propuestos a raíz de las mencionadas pandemias. Así, el románico fue superado por el gótico que, con sus arcos de descarga en los muros, deja entrar la luz en el templo, transformando los mismos muros en delgadas ventanas y transfigurando el lugar.[19] En esta superación arquitectónica hay un predominio de la razón en la acción humana, pero iluminada por la fe, sin oposición entre ellas. No habrá, por tanto, una visión alegórica del mundo. Más complejo será el despertar operado en el periodo inmediato a la peste negra, conocido como Renacimiento, sobre el que mucho se ha escrito y, en mi opinión, el debate sigue abierto. Sobre este tema sólo me gustaría mencionar que la fuerza del cambio artístico-arquitectónico está dada por la proporción.[20] No tendrá, como en el gótico, a la divinidad como medida de las cosas, sino al hombre, la medida de todo, como Leonardo lo representa retomando a *Vitruvio*.

3. Covid 2019. Propuestas iconológicas

Esta parte tiene la finalidad de hacer una lectura iconológica de lo que se presentó en Italia a través de imágenes relacionadas con la pandemia. La

---

[17]   Klaus Bergdolt, *op. cit.*, 331.

[18]   Como, por ejemplo, en las pinturas del Bosco.

[19]   Pablo Zambruno, *La bellezza...*, 128-131.

[20]   *Ibidem*, 132-137.

lectura iconológica significa, siguiendo a Cesare Ripa (1555-1622),[21] autor del tratado de *Iconología*, realizar un método icónico de discernimiento, descubriendo conceptos morales abstractos ocultos en las imágenes. En cambio, el modelo histórico-artístico presentado en la primera parte de nuestro trabajo indica el camino hermenéutico seguido para comentar lo que sigue, esto es, que toda forma es imagen de un pensamiento.

4. Pandemia y guerra

Así, la Italia en peligro era ayudada por nuevos "héroes", el personal sanitario.

Imagen 9.1.

Desde el principio, la pandemia se presentó de manera similar a un conflicto bélico.

Imagen 9.2.

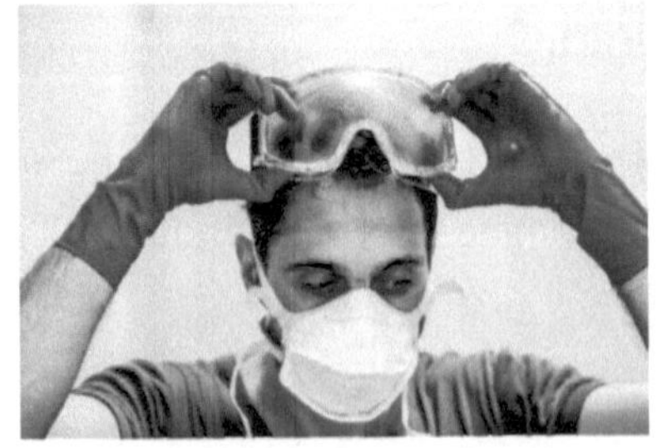

El rostro agotado de este médico, la mirada cansada y la marca de la visera se conjugan en lo que se presentará como modelo paradigmático en la lucha contra el covid-19.

Imagen 9.3.

---

21   Cesare Ripa, *Iconologia*, Turín, Einaudi, 2012, 7-13.

Los partes médicos diarios (imagen 9.2) eran semejantes a los que se daban en tiempos de conflictos bélicos. Se esperaba con ansiedad el momento en que se informaba el número de muertos e infectados, como si se comunicaran las cifras de los caídos y heridos. Además, en el desfile militar para celebrar el surgimiento de la República, en la Via dei Fori Imperiali, en Roma, junto a las Fuerzas Armadas italianas desfilaron médicos y enfermeros puestos en primera línea en la lucha contra el covid-19.[22]

Respecto al tratamiento de los muertos, me pregunto si, para transportar a los difuntos por el virus, era posible utilizar los medios comunes con que cuenta una funeraria. ¿Por qué se transportan ataúdes en camiones militares? ¿Es también accidental el hecho del anonimato del difunto? Este hecho todavía causa mucho dolor a los familiares de las víctimas, es decir, no haber podido despedir a sus seres queridos, así como sucede con los muertos en guerras enterrados en fosas comunes.

Imagen 9.4. Uno de los largos cortejos de carros militares
camino al crematorio.

---

[22] Disponible en ‹https://www.agi.it/cronaca/news/2022-06-02/abbraccio-medici-sanitari-parata-2-giugno-16956010/›, consultado el 14 de junio de 2022.

Imagen 9.5. En Cervignano y Gemona camiones militares con ataúdes para la cremación. *Transporte con vehículos militares desde Lombardía.*

Imagen 9.6. General Figliuolo en Padua: "La vacuna es la única arma que tenemos". *El comisionado extraordinario para la emergencia de covid visitó hoy el Hospital Militar. En esta ocasión para hacer un balance de la campaña de vacunación.*

Hacia el rescate (imagen 9.6), la vacuna: ¿será casual que se haya elegido a un general para dirigir la lucha contra el covid?

Llamarla la única "arma", incluso vivir con tantas limitaciones de movimiento, abastecimiento de alimentos, horarios, además de lo que hemos dicho, lleva a vivir en un estado de tensión donde la "bala" invisible del virus puede golpear de repente y donde el chaleco antibalas es también el arma para golpear al enemigo: la vacuna.

Sobre la llegada de la vacuna: he aquí cómo presentaron la vacuna y cómo llegó a los centros de vacunación. La escolta con vehículos blindados de los carabinieri no está fuera de lugar en este contexto (imagen 9.7).

Imagen 9.7. Furgonetas escoltadas por los carabinieri también entregaron las dosis destinadas a los centros de Puglia y Baslicata.

4.1. Excurso: una visita "inquietante"

Como se sabe, Italia fue una de las naciones más afectadas por el virus. Sin embargo, parte de las investigaciones anticovid en suelo italiano fueron realizadas por los rusos, quienes, en una operación denominada "De Rusia con amor", tomaron muestras del virus, en una región golpeada por la pandemia. Dada la guerra

Imagen 9.8. Miozzo listo para Copasir: "Lo que querían los rusos en Italia".

Nota del Editor: el Comité Parlamentario para la Seguridad de la República (Copasir) es un organismo del Parlamento italiano encargado de supervisar las actividades de las agencias de inteligencia italianas (https://en.wikipedia.org/wiki/COPASIR).

en curso entre Rusia y Ucrania, que también puede involucrar a países miembros de la Organización del Tratado del Atlántico Norte (OTAN), nos preguntamos por qué justamente las muestras se tomaron en esa región y en ningún otro lugar, conociendo la proximidad del aeropuerto militar de Ghedi.[23]

Conclusión

Hemos tomado como modelos dos cambios de época marcados por pandemias. El primero hacía un llamado a la fe para alejar los males y las desgracias presentes, tratando de atraer la atención del hombre hacia Dios, alejándolo de los placeres mundanos en un fuerte llamado a la interioridad. En el segundo periodo de la pandemia, vimos cómo también queríamos reconsiderar el final de la vida en una perspectiva trascendente, recordando también la sobriedad a través de la consideración de la muerte que podría golpear repentinamente.

Por lo que les he compartido, la perspectiva actual, en mi opinión, es sólo vida biológica por salvar, sin perspectiva de trascendencia. Los caídos no tienen ni siquiera un nombre, tienen una fosa común como su hogar eterno, donde fueron depositadas sus cenizas, pero, de lo que sucede después, ni rastro. La vida biológica será el bien por conservar porque, según la perspectiva señalada, la única certeza es lo que sucede bajo el sol. A diferencia de los otros periodos señalados, en el nuestro no hay referencias a Dios, ni siquiera se señala la vida como un don del que debemos dar cuenta.

Así, en mi opinión, se justifica la "guerra" contra este enemigo invisible que, a pesar de las expectativas filantrópicas en boga, tiende a ver al prójimo como un potencial "contagiador" y al Estado como el principal aliado en el que confiar al ciento por ciento, como un buen soldado hace con su general. No es casualidad en esta perspectiva que se exigiera el uso de mascarillas en la escuela, no porque ahora sean necesarias para la lucha

---

[23]   Disponible en <https://www.corriere.it/politica/22_maggio_25/missione-covid-russi-scienziate-dati-sanitari-spallanzani-3782c5f0-dbac-11ec-bcd4-cfa7afd043fb.shtml>, consultado el 14 de junio de 2022.

contra la pandemia, sino porque las mascarillas tienen un valor "educativo".[24] ¿Será éste el comienzo de lo que escribió Michel Foucault en *Vigilar y castigar*? ¿Se puede considerar el pasaporte verde (*green pass*) como una herramienta para controlar, medir, clasificar a los individuos regidos por el panoptismo? ¿Será éste el modelo social pospandemia? Esto lo responderán las futuras generaciones: *Ai Posteri l'ardua sentenza*.

Referencias

AQUINATIS, Tomae, *De Potentia*, 7, 5, Bolonia, EDI, 2003.

BERGDOLT, Klaus, *La peste nera*, Milán, Piemme, 1996.

BERNARD, Charles, *Teologia simbolica*, Roma, Paoline, 1984.

BUENAVENTURA DE BAGNOREGIO, *Itinerario mentis in Deum*, I, 6, Madrid, BAC, 1976.

CANO, Melchor, *De locis teologicis*, Madrid, BAC, 2001

DUBY, George, *L'anno mille*, Milán, Einaudi, 2001.

HUIZINGA, Johan, *Autunno nel medioevo*, Milán, BUR, 2001.

JUNG, Carl, *L'uomo e i suoi simboli*, Milán, TEA, 2011.

PIVA, Paolo, "Lo Spazio Liturgico", en *L'arte Medievale nel Contesto*, Milán, Jaca Book, 2019.

RIPA, Cesare, *Iconologia*, Turín, Einaudi, 2012.

ZAMBRUNO, Pablo, *La bellezza che salva*, Nápoles, EDI, 2008.

---

[24] Disponible en ‹https://lanuovabq.it/it/la-mascherina-educativa-e-il-de-profundis-della-scuola›, consultado el 14 de junio de 2022.

CAPÍTULO 10

Interpretaciones sobre la peste en fuentes historiográficas tardoantiguas

Nelu Zugravu
nelu@uaic.ro
Centro de Estudios Clásicos en Creştine, facultad de historia,
Universidad "Alexandru Ioan Cuza", Iaşi, Rumania

Traducción del rumano: Nicoleta Paulina Ene

El 20 de mayo de 2022, el sitio Ephemeris Nuntii Latini Universi daba a conocer una información alarmante: "Post morbi coronarii longissimam pestilentiam novum malum in Europam pervenire potuit... simiarum Africarum pustulae enim nationes Europaeas iam contaminavisse comperiuntur, quarum morbo affecti in Britannia, Francogallia, Hispania, Germania Italiaque assidue numerantur". Aunque se especificaba que la *nova pestilentia* no tenía ni el poder de transmisión, ni la violencia, ni las graves consecuencias de la "enfermedad china" (*morbus Sinensis*),[1] la perspectiva de una nueva crisis sanitaria, cuando la pandemia por el coronavirus aún no acaba, y los efectos de sus múltiples traumas aún se están sintiendo, debe haber parecido siniestra de verdad para muchos. La catástrofe que la humanidad acaba de pasar presenta muchas similitudes con las plagas vividas por otra sociedad globalizada —la romana—, caracterizada por un punto de vista médico como lo que algunos eruditos llaman *unificación microbiana* o "globalización" de los bacilos y de las bacterias".[2]

---

[1] Disponible en ‹https://www.facebook.com/groups/488849804621789/permalink/2090529147787172›.

[2] Enrique Gozalbes Cravioto e Inmaculada García García, "La primera peste de los Antoninos (165-170). Una epidemia en el Roma Imperial", *Asclepio*, 59/1, 2007, 17.

Las epidemias o pandemias que se manifestaron en el imperio romano generaron simultáneamente, como hoy también, crisis colectivas y muchos dramas individuales: las pérdidas de vidas humanas fueron acompañadas por la caída de algunas instituciones y mecanismos político-jurídicos tradicionales, y por la aniquilación de algunos marcadores de la identidad humana.[3] Contribuciones cuyo número explotó en los últimos dos años se concentraron en análisis comparativos de los contextos epidémicos o pandémicos romanos (y no sólo) con la catástrofe sanitaria generada por el covid-19, trayendo a la luz tonos desconocidos de los fenómenos antiguos,[4] asociados con predilección hasta hace poco a los momentos de crisis política e institucional de Roma.[5] El título de una recién, extremamente incitante y muy cuestionada obra de Kyle Harper lo demuestra completamente: *The Fate of Rome: Climate, Disease, and the End of an Empire.*[6]

No es el estudio comparativo de las enfermedades antiguas ni el rol de éstas en la crisis del imperio romano lo que nos va a preocupar en las

---

[3]   Hunter H. Gardner, *Pestilence and the Body Politic in Latin Literature*, Oxford, Oxford University Press, 2019, 7-9.

[4]   Javier Espino Martín, "Pestes y pandemias en la Antigüedad. Visiones clásicas e interpretaciones modernas de las epidemias grecorromanas", *Estudios*, 135, 2020, 7-27; Andrés Sáez Geoffroy y Joel Parra Díaz, "De la Peste Antonina a la Peste de Cipriano: alcances y consecuencias de las pestes globales en el imperio romano en el siglo iii d. C.", *Revista Chilena de Infectología*, 37/4, 2020, 450-455; Antonio Capana, "Considerazioni storiche sulla peste e le epidemie (Antichità-Età Moderna), con particolare riferimento alla Campania: 'corsi e ricorsi storici' nelle iniziative pubbliche e private e nell'immaginario, tra fede e 'scienza'", *Salternum*, 24/44-45, 2020, 5-51; Pietro Li Causi, "Il virus, i classici, il corpo, le bussole", *ClassicoContemporaneo*, 6, 2020, 1-9; Riccardo Cardilli, "Emergenza e diritto. Il problema della dittatura romana", en *Istituzioni economia sviluppo. Vecchi e nuovi problemi*, Riccardo Cardilli, Mario Ciaccia y Cesare Mirabelli (eds.), Roma, Universitalia, 2020, 23-39; Arduino Maiuri, "Le pandemie nel mondo romano", *Humanitas*, 76/4-5, 2021, 673-682; Matteo Vigo, "Plague, Pandemics, and Divine Punishment among the Hittites", en *Covid-19 Pandemisinde. Disiplinlerarasi Butunlefik Afet Yonetimi Uluslararasi Çevrimiçi Sempozyumu - Inter-Disciplinary Integrated Disaster Administration on covid-19 Pandemic*, Özet Bilbdiri Kitabi. Abstract Book, Esmirna, Yardimcisi, 1 y 2 de abril de 2021, 14-22. Disponible en ‹https://www.academia.edu/76078613/›. Véase también *infra*.

[5]   Christer Bruun, "The Antonine plague and the 'third-century crisis'", en *Crises and the Roman Empire. Proceedings of the Seventh Workshop of the International Network Impact of Empire (Nijmegen, June 20-24, 2006)*, Olivier Hekster, Gerda de Kleijn y Danielle Slootjes (eds.), Leiden-Boston, Brill, 2007, 201-217.

[6]   John Haldon, Hugh Elton, Sabine R. Huebner, Adam Izdebski, Lee Mordechai y Timothy P. Newfield, "Plagues, climate change, and the end of an empire: A response to Kyle Harper's, *The Fate of Rome* (3): Disease, agency, and collapse", *History Compass*, 2018 [e12507]. Disponible en ‹https://doi.org/10.1111/hic3.12507›; Keyle Harper, *The Fate of Rome: Climate, Disease, and the End of an Empire*, Princeton-Oxford, Princeton University Press, 2017.

siguientes líneas. Vamos a intentar rastrear en los escritos de algunos autores latinos tardíos (siglos IV-V) con orientación exclusivamente pagana, sus perspectivas interpretativas avanzadas de lo que, a través de los términos *pestis, pestilentia, morbus, lues, contagium*, etcétera,[7] la historiografía contemporánea dedujo como la peste o, en todo caso, una enfermedad extremamente contagiosa. Una síntesis firmada por Dionysios Ch. Stathakopoulos[8] ofrece un catálogo exhaustivo de las epidemias manifestadas entre 284 y 750, pero éstas no van a constituir el objeto de nuestro interés.

Después de nuestro análisis hemos identificado las siguientes percepciones de la peste; para cada una de ellas vamos a ofrecer, en este capítulo, al menos un ejemplo significativo.

En primer lugar hay, por supuesto, una *interpretación médica* de la peste. Pero ese direccionamiento "científico", destacado por los tratados de medicina humana y veterinaria COMPILados en los siglos IV-V (Casio Félix, *De medicina*; Vegecio, *Digesta artis mulomedicinae*; *De curis boum epitoma*; Pelagonio, *Ars veterinaria*; Marcelo Empírico, *De medicamentis*),[9] o el compendio astrológico *Mathesis* de Fírmico Materno[10] no hacen el objeto de la presente investigación. Mucho más interesantes son sus ecos literario-historiográficos. Por ejemplo, en *Historiae abbreviatae* de Aurelio Víctor, redactada alrededor del año 360. En este resumen con fuertes acentos moralistas, donde el soberano es el criterio referencial para el análisis de la positividad o de la negatividad de los eventos sucedidos o de los aspectos morales manifestados en un contexto histórico, él considera que la peste (*pestilentia*)

---

[7] Jean-Marie André, "La notion de Pestilentia à Rome: du tabou religieux à l'interpretation préscientifique", Latomus, 39/1, 1980, 3-16; Michael Patrick Goyette, Roman Tragedy and Medicine: Language and Imagery of Illness in Seneca and Celsus, tesis del doctorado en filosofía, Graduate Faculty in Classics, Nueva York, The City University of New York, 2015, 38-126. Disponible en ‹https://academicworks.cuny.edu/gc_etds/950/›; Hunter H. Gardner, *op. cit.*, p. 17.

[8] Dionysios Ch. Stathakopoulos, *Famine and Pestilence in the Late Roman and Early Byzantine Empire. A Systematic Survey of Subsistence Crises and Epidemics*, Londres-Nueva York, Routledge, 2016.

[9] Para la medicina en la Antigüedad Tardía, véase Ada Lasheras González, "La medicina en la Antigüedad Tardía: una aproximación a partir de las fuentes escritas", en Joana Zaragoza Gras (coord.), *Ars Medica. La medicina en l'època romana*, Tarragona, Publicacions Universitat Rovira i Virgili, 2017, 11-37 DOI: 10.17345/9788484245865.

[10] Firm. Matern., *Math.*, I, 9, 1; II, 30, 8; VI, 11, 9; 15, 6; 15, 15; 15, 22; 32, 43 etcétera.

que hacía estragos en Roma en tiempos de Galieno (260-268)[11] era la consecuencia de rupturas internas desesperadas, de estados anímicos de máxima intensidad.

Si esa opinión "médica" se vuelve el eco de la teoría de los cuatro humores en la medicina de Hipócrates y Galeno,[12] es difícil de decir, pero podemos estar seguros de que fue un pretexto para interpretaciones de índole moral y política circunscritas a la idea de destrucción total: la enfermedad con consecuencias tan mordaces estaba asociada con la casi completa disolución, incluso en plano moral, del Estado romano y con el desastroso principado de Galieno: "Todas, decía Víctor, habían llegado… al último estado de degradación" (*cuncta ad extremum reciderant*).[13] El tono pronunciadamente retórico impreso en los elementos gramaticales introductorios de párrafos que describen sucesivamente, pero en una secuencia de discurso unitario, la miseria política (la disolución del imperio), epidemiológica (la peste) e institucional (la indolencia del soberano, *socordia tam ignavi ducis*)[14] son un fuerte argumento en ese sentido:

> Y así (*ita*) como si los vientos se hubiese[n] desatraillado con furia por todos lados, en el mundo entero las cosas grandes se desordenaron con las pequeñas, las insignificantes con las importantes (*parvis máxima, ima summis orbe toto miscebantur*). Siempre en ese entonces (*simulque*), andaba la peste en Roma (*Romam pestilentia grassabatur*) que surge con frecuencia después de unas inquietudes demasiado agobiantes y unas desesperaciones del alma (*quae saepe curis gravioribus atque animi desperatione*). En todo ese tiempo (*inter haec*), el emperador, vagando por las cantinas y los burdeles, ataba amistades con los chulos y los borrachos, acabando entre la misericordia de su esposa

---

[11] *SHA, Tr. tyr.*, V, 6.

[12] Javier Espino Martín, *op. cit.*, 17-20.

[13] Aur. Vict., *Caes.*, 33, 10.

[14] Aur. Vict., *Caes.*, 33, 17.

Salonina y al amor ilegítimo por la hija de Atalo, el rey de los alemanes, llamada Pipa.[15]

Con la valorización de Aurelio Víctor tomamos el paso hacia otra categoría interpretativa de la peste: la *política*. Apoyándose en datos recogidos de fuentes de los tiempos de la República o del imperio temprano, algunos autores tardíos hacen referencia a varios capítulos epidémicos, epidemias o pandemias, unos menos conocidos, otros con una desgraciada fama, como "la peste antonina" o "la peste de Galeno" (alrededor 165-180)[16] y "la peste de Cipriano" (*ca.* 249-270).[17] Interesante, en ese sentido, es el modo en el cual los respectivos autores percibieron y problematizaron las reacciones de las crisis epidémicas —aspecto que no es ni aleatorio ni tampoco insignificante.

La gestión correspondiente de una catástrofe humanitaria como la peste está vista como una prueba de la capacidad del emperador de ser *utilis, necessarius, efficax*,[18] y como una muestra de *pietas* en su calidad de *pa-*

---

[15] Aur. Vict., *Caes.*, 33, 4-6.

[16] Enrique Gozalbes Cravioto e Inmaculada García García, *op. cit.*, 7-22; los mismos autores, "Una aproximación a las pestes y epidemias en la antigüedad", *Espacio, Tiempo y Forma*. Serie II. Historia Antigua, 26, 2013, 74-76; Agustín Muñoz-Sanz, "Marco Aurelio Antonino (121-180 d. C.), filósofo y emperador de Roma, y la peste de Galeno", *Enfermedades Infecciosas y Microbiología Clínica*, 30/9, 2012, 552-559; Kyle Harper, *op. cit.*, 65-118; Rupert Breitwieser, "Pest und Provinz. Seuchen und ihre Auswirkungen auf das tägliche Leben", en *Marcomannic Wars and Antonine Plague. Selected essays on two disasters that shook the Roman World. Die Markomannenkriege und die Antoninische Pest. Ausgewählte Essays zu zwei Desastern, die das Römische Reich erschütterten*, Michael Erdrich, Balázs Komoróczy, Paweł Madejski y Marek Vlach (eds.), Brno-Lublin, Czech Academy of Sciences-Maria Curie-Skłodowska University, 2020, 17-22; Marek Vlach, "The Antonine Plague and impact possibilities during the Marcomannic Wars", en *Marcomannic Wars and Antonine Plague...*, 23-36; Péter Kovács, "Bemerkungen zur Bevölkerung Pannoniens im Zeitalter der Markomannenkriege", en *Marcomannic Wars and Antonine Plague...*, 37-42; Arduino Maiuri, *op. cit.*, 674-676; Mario Lorente Muñoz, "La 'Peste de Cipriano': la primera gran pandemia de la Antigüedad Tardía (249-270)", *Espacio, Tiempo y Forma. Serie II. Historia Antigua*, 34, 2021, 219-242 ‹DOI: https://dx.doi.org/10.5944/etfii.34.2021.28854›.

[17] Enrique Gozalbes Cravioto e Inmaculada García García, "La primera peste de los Antoninos...", 76-77; Kyle Harper, "Pandemics and passages to late antiquity: rethinking the plague of c. 249-270 described by Cyprian", *JRA*, 28, 2015, 223-260; los mismos autores, *The Fate of Rome...*, 136-158; Érica Cristhyane Morais da Silva y Belchior Monteiro Lima Neto, "A Praga de Cipriano (C. 249270 D. C.): una resposta política e social à pandemia", *Phoînix*, 26/2, 2020, 157-187; Arduino Maiuri, *op. cit.*, 676-677; Sabine R. Huebner, "The 'Plague of Cyprian': a revised view of the origin and spread of a 3rd-c. CE pandemic", *JRA*, 34, 2021, 151-174.

[18] *SHA, Gall.*, XV, 1.

ter patriae y de *pontifex maximus*.[19] En otras palabras, la reacción a la crisis epidemiológica es un indicativo del valor del soberano, de su integridad en los negocios internos del Estado —*sanctitas domi* como escribía sobre Trajano el autor anónimo del *Epítome sobre emperadores* al principio del siglo v.[20]

Así, "a la peste atroz" (*atrox pestilentia*) que estalló durante Trajano (98-117),[21] la epidemia (*pestilentia*) en tiempos de Adriano (117-138),[22] "a las plagas frecuentes" (*lues crebrae*) desatrailladas bajo Marco Aurelio (161-180),[23] incluso una peste (*pestilentia*)[24] violenta e atemorizadora (*tanta pestilentia,*[25] *tantus casus pestilentiae fuit,*[26] *pestilentia gravis*)[27] que resultó en miles de víctimas (*multa... milia*),[28] a los atroces estragos (*atrocius saeviente*) y sufrimientos (*aegrae*) producidos por la *pestilentia* y por otras enfermedades (*morbi*) surgidos bajo Hostiliano, Gallo y Volusiano (252-253),[29] a la peste violenta (*pestilentia tanta*) que devastaba el *orbis Romanus* con Gallieno (260-268),[30] los emperadores las encontraron —como a otras desgracias públicas (*areumnae publicae*),[31] con las cuales frecuentemente son asociadas en enumeraciones retóricas (*terrae motus, inundationes, incendia,*

---

[19]   *SHA, Claud.,* XI, 3.

[20]   Ps.-Aur. Vict., *Epit. de Caes.,* XIII, 4.

[21]   Ps.-Aur. Vict., *Epit. de Caes.,* XIII, 12. El episodio epidémico se produjo en Hatra, en la primavera del 117; cf. Dio Cass., LXVIII, 31, 4; Santiago Montero, *Trajano y la adivinación. Prodigios, oráculos y apocalíptica en el imperio romano (98-117 d. C.),* Madrid, Universidad Complutense de Madrid, 2000 (Gerión. Anejos, IV), 67-68, 78.

[22]   *SHA, Hadr.,* XXI, 5; Kyle Harper, *The fate of Rome: Climate, disease, and the end of an empire,* 89.

[23]   Amm., XXIII, 6, 24; Ps.-Aur. Vict., *Epit. de Caes.,* XVI, 3; también *supra.*

[24]   *SHA, Marc.,* XXVIII, 4.

[25]   *SHA, Marc.,* XIII, 3; Oros., VII, 15, 5.

[26]   Eutr., VIII, 12, 2.

[27]   *SHA, Marc.,* XVII, 2.

[28]   *SHA, Marc.,* XIII, 5; XVII, 2; Amm., XXIII, 6, 24; Geoff W. Adams, *Marcus Aurelius in the Historia Augusta and beyond,* Lanham/Boulder/Nueva York/Toronto/Plymouth, Reino Unido, Lexington Books, 2013, 97, 105-106, 125.

[29]   Aur. Vict., *Caes.,* 30, 2; Eutr., IX, 5: *Sola pestilentia et morbis atque aegritudinis notus eorum principatus fuit*; Ps.-Aur. Vict., *Epit. De Caes.,* XXX, 2; Zos., I, 26, 2; Oros., VII, 21, 5-6; 22, 3; también *supra.*

[30]   *SHA, Gall.,* V, 5-6; también Aur. Vict., *Caes.,* 33, 5; Eus., *HE,* VII, 22, 1 y 5; Zos., I, 36, 1; 37, 3; Oros., VII, 22, 1-2 (*...gravi pestilentia... pestilentia magna*); Kyle Harper, *The fate of Rome: Climate, disease, and the end of an empire,* 249.

[31]   Ps.-Aur. Vict., *Epit. de Caes.,* XVI, 2.

locustarum species agris infestae, fames, bella clades, etcétera)—[32] como los remedios curativos (*medicinae remedia*),[33] correctos (*equisita remedia*),[34] extraídos del arsenal de valores cívicos, morales, religiosos de la ideología imperial tradicionalista.

Trajano resultó ser un verdadero regalo de la divinidad (*divinitus… datus*) para el Estado romano (*status Romanus*),[35] manifestando *lenitas* (dulzura) y *largitio* (generosidad);[36] Adriano se portó como un "everget" (benefactor) universal, apoyando económica y jurídicamente a las ciudades afectadas;[37] Marco Aurelio consoló las tormentas extremas (*summi angores*) de los mortales (*mortales*),[38] demostrando tanta humanidad (*tanta clementia*), que pasaron a cuenta del presupuesto del Estado los gastos de funeral de los pobres (*vulgaria funera*),[39] y honró con más escrupulosidad a los·dioses (*deorum cultum diligentissime restituit*);[40] Gallo y Volusiano se ocuparon con especial cuidado y piedad de los funerales de los necesitados (Gallo Volusianoque fauor quaesitus, quod anxie studioseque tenuissimi cuiusque exsequias curarent);[41] en el mandato de Galieno se celebró un sacrificio en honor a Júpiter Salutaris, como prescribían los libros sibilinos.[42]

Ese inventario de estrategias de respuesta al impacto mordaz de la peste refleja un concepto político compartido, un "modelo identitario y concurrente" de interpretación y gestión de una situación de crisis que, tomando las sugerencias de unos especialistas, podríamos llamar el modelo

---

[32] Ps.-Aur. Vict., *Epit. de Caes.*, XIII, 12; XVI, 3; *SHA, Hadr.*, XXI, 5: *Fuerunt eius temporibus fames, pestilentia, terrae motus, quae omnia, quantum potuit, procuravit multisque civitatibus vastatis per ista subvenit*; Ant. Pius, IX, 4; Marc., XVII, 2; Gall., V, 2-6; Sol., *Collectanea Rerum Memorabilium*, I, 48-50.

[33] Ps.-Aur. Vict., *Epit. de Caes.*, XVI, 4.

[34] Ps.-Aur. Vict., *Epit. de Caes.*, XIII, 13.

[35] Ps.-Aur. Vict., *Epit. de Caes.*, XIII, 10.

[36] Ps.-Aur. Vict., *Epit. de Caes.*, XIII, 2.

[37] *SHA, Hadr.*, XXI, 5; 7.

[38] Ps.-Aur. Vict., *Epit. de Caes.*, XVI, 3.

[39] *SHA, Marc.*, XIII, 6; Geoff W. Adams, *op. cit.*, 97-98.

[40] *SHA, Marc.*, XXI, 6; Geoff W. Adams, *op. cit.*, 105.

[41] Aur. Vict., *Caes.*, 30, 2.

[42] *SHA, Gall.*, V, 5.

"imperial" y "pagano"; era una respuesta específica de los autores tardío-antiguos paganos, unidos en los valores políticos y morales tradicionalistas, en un contexto donde, en las huellas de Cipriano de Cartago o de Dionisio de Alejandría, las fuentes cristianas ofrecían como "alternativa" el modelo cristiano de gestión de la epidemia.[43]

De este modo pasamos a otra modalidad de interpretación de la peste en las fuentes tardías —la cultural, religiosa—. En el enfrentamiento de las dos concepciones políticas y espiritualidades divergentes —el paganismo y el cristianismo—, en el cual una enfermedad como la peste, extremamente contagiosa, con un área social y territorial extendida y con posibilidades curativas limitadas, se presentaba un fenómeno casi sobrenatural, la comprensión de su origen, expansión y erradicación penetraba en la esfera de lo religioso. Para un obispo erudito como Isidoro de Sevilla, la peste, aunque la mayoría de las veces es una consecuencia de la adulteración del aire (*ex corrupto aere*; *hoc etsi plerumque per aerias potestates fiat*), no se puede manifestar sin el acuerdo de Dios omnipotente (*tamen sine arbitrio omnipotentis Dei omnino non fit*);[44] es una expresión de la *ira Dei*,[45] así como su final es una señal de *misericordia Dei*.[46]

Para los autores paganos, también los brotes de la peste pueden prender por culpa de actos de impiedad, como había pasado, según *Historia Augusta*, con la pestilencia (*lues*) llevada al imperio por los ejércitos de Lucio Vero: un soldado demasiado curioso abrió un objeto sagrado, una caja dorada (*arcula aurea*) del templo de Apolo (se entiende Medicus, Iatros) de Babilonia; el sacrilegio tuvo repercusiones universales —un espíritu pestilente se escapó (*spiritus pestilens evasit*) y propagó la *pestilentia* en

---

[43] Eus., *HE*, VII, 22; Oros., VII, 15, 4-5; 21, 5; 22, 3-9; Kyle Harper, *The fate of Rome: Climate, disease, and the end of an empire*, 100-101, 153-158, 249; José Mário Gonçalves, "*De mortalitate*: Cipriano de Cartago e a pandemia do terceiro século", *Estudos Teológicos*, 60/2, 2020, 390-403; Érica Cristhyane Morais da Silva y Belchior Monteiro Lima Neto, *op. cit.*, 157-187, de donde vienen las palabras entre comillas (165, 170, 173, 174, 186).

[44] Isid., *Etym.*, IV, 6, 17.

[45] Oros., VII, 22, 3; 22, 9; Eus., *HE*, VII, 22, 5-6; Philostorg., *HE*, XI, 7 etcétera.

[46] Oros., VII, 22, 9 etcétera.

el mundo entero (*atque inde Parthos orbemque complesse*)—.[47] Un tal *prodigium* creador de una atmósfera de terror religiosa, de angustia y pánico colectivo, llevaba inevitablemente a la puesta en escena los actos de procedimientos sagrados del Estado: la intervención del Senado y de los sacerdotes magistrados, la consulta de los libros sibilinos, la celebración por parte del *populus* de los ritos prescritos por esos libros, la institución del culto de unas divinidades curativas como Asclepio de Epidauro o de unos juegos públicos como los *ludi saeculares* y los *ludi Apollinares*, el honor especial de los dioses Apolo Medicus y Apolo Pean.

Bajo el imperio, el rol agobiante le tocaba al emperador en su cualidad de *pontifex maximus*, cualquier manifestación de la evolución descendiente de la enfermedad siendo interpretada como un *favor divinus* por la *pietas* del soberano.[48] Todas éstas son recordadas de una manera o de otra por el *epitome* de Julio Paris o por el de Januario Nepotiano, por la *Liber prodigiorum* de Julio Obsequens, por la *De viris ilustribus urbis Romae*, por la *Historia Augusta*, *Saturnalia* de Macrobio y otras que extraen de Tito Livio y de Valerio Máximo los elementos específicos del "catecismo" religioso pagano, oponiéndolos a los valores cristianos.[49]

Acentuamos aquí un solo aspecto, extremamente importante, en la *battaglia ideologica*, según la expresión de Lellia Cracco Ruggini, entre el paganismo tardío y el cristianismo victorioso:[50] la consulta de los libros sibilinos —por lo tanto los libros del destino del pueblo romano— bajo Galieno, en 262, en el momento más difícil de la existencia del Imperio temprano. El gesto estaba dirigido, así como menciona *Historia Augusta*, para reinstaurar *pax deum* con la celebración de un sacrificio en honor a Júpiter Salutaris (*Pax igitur deum quaesita inspectis Sibyllae libris factumque Iovi Salutari*,

---

[47] *SHA, Ver.*, VIII, 1-2; también Amm., XXIII, 6, 24.

[48] *SHA, Claud.*, XI, 3.

[49] Iul. Paris, *Epit.*, I, 8, 2; Iul. Nepot., *Epit.*, I, 8, 2; II, 4, 4-5; *Vir. ill.*, XXII; LXV, 1; Obseq., *Liber prodig.*, 10, 12, 22, 29, 30; *SHA, Gall.*, V, 5; Macr., *Sat.*, I, 6, 15; 17, 9-30.

[50] Lellia Cracco Ruggini, *Simboli di battaglia ideologica nel tardo ellenismo (Roma. Atene. Costantinopoli; Numa, Empedocle, Cristo)*, Pisa, Pacini, 1972.

ut praeceptum fuerat, sacrificium);[51] por ello, la divinidad suprema del Estado romano en su hipóstasis de "transportador, llevador de salud",[52] pero tomando en cuenta el contexto de la fraseología de la obra (la última década del siglo IV, el momento de la tensión máxima del conflicto entre paganismo y cristianismo) y de "Salvador, Redentor". A mediados del mismo siglo, Aurelio Víctor escribió sobre el templo de Júpiter el Capitolino (de Júpiter Optimus Maximus) como un *saluti remedium*.[53]

Así que la respuesta religiosa a los capítulos, epidemias o pandemias de peste ocurridas en la historia republicana e imperial temprana refleja, una vez más, el carácter "cívico" del Estado, y no "individualista", "vécue", como de manera equivocada, agresiva y pestilente sostiene la así llamada escuela de Erfurt,[54] y representa otro "modelo identitario y concurrente" de interpretación y gestión de la peste al cual podríamos llamar el modelo cultural y religioso pagano.[55]

Finalmente, hay una interpretación metafórica de la peste. La transferencia semántica lograda desde la flagelación devastadora hacia el comportamiento, los hechos y el carácter deplorable de unos individuos, las tensiones internas extremas y el desorden institucional de algunas entidades políticas (ciudades, Estados), las formas de manifestación y las consecuencias de un acto político, evento social, fenómeno cultural o conflicto militar tienen una función retórica que destaca la amplitud destructiva de los prejuicios públicos o privados creados por éstos. Hunter H. Gardner dedicó al fenómeno de la literatura latina republicana tardía y la imperial

---

[51]   *SHA, Gall.*, V, 5.

[52]   Júpiter Salutaris es mencionado por Cicerón – *Fin.*, III, 66.

[53]   Aur. Vict., *Caes.*, 8, 5: *cum Capitolio, quos saluti remedium ceperant*. Cf. Lact., *Epit. Inst. div.*, 47, 1: *unus portus salutis*; 68, 1: *spes... salutis*.

[54]   Jörg Rüpke, *Pantheon. A New History of Roman Religion*, D. M. B. Richardson (trad.), Princeton/Oxford, Princeton University Press, 2018; el mismo autor, "La religión 'vivida' frente a la 'religión cívica' en la Antigüedad: un cambio de perspectiva", *Auster*, 25, septiembre 2020 ‹e058: https://doi.org/10.24215/23468890e058›; mismo autor, "A Methodology for the Historiography of Ancient Religion", *Revista de Historiografía*, 36, 2021, 13-32. Disponible en: ‹https://doi.org/10.20318/revhisto.2021.6547›.

[55]   Véase *supra*: Érica Cristhyane Morais da Silva y Belchior Monteiro Lima Neto, *op. cit.*

temprana (siglos I a.C.-I d.C.) una obra muy bien fundada teoréticamente y documentada.[56]

En las fuentes tardías, los autores próximos a los círculos senatoriales y tradicionalistas aplicaban frecuentemente a los emperadores la categoría de detestables, reflejando una visión de la realidad histórica que responde a objetivos literarios e ideológicos. Así como la peste significaba "destrucción", "muerte física", el emperador como metáfora de la peste simboliza la morbosidad del Estado, el mal funcionamiento de las instituciones, la putrefacción de los valores. Tres ejemplos son emblemáticos: Heliogábalo, Maximino el Tracio y Galiano.

Heliogábalo fue una plaga (*clades*),[57] una peste (*pestis*),[58] lo menciona muchas veces la *Historia Augusta*, que, con su *vita inpudicissima*,[59] *vita obscaena*,[60] a través de la existencia gastada en extrema mezquindad (*in summa inpuritate vixisse*),[61] destruyó la idea de decencia (*pudor*)[62] y la idea de honorabilidad (*pudicitia*).[63] Al igual que la plaga contagiosa, infectó todo: a él mismo, contaminándose con cualquier tipo de comportamiento escandaloso (*probris se omnibus contaminauit*),[64] así convirtiéndose en un *homo omnium inpurissimus*,[65] un *homo sordidissimus*;[66] después el prestigio del título de soberano (*imperator*) y del poder supremo (*imperium*), al cual deshonró con la monstruosidad de los vicios (*dedecoravit vitiis ingentibus*)[67] —*lu-*

---

[56]   Hunter H. Gardner, *op. cit.*

[57]   *SHA, Alex. Sev.*, II, 2; XXXIV, 4.

[58]   *SHA, Heliog.*, X, 1; *Alex. Sev.*, I, 1; XLI, 3.

[59]   *SHA, Heliog.*, XIII, 1.

[60]   *SHA, Heliog.*, XVIII, 4.

[61]   *SHA, Macr.*, VII, 8; también, Eutr., VIII, 22: *inpudicissime et obscenissime vixit*; Zos., I, 11, 1.

[62]   *SHA, Heliog.*, X, 7; XI, 3; XXXIV, 2.

[63]   *SHA, Heliog.*, X, 7.

[64]   Eutr., VIII, 22 = Ps.-Aur. Vict., *Epit. de Caes.*, XXIII, 3.

[65]   *SHA, Diad.*, IX, 5; Aur. Vict., *Caes.*, 23, 2: *impurius*; *SHA, Heliog.*, XVII, 5: *Inpurus*; *Alex. Sev.*, VI, 4: *impurum tyrannum... impurum et opscaenum...*; XV, 1: *inpurus ille*; *Maxim.*, IV, 6: *inpurum hominem*; IV, 8: *infamen principem*; V, 1: *homo inpurissimus*; V, 4: *inpura illa belua*, etcétera.

[66]   *SHA, Macr.*, VII, 6.

[67]   *SHA, Macr.*, XV, 2; *Heliog.*, X, 1: *pestem illam imperatoris velari nomine...*

xuria, turpitudo, abligurritio, superbia, inmanitas—;[68] al Estado (*Romanum imperium*), al cual humilló (*deformavit*)[69] y deshonró (*dehonestavit*);[70] a la religión del pueblo romano, profanando los objetos sagrados (*sacra p. R. sublatis penetralibus profanavit*)[71] y deshonrando los altares, embarrados por la impureza de todas las perversidades (*pollutus ipse omni contagione morum*);[72] el nombre de Antonino: *nomen imperialis*,[73] *sanctus*,[74] *sacratus*,[75] *tantum*,[76] que ha profanado (*per hanc pestem tantum violari nomen*,[77] *polluerit*),[78] manchado (*decoloravit*)[79] y desacreditado (*infamavi*),[80] siendo, tanto por su vida como por su nombre, un Antonino no auténtico (*Antoninum tan vita falsum fuisse quam nomine*),[81] un *subditivus Antoninus*;[82] la respetabilidad de las dignidades (*omnes dignitates polluit*,[83] *contaminator honorum*),[84] reclutando en los servicios públicos individuos inmorales (*improbi, inpuri, luxuorissimi, turpidissimi*, etcétera);[85] el concepto de género huma-

---

[68]   *SHA, Macr.*, XV, 2.

[69]   *SHA, Diad.*, IX, 5; también Philostr., *VS*, II, 31, 2.

[70]   *SHA, Alex. Sev.*, II, 2.

[71]   *SHA, Heliog.*, VI, 6.

[72]   *SHA, Heliog.*, VI, 7.

[73]   *SHA, Alex. Seu.*, IX, 4.

[74]   *SHA, Sev.*, XX, 3; *Macr.*, VII, 7; *Heliog.*, II, 4; *Alex. Sev.*, VII, 6.

[75]   *SHA, Macr.*, VII, 7.

[76]   *SHA, Alex. Sev.*, VIII, 4; IX, 4.

[77]   *SHA, Alex, Sev.*, IX, 4.

[78]   *SHA, Heliog.*, II, 4: *quamvis sanctum illud Antoninorum nomen polluerit*; también IX, 2: *nomen autem Antonini pollueret, in quod invaserat*.

[79]   *SHA, Alex. Sev.*, II, 2.

[80]   *SHA, Alex. Sev.*, VII, 2.

[81]   *SHA, Heliog.*, XXXIII, 8. También, *Macr.*, VII, 6: *Antonini nomen... ad sordes ultimas pervenisse*. Para *nomen Antonini*, véase Antonio Pistellato, "Antoninum habemus, omnia habemus: The nomen Antoninorum Issue between the *Historia Augusta* and Cassius Dio", en *The Intellectual Climate of Cassius Dio. Greek and Roman Pasts*, Adam M. Kemezis, Colin Bailey y Beatrice Poletti (eds.), Leiden-Boston, Brill, 2022, 138-169 ‹DOI: 10.1163/9789004510517_007›.

[82]   *SHA, Heliog.*, XVII, 9; *Alex. Seu.*, V, 3.

[83]   *SHA, Heliog.*, XI, 1.

[84]   *SHA, Alex. Sev.*, VI, 5.

[85]   *SHA, Heliog.*, VI, 1-2; XI, 1; XII, 1-2; XV, 1-2; XX, 3; XXVI, 4; XXXI, 6; *Alex. Sev.*, XV, 1-2; XXII, 2; XXIII, 6; XXXIV, 3-4; XLI, 3; también Herod., V, 7, 6-7; Dio Cass., LXXIX, 4, 1-2; LXXX, 15, 4. Los estudios prosopográficos han

no, rebasando en *luxus, libido, turpitudo* e *impuritas* a los hombres más per-versos (*spinthriae*),[86] incluso a emperadores del nivel de Tiberio, Calígula, Nero, Otón y Vitelio,[87] y a "las mujeres más deshonestas u ostentosas" (*improbae... aut petulantes mulieres*),[88] así pareciéndose a los animales (*omnium non solum bipedum sed etiam quadrupedum spurcissimus*);[89] degradó hasta la muerte, acabando de un modo totalmente abyecto (*sordidissime*)[90] —fue asesinado *in latrina*,[91] *tractus est et in cloacam missus et in Tiberim praecipitatus*,[92] indigno siquiera de una tumba (*nec sepulchra mereantur*;[93] *ne umquam sepeliri posset—*.[94] En consecuencia, así como la peste significa la reducción a nada, para el autor anónimo de *Historia Augusta,* Heliogába-lo como metáfora de la peste era la nada social misma: *nec im(perator) nec Antoninus nec civis nec senator nec nobilis nec Romanus.*[95]

Siguiendo "esa plaga" (*pestis illa*),[96] que los propios dioses desea-ban erradicar (*di illum eradicarunt*),[97] Aurelio Alejandro (Alejandro Severo)

---

demostrado la naturaleza exagerada de estas afirmaciones. Cf. Leonardo de Arrizabalaga y Prado, "Pseudo-Eunuchs in the Court of Elagabalus: the Riddle of Gannys, Eutychianus, end Comazon", en *Varian Studies Volume Three: A Varian Symposium*, Cambridge, Cambridge Scholars Publishing, 2017, 315-388.

[86] *SHA, Heliog.*, XXXIII, 1.

[87] *SHA, Heliog.*, I, 1; XVIII, 4: ... *imperatorem vero ‹Neronem›, Othonem et Vitellium imitari*; XXIV, 4; XXXI, 5; XXXIII, 1: *Libidinum genera quaedam invenit, ut spinthrias veterum ‹i›m‹per›atorum vinceret, et omnis apparatus Tiberii et Caligulae et Neronis norat*; *Alex. Sev.*, IX, 4: "*ille... spurcissimus... in turpitudine atque luxurie Nerones, Vitellios, Commodus vinceret*"; véase también Maria Beatrice Bittarello, "Otho, Elagabalus and the Judgement of Paris: the literary construction of the unmanly emperor", DHA, 37/1, 2011, 93-113 ‹DOI: 10.3917/dha.371.0093›.

[88] Aur. Vict., *Caes.*, 23, 2.

[89] *SHA, Alex. Sev.*, IX, 4; también, *Heliog.*, V, 2.

[90] *SHA, Heliog.*, XXXIII, 7.

[91] *SHA, Heliog.*, XVII, 1.

[92] *SHA, Heliog.*, XVII, 6; también, XVII, 1-3; XXXIII, 7: *per cloacas ductus et in Tiberim submissus est*; *Alex. Sev.*, VI, 5: *infamis ‹imperator› unco tractus est*; Ps.-Aur. Vict., *Epit de Caes.*, XXIII, 6.

[93] *SHA, Heliog.*, XVII, 7.

[94] *SHA, Heliog.*, XVII, 2.

[95] *SHA, Alex. Sev.*, VII, 4; véase también Saverio Gualerzi, *Ne Uomo, Ne Donna, Ne Dio, Ne Dea: Ruolo Sessuale e Ruolo Religioso dell'imperatore Elagabalo*, Bolonia, Pàtron, 2005.

[96] *SHA, Alex. Sev.*, I, 1.

[97] *SHA, Alex. Sev.*, VI, 4.

fue "como una cura para la raza humana" (*ad remedium generis humani*),[98] el que purificó (*tu purifica*),[99] salvó y restauró su vida y alegría a la vida (*in te salus, in te vita... ut vivere delectet*).[100]

Maximino: su origen, su ascensión al trono, su apariencia física, su carácter, su comportamiento como soberano y su política interna son descritos por casi toda la historiografía antigua en tonos demasiado sombríos, hiperbolizantes, distorsionando la realidad. Su crueldad (*crudelitas*), igualada sólo por la de los monstruos legendarios Cíclopes, Busiris, Esciro, Falaris, Tifón, Gigas,[101] transformó el principado en una tiranía cuyas víctimas cayeron en todas las órdenes sociales (*senatus populusque Romanus, consulares, proconsules, praesides, magistrati, legati, duces, tribuni, milites, nobiles, iuvenes, urbana et rusticana plebs*) y todas las tierras del imperio (*Roma, omnes provinciae, civitates, municipia, oppida, vici, castella*).[102] En consecuencia: un sufrimiento generalizado, el emperador como una peste omnívora —*pestis illa*—, como lo llaman en *Historia Augusta*.[103]

La eliminación de ese *homo natura ferus*[104] llevó a la salvación y la libertad de todos (*communis salus et libertas*),[105] tanto como el sacrificio de gratitud que, ofrecido a los inmortales por la victoria, tomó proporciones gigantescas, como por la salvación de una calamidad universal: exagerando una información tomada de Herodiano.[106] La *Historia Augusta* nos dice que Balbino, uno de los dos soberanos elegidos por el Senado, al igual que los griegos que cayeron víctimas de la *pestilentia* en tiempos de Pericles (430-426 a. C.),[107] hizo una hecatombe; pero en lugar de 100 cerdos y 100

---

[98]   *SHA, Alex. Sev.,* I, 2.

[99]   *SHA, Alex. Sev.,* VII, 2.

[100]   *SHA, Alex. Sev.,* VII, 5.

[101]   *SHA, Maxim.,* VIII, 5; *Max. et Balb.,* XI, 1.

[102]   *SHA, Maxim.,* XV, 2-3.

[103]   *SHA, Gord.,* VIII, 3.

[104]   *SHA, Maxim.,* XVII, 1; *Gord.,* VII, 1: *homo furiosissimus;* XI, 3: *inmani belua, illa fera.*

[105]   *SHA, Maxim.,* XV, 3.

[106]   Herod., VIII, 6, 8.

[107]   Thuk., II, 47-54; *SHA, Maxim. et Balb.,* XI, 7.

borregos (*centum sues, centum oves*), como lo pedía el sacrificio normal,[108] siendo un *imperatorium sacrificium*, sacrificó *centum leones, centum aquilae et cetera huius modi animalia centena feriuntur*;[109] este tipo de *sacrificium* se hizo no sólo en Roma, sino también *per omnes civitates*.[110]

Finalmente, Galiano. Según la mayoría de los autores latinos tardíos, su indolencia y su incapacidad —*ignavia*,[111] *segnitia*,[112] *socordia*—[113] de gestionar los problemas difíciles del Estado, ocurridos sobre el fondo de una extrema inmoralidad (*inaudita luxuria*)[114] y de una crueldad (*crudelitas*)[115] que causaba a todos terror,[116] llevaron el Imperio al límite de la extinción.[117] El emperador era por él mismo una miseria (*malus, labes inprobissima*) para la *res publica* y para la nación humana,[118] un flagelo político y moral (*luxuriosissima illa pestis*,[119] *illa pestis*)[120] que aumentaba la *pestilentia tanta* contagiosa que devastaba (*vastaret, extiterat*) en ese entonces el *orbis Romanus*.[121] Por eso, algunos de los usurpadores (*tyranni*) que le cuestionaron el *imperium* son apreciados como verdaderos remedios dados por los dioses

---

[108]   *SHA, Maxim. et Balb.*, XI, 5.

[109]   *SHA, Maxim. et Balb.*, XI, 6. Para el carácter fantasioso de la mención, cf. François Paschoud, *Histoire Auguste*, IV/1, François Paschoud (texto, trad. y coment.), París, Les Belles Lettres, 2018, 147, 327.

[110]   *SHA, Maxim.*, XXIV, 7.

[111]   Eutr., IX, 7; 8, 1.

[112]   *SHA, Tr. tyr.*, X, 9.

[113]   Aur. Vict., *Caes.*, 33, 17.

[114]   *SHA, Gall.*, IV, 1: *luxuriosus prínceps*; V, 1: *dissolutus*; V, 7; *homo luxuriosissimus*; *Tr. tyr.*, III, 4; V, 1 y 6; IX, 1; XIV, 1: *tanta improbitas*; XII, 11: *sordidissimus feminarum omnium*; XXIII, 2: *dissolutio*; XXVI, 1: *in eo ea luxuria*; *Car.*, I, 4; Eutr., IX, 8, 1: *mox in omnem lasciviam dissolutus*.

[115]   *SHA, Gall.*, XVIII, 1; *Tr. tyr.*, IX, 3: *vehemens, crudelis... sua crudelitas... asper et truculentus*; IX, 4: *tyrannus crudelis*; IX, 5: *nimietas crudelitas*; *homo luxuriosus crudelissimus*; IX, 6-9; XXVI, 1 y 5.

[116]   *SHA, Tr. tyr.*, XXVI, 1: *ea crudelitas, ut iure timeretur*.

[117]   Aur. Vict., *Caes.*, 32-33; Eutr., IX, 9, 1; 11, 2; *SHA, Gall.*, I, 1: *moribus re p.*; XVI, 1; *Tr. tyr.*, V, 5: *Gallieno perdente rem p.*; X, 9: *cum omnia Gallieni segnitia deperirent*; XII, 8; XXX, 1: *fatigata re p.*; *Claud.*, VII, 4: *fatigata est tota res p.*

[118]   *SHA, Gall.*, VI, 4; VI, 8; XIV, 5.

[119]   *SHA, Tr. tyr.*, VIII, 13.

[120]   *SHA, Tr. tyr.*, V, 6.

[121]   *SHA, Gall.*, V, 5: *Nam et pestilentia tanta extiterat vel Romae vel in Achaicis urbibus, ut uno die quinque milia hominum pari morbo perirent*; V, 6: *ex diversis partibus pestilentia orbem Romanum vastaret*.

(*omnes datos divinitus*),[122] diseñados para erradicar *vitium pestis illius*,[123] plaga que destruía al Estado (*Volo enim rei p. subvenire atque illam pestem a legum gubernaculis dimovere*).[124]

La metáfora de la peste se aplica también a las usurpaciones. Cuestionando la autoridad legítima y extrayendo de su control segmentos del imperio, ellas no sólo gangrenaron una parte del Estado, sino que, al igual que la peste cuya propagación es difícil de controlar, crearon brotes de inestabilidad con potencial extensivo. *Lues illa*, decía un orador anónimo en un elogio pronunciado en el año 297, en honor de Constancio César, sobre el funcionamiento impropio de Carausio (286-293) y Alecto (293-296), se consumió sólo en Britannia (*solis Britaniae visceribus intabuit*), pero no se sabe con cuánto enfado (*quanto furor*) se pudo haber propagado en otras regiones, si hubiera tenido la confianza (*fiduccia*) que encontró en la ocasión adecuada.[125]

En cambio, la secesión de Magno Máximo en 383, aún gestada en el último rincón del mundo (*in ultimo terrarum recessu*) —Britannia—, y en contra del deseo de las provincias (*adversis provinciarum studiis*),[126] fue como un flagelo contagioso diseñado para ampliar y llevar sufrimiento al Estado (*rei publicae malum pestis augenda*), decía Pacato Drepanio en *panegyricus dictus Theodosio imperatori* pronunciado en el año 389.[127] *Illa pestis*[128] se extendió sobre Galia e Italia,[129] tanto que la eliminación de aquella *belva furens* que la había iniciado (Magno Máximo) equivalió al fin de un *malum publicum*.[130]

---

[122] *SHA, Tr. tyr.*, V, 6.

[123] *SHA, Tr. tyr.*, XXVI, 1.

[124] *SHA, Tr. tyr.*, XII, 7.

[125] *Pan.*, IV [8], 18, 1.

[126] *Pan.*, XII [2], 31, 2; 23, 3-4: *cum paucis homines et insulani... regali habitu exsulem suum illi exsules orbis induerent... cum perfidia ducum, defectione legionum...*

[127] *Pan.*, XII [2], 23, 4.

[128] *Pan.*, XII [2], 24, 4.

[129] *Pan.*, XII [2], 23-29.

[130] *Pan.*, XII [2], 24, 6.

La metáfora de la peste ocupa un lugar aparte en la invectiva política. En el ámbito del latín, sus orígenes bajan en la oratoria ciceroniana, siendo uno de los procedimientos retóricos con el cual el gran orador ha vituperado a sus oponentes políticos.[131] En la literatura tardía, lo encontramos en los poemas políticos de Claudio Claudiano *In Rufinum I-II* (396, 397) e *In Eutropium I-II* (399).[132] El poeta tiene una predilección por el término *lues*, sinónimo de *pestis*, que, según la etimología establecida por Isidoro de Sevilla, viene de *labes* (caída) y *luctus* (luto, dolor causado por la muerte de alguien), significando entonces el sufrimiento agudo seguido casi de inmediato por la muerte, la falta de cualquier esperanza de revivir.[133]

Es una *amplificatio retorica* diseñada para acentuar la gravedad de los hechos. Admirador del más fuerte personaje de la parte occidental del Imperio después de su división por Teodosio I, Estilicón,[134] Claudio Claudiano sostiene en fórmulas poéticas que los responsables de las disensiones de índole político y territorial entre *Romuleum regnum*,[135] o sea el Imperio del Oeste (*Occidens*),[136] y *pars Orientis*,[137] entre la corte milanés-Rávena con-

---

131 Cic., *De harus. resp.*, 6; 50; *Mil.*, 68; 88; *Mur.*, 85; *Phil.* II, 55; *Phil.* III, 5; *Phil.* IV, 7; *Phil.* V, 18; *Phil.* VIII, 9; *Phil.* X, 73 etcétera; Jacqueline Long, *Claudians's In Eutropium. Or, How, When, and Why to Slander a Eunuch*, Chapel Hill/Londres, The University of North Carolina Press, 1996, 65-90; Florence Garambois-Vasquez, *Les invectives de Claudien. Une poétique de la violence*, Bruselas, Peeters Publishers, 2007, 68-168.

132 Alan Cameron, *Claudian. Poetry and Propaganda at the Court of Honorius*, Oxford, Claredon Press, 1970; Jacqueline Long, *op. cit.*; Florence Garambois-Vasquez, *op. cit.*; Tomasz Babnis, "Eutropius as an oriental: building the invective with references to Orient in the first book of Claudian's", *Eutropium, Classica Cracoviensia*, XXXIII, 2020/2021, 7-23 ‹https://doi.org/10.12797/CC.23.2020.23.01›.

133 Isid., *Etym.*, IV, 6, 19.

134 Claud., *Laus Serenae* (*carm. min.* 30); *cons. Stil.*; *Get.*; Isabella Gualandri, "Un 'generalissimo' semibarbaro suocero e genero di imperatori: Stilicone in Claudiano", *Acme*, LXIII/3, 2010, 33-61; Clare Combe, "A Hero in our Midst: Stilicho as a Literary Construct in the Poetry of Claudian", en *Literature and Society in the Fourth Century AD. Performing Paideia, Constructing the Present, Presenting the Self*, Lieve Van Hoof y Peter Van Nuffelen (eds.), Leiden/Boston, Brill, 2015, 157-179 ‹DOI 10.1163/9789004279476_010›; Álvaro Sánchez-Ostiz, "Claudian's Stilicho at the *Urbs*: Roman Legitimacy for the Half-Barbarian Regent", en *Imagining Emperors in the Later Roman Empire*, Diederik W. P. Burgersdijk y Alan J. Ross (eds.), Leiden/Boston, Brill, 2018, 310-330 ‹DOI 10.1163/9789004370920_016›; Domenico Lassandro, "Stilicone dall'esaltazione al disprezzo", en Antonella Bruzzone, Alessandro Fo y Luigi Piacente (eds.), *Metamorfosi del classico in età romanobarbarica*, Florencia, SISMEL-Edizioni del Galluzzo, 2021, 99-103.

135 Claud., *Get.*, 333. "C

136 Claud., *Fesc.*, II, 37.

137 Claud., *4 cons. Hon.*, 70; *Eutr.*, I, 17; *Fesc.*, II, 37; *Stil.*, I, 277; III, 81.

trolada por Estilicón y la corte constantinopolitana situada bajo la tutela de Rufino (*praefectus praetorio Orientis* entre 392 y 395, cónsul en 392),[138] y después bajo la tutela de Eutropio (*praepositus sacri cubiculi* entre 395 y 399, cónsul en 399),[139] son éstos últimos.

Como las fuerzas devastadoras de las criaturas míticas (*Geryon triplex, turpidus Orcus, vis Hydrae, Scyllae fames, flamma Chimaerae*),[140] y como una peste (*pestis*) que contamina primero el ambiente (el aire, los vientos, el agua), después devora el cuerpo de los animales (*pecudum artus*), *populi* e *urbes*, ellos amenazan con la destrucción inmediata y total del trono (*sceptris*) y las fuerzas de Roma (*Romanae vires*);[141] ellos son, entonces, la flagelación, la plaga, el veneno, el contagio (*lues /magna lues/, morbus, pestis*) llevador de varias desgracias (*diversa lues*) caídas sobre el Occidente,[142] y sólo Estilicón, *comes et magister utriumsque militiae (praesentalis)* en Occidente,[143] les puede poner fin.[144]

Regresando a la historiografía latina, recordamos dos interesantes interpretaciones de deficiencias en la vida social-política tardío-romana, logradas con el procedimiento de la metáfora de la peste de Aurelio Víctor en *Historiae abbreviatae* y de un anónimo conocido como Pseudo-Aurelio Víctor en *Epitome de Caesaribus*. Éstas reflejan opciones políticas o literarias personales. Crítico no censurado de la administración imperial de los tiempos constantinianos, Aurelio Víctor califica la onerosidad de un servicio público valioso (*munus utilis*), como por ejemplo el *cursus publicus* establecido por Trajano, como una verdadera *pestis:* "con el tiempo —escribe él— se transformó en una miseria del mundo romano por culpa de la codicia y los

---

138   *PLRE* I, pp. 778-781, *Flavius Rufinus 18.*

139   *PLRE* II, pp. 440-444, *Eutropius 1*; Flavian-Pavel Chilcoş, *"Abolitio memoriae* în antichitatea târzie - continuitate sau ruptură? Condamnarea la uitare a eunucului Eutropius", *C&C*, 17/2, 2022, 443-504 ‹DOI: 10.47743/ CetC-2022-17.2.443›.

140   Claud., *Ruf.*, I, 294-296.

141   Claud., *Ruf.*, I, 301-307.

142   Claud., *Ruf.*, I, 23-24; II, 93-94; *Eutr.*, I, 18; II, *praef.*, 14; II, 33.

143   *PLRE* I, pp. 853-858, *Flavius Stilicho.*

144   Claud., *Ruf.*, II, 94-95: *Tandem succurre renti / heu patriae, Stilicho!*; *Eutr.*, I, 500-513; II, 591-602.

abusos de los últimos" (*in pestem orbis Romani vertit posteriorum avaritia insolentiaque*).[145]

Pseudo-Aurelio Víctor, hablando de Licinio, quien —en ninguna fuente, sea favorable, sea hostil— disfrutó de la reputación de un *litteratus*, mencionaba que era "contrario a la cultura (*infestus litteris*) que en su inconmensurable ignorancia (*quas per inscitiam immodicam*), la llamaba el veneno y la peste del Estado (*virus ac pestem publicam nominabat*), refiriéndose especialmente a la práctica judicial (*praecipue forensem industriam*)".[146] Naturaleza ausente de refinamiento, como alguien que provenía de granjeros y campesinos,[147] el soberano tuvo que haber quedado horrorizado por algunos hábitos del sistema jurídico tardío-imperial, que, como un sufrimiento prolongado y con final fatal, disolvían irremediablemente la idea de justicia. Amiano Marcelino las nombró con un admirable talento: largas investigaciones, causas pospuestas o complicadas en una casuística sin fin, codicia de los jueces, preciosidad y discursos vanos de los abogados.[148] Licinio no se complicaba en sutilezas de abogados: "Muy duro, incapaz de dominarse",[149] enviaba a todos, hasta a los inocentes, como unos esclavos, a torturas sin límite, decía Aurelio Víctor.[150]

---

[145]   Aur. Vict., *Caes.*, 13, 5-6.

[146]   Ps-Aur. Vict., *Epit. de Caes.*, XLI, 8.

[147]   Ps-Aur. Vict., *Epit. de Caes.*, XLI, 9.

[148]   Amm., XXX, 4, 2-21.

[149]   Ps-Aur. Vict., *Epit. de Caes.*, XLI, 8.

[150]   Aur. Vict., *Caes.*, 41, 5.

Referencias

Adams, Geoff W., *Marcus Aurelius in the* Historia Augusta *and beyond*, Lanham/Boulder-Nueva York/Toronto/Plymouth, Reino Unido, Lexington Books, 2013.

André, Jean-Marie, "La notion de *Pestilentia* à Rome: du tabou religieux à l'interpretation préscientifique", *Latomus*, 39/1, 1980.

Arrizabalaga y Prado, Leonardo de, "Pseudo-Eunuchs in the Court of Elagabalus: the Riddle of Gannys, Eutychianus, end Comazon", en *Varian Studies Volume Three: A Varian Symposium*, Cambridge, Cambridge Scholars Publishing, 2017.

Babnis, Tomasz, "Eutropius as an oriental: building the invective with references to Orient in the first book of Claudian's", *Eutropium*, *Classica Cracoviensia*, XXXIII, 2020/2021 ‹https://doi.org/10.12797/CC.23.2020.23.01›.

Bittarello, Maria Beatrice, "Otho, Elagabalus and the Judgement of Paris: the literary construction of the unmanly emperor", dha, 37/1, 2011 ‹doi: 10.3917/dha.371.0093›.

Breitwieser, Rupert, "Pest und Provinz. Seuchen und ihre Auswirkungen auf das tägliche Leben", en *Marcomannic Wars and Antonine Plague. Selected essays on two disasters that shook the Roman World. Die Markomannenkriege und die Antoninische Pest. Ausgewählte Essays zu zwei Desastern, die das Römische Reich erschütterten*, Michael Erdrich, Balázs Komoróczy, Paweł Madejski y Marek Vlach (eds.), Brno/Lublin, Czech Academy of Sciences-Maria Curie-Skłodowska University, 2020.

Bruun, Christer, "The Antonine plague and the third-century crisis", en *Crises and the Roman Empire. Proceedings of the Seventh Workshop of the International Net-work Impact of Empire (Nijmegen, June 20-24, 2006)*, Olivier Hekster, Gerda de Kleijn y Danielle Slootjes (eds.), Leiden/Boston, Brill, 2007.

Cameron, Alan, *Claudian. Poetry and Propaganda at the Court of Honorius*, Oxford, Clarendon Press, 1970.

Capana, Antonio, "Considerazioni storiche sulla peste e le epidemie (Antichità-Età Moderna), con particolare riferimento alla Campania: 'corsi e ricorsi storici' nelle iniziative pubbliche e private e nell'immaginario, tra fede e 'scienza'", *Salternum*, 24/44-45, 2020.

Cardilli, Riccardo, "Emergenza e diritto. Il problema della dittatura romana", en *Istituzioni economia sviluppo. Vecchi e nuovi problemi*, Riccardo Cardilli, Mario Ciaccia y Cesare Mirabelli (eds.), Roma, Universitalia, 2020.

Causi, Pietro Li, "Il virus, i classici, il corpo, le bussole", *ClassicoContemporaneo*, 6, 2020.

Chilcoş, Flavian-Pavel, "*Abolitio memoriae* în antichitatea târzie - continuitate sau rupturş? Condamnarea la uitare a eunucului Eutropius", c&c, 17/2, 2022 ‹doi: 10.47743/CetC-2022-17.2.443›.

Combe, Clare, "A Hero in our Midst: Stilicho as a Literary Construct in the Poetry of Claudian", en *Literature and Society in the Fourth Century AD. Performing Paideia, Constructing the Present, Presenting the Self*, Lieve Van Hoof y Peter Van Nuffelen (eds.), Leiden-Boston, Brill, 2015 ‹DOI: 10.1163/9789004279476_010›.

CRACCO RUGGINI, Lellia, *Simboli di battaglia ideologica nel tardo ellenismo (Roma. Atene. Costantinopoli; Numa, Empedocle, Cristo)*, Pisa, Pacini, 1972.

ESPINO Martín, Javier, "Pestes y pandemias en la Antigüedad. Visiones clásicas e interpretaciones modernas de las epidemias grecorromanas", *Estudios*, 135, 2020.

GARAMBOIS-VASQUEZ, Florence, *Les invectives de Claudien. Une poétique de la violence*, Bruselas, Peeters Publishers, 2007.

GARDNER, Hunter H., *Pestilence and the Body Politic in Latin Literature*, Oxford, Oxford University Press, 2019.

GONÇALVES, José Mário, "*De mortalitate*: Cipriano de Cartago e a pandemia do terceiro século", *Estudos Teológicos*, 60/2, 2020.

GOYETTE, Michael Patrick, *Roman Tragedy and Medicine: Language and Imagery of Illness in Seneca and Celsus*, tesis del doctorado en filosofía, Graduate Faculty in Classics, Nueva York, The City University of New York, 2015 ‹https://academicworks.cuny.edu/gc_etds/950/›.

GOZALBES CRAVIOTO, Enrique, y García García, Inmaculada, "La primera peste de los Antoninos (165-170). Una epidemia en el Roma Imperial", *Asclepio*, 59/1, 2007.

GOZALBES CRAVIOTO, Enrique y García García, Inmaculada, "Una aproximación a las pestes y epidemias en la antigüedad", *Espacio, Tiempo y Forma*. Serie II. Historia Antigua, 26, 2013.

GUALANDRI, Isabella, "Un 'generalissimo' semibarbaro suocero e genero di imperatori: Stilicone in Claudiano", *Acme*, LXIII/3, 2010.

GUALERZI, Saverio, *Ne Uomo, Ne Donna, Ne Dio, Ne Dea: Ruolo Sessuale e Ruolo Religioso dell'imperatore Elagabalo*, Bolonia, Pàtron, 2005.

HALDON, John, Elton, Hugh, Huebner, Sabine R., Izdebski, Adam, Mordechai, Lee, y Newfield, Timothy P., "Plagues, climate change, and the end of an empire: A response to Kyle Harper's *The Fate of Rome* (3): Disease, agency, and collapse", *History Compass*, 2018. https://doi.org/10.1111/hic3.12507›.

HARPER, Kyle, "Pandemics and passages to late antiquity: rethinking the plague of *c.* 249-270 described by Cyprian", JRA, 28, 2015.

________, *The fate of Rome: Climate, disease, and the end of an empire*, Princeton/Oxford, Princeton University Press, 2017.

HUEBNER, Sabine R., "The 'Plague of Cyprian': a revised view of the origin and spread of a 3rd-c. CE pandemic", JRA, 34, 2021.

KOVÁCS, Péter, "Bemerkungen zur Bevölkerung Pannoniens im Zeitalter der Markomannenkriege", en *Marcomannic Wars and Antonine Plague. Selected essays on two disasters that shook the Roman World. Die Markomannenkriege und die Antoninische Pest. Ausgewählte Essays zu zwei Desastern, die das Römische Reich erschütterten,*

Michael Erdrich, Balázs Komoróczy, Paweł Madejski y Marek Vlach, (eds.), Brno/Lublin, Czech Academy of Sciences-Maria Curie-Skłodowska University, 2020.

LASHERAS GONZÁLEZ, Ada, "La medicina en la Antigüedad tardía: una aproximación a partir de las fuentes escritas", en Joana Zaragoza Gras (coord.), *Ars Medica. La medicina en l'època romana*, Tarragona, Publicacions Universitat Rovira i Virgili, 2017 ‹DOI: 10.17345/9788484245865›.

LASSANDRO, Domenico, "Stilicone dall'esaltazione al disprezzo", en Antonella Bruzzone, Alessandro Fo y Luigi Piacente (eds.), *Metamorfosi del classico in età romanobarbarica*, Florencia, SISMEL-Edizioni del Galluzzo, 2021.

LONG, Jacqueline, *Claudians's In Eutropium. Or, How, When, and Why to Slander a Eunuch*, Chapel Hill/Londres, The University of North Carolina Press, 1996.

LORENTE MUÑOZ, Mario, "La 'Peste de Cipriano': la primera gran pandemia de la Antigüedad Tardía (249-270)", *Espacio, Tiempo y Forma. Serie II. Historia Antigua*, 34, 2021 ‹DOI: https://dx.doi.org/10.5944/etfii.34.2021.28854›.

MONTERO, Santiago, *Trajano y la adivinación. Prodigios, oráculos y apocalíptica en el imperio Romano (98-117 d. C.)*, Madrid, Universidad Complutense, 2000 (Gerión. Anejos, IV).

MORAIS DA SILVA, Érica Cristhyane y Monteiro Lima Neto, Belchior, "A Praga de Cipriano (C. 249270 D. C.): una resposta política e social à pandemia", *Phoînix*, 26/2, 2020.

MUÑOZ-SANZ, Agustín, "Marco Aurelio Antonino (121-180 d. C.), filósofo y emperador de Roma, y la peste de Galeno", *Enfermedades Infecciosas y Microbiología Clínica*, 30/9, 2012.

PASCHOUD, François, *Histoire Auguste*, vol. IV/1, François Paschoud (texto, trad. y coment.), París, Les Belles Lettres, 2018.

PISTELLATO, Antonio, "Antoninum habemus, omnia habemus: The nomen Antoninorum Issue between the *Historia Augusta* and Cassius Dio", en *The Intellectual Climate of Cassius Dio. Greek and Roman Pasts*, Adam M. Kemezis, Colin Bailey y Beatrice Poletti (eds.), Leiden-Boston, Brill, 2022 ‹DOI: 10.1163/9789004510517_007›.

RÜPKE, Jörg, *Pantheon. A New History of Roman Religion*, D. M. B. Richardson (trad.), Princeton/Oxford, Princeton University Press, 2018.

_______, "La religión 'vivida' frente a la 'religión cívica' en la Antigüedad: un cambio de perspectiva", *Auster*, 25, septiembre de 2020, https://doi.org/10.24215/23468890e058›.

_______, "A Methodology for the Historiography of Ancient Religion", *Revista de historiografía*, 36, 2021 ‹https://doi.org/10.20318/revhisto.2021.6547›.

SÁEZ GEOFFROY, Andrés y Parra Díaz, Joel, "De la Peste Antonina a la Peste de Cipriano: alcances y consecuencias de las pestes globales en el imperio romano en el siglo III d. C.", *Revista Chilena Infectología*, 37/4, 2020.

Sánchez-Ostiz, Álvaro, "Claudian's Stilicho at the *Urbs*: Roman Legitimacy for the Half-Barbarian Regent", en *Imagining Emperors in the Later Roman Empire*, Diederik W. P. Burgersdijk y Alan J. Ross (eds.), Leiden-Boston, Brill, 2018 ‹doi: 10.1163/9789004370920_016›.

Stathakopoulos, Dionysios Ch., *Famine and Pestilence in the Late Roman and Early Byzantine Empire. A Systematic Survey of Subsistence Crises and Epidemics*, Londres-Nueva York, Routledge, 2016.

Vigo, Matteo, "Plague, Pandemics, and Divine Punishment among the Hittites", en *Covid-19 Pandemisinde. Disiplinlerarasi Butunlefik Afet Yonetimi Uluslararasi Çevrimiçi Sempozyumu —Inter-Disciplinary Integrated Disaster Administration on covid-19 Pandemic. Özet Bibldiri Kitabi*. Abstract Book, Esmirna, Yardimcisi, 1 y 2 de abril de 2021 *apud* ‹https://www.academia.edu/76078613/›.

Vlach, Marek, "The Antonine Plague and impact possibilities during the Marcomannic Wars", en *Marcomannic Wars and Antonine Plague. Selected essays on two disasters that shook the Roman World. Die Markomannenkriege und die Antoninische Pest. Ausgewählte Essays zu zwei Desastern, die das Römische Reich erschütterten*, Michael Erdrich, Balázs Komoróczy, Paweł Madejski y Marek Vlach (eds.), Brno-Lublin, Czech Academy of Sciences-Maria Curie-Skłodowska University, 2020.

CAPÍTULO 11

La peste en la *Ilíada*

Claudio Calabrese
Instituto de Humanidades
Universidad Panamericana (México)
ccalabrese@up.edu.mx

Ethel Beatriz Junco
Instituto de Humanidades
Universidad Panamericana (México)
ejunco@up.edu.mx

Estos acontecimientos (narrados por el mito)
no acaecieron nunca, pero existen siempre.
Salustio, el Neoplatónico

Introducción

En nuestro trabajo nos ocupamos en discernir los sentidos de la peste en la *Ilíada*. Como primer paso, consideraremos el designio compositivo de la obra, pues esto nos abre a la pluralidad semántica de la pestilencia; en efecto, la complejidad de su composición depende de su carácter oral, lo que nos aleja de las concepciones literarias modernas, basadas en autoría, primera edición (*editio princeps*, en el caso de los autores clásicos), editor, casa editorial, derechos económicos. Si bien algunos aspectos han tendido a cambiar desde el establecimiento de la era digital, lo fundamental de tal estructura sigue en pie.

Más allá de las múltiples y arduas dificultades que plantea el texto de la *Ilíada*, que muy probablemente nunca se resuelvan de manera satisfactoria para una mayoría de estudiosos, se observa con claridad la mano de un artista en la plenitud de sus posibilidades, que unificó los materiales dispersos, y aún caóticos, que fueron acumulándose con el paso de los siglos. Estas energías creativas se observan no sólo en la composición, sino también en los recursos semánticos y sintácticos propios de esta poesía; este conjunto de observaciones culmina en señalar la vocación de inteligibilidad del poeta que dio cima a la obra. Homero, en cuanto poeta paradigmático, marcó el rumbo del creador: transforma estos materiales que hemos enumerado en símbolos; y es a partir de estos núcleos semánticos y simbólicos que podemos plantearnos una comprensión de la *Ilíada*.[1]

El análisis estético de la obra dejar ver no sólo unidad compositiva, sino que dicha unidad articula los detalles de la manera más minuciosa; sin embargo, la crítica literaria puede mantenerse aun sin una base histórica que no supere el campo de la hipótesis. En efecto, resulta de suma importancia saber si las obras de Homero tomaron la forma que ahora poseen en la época de Pisístrato o antes; igualmente saber si es más correcto el breve texto de Zenódoto o el que consideramos "el texto". Todo, por supuesto, es relevante para clarificar el medio cultural de los poemas.[2] No obstante, Denis Lionel Page[3] inauguró un camino fructífero al negarse a especular sobre cómo podrían responderse las preguntas relacionadas con contexto homérico, porque, aunque no contemos con más que hipótesis para esbozar respuestas, el texto nos sigue iluminando con una luz imperecedera.

1. La estructura de la *Ilíada*

Para plantearnos la estructura de la *Ilíada*, recordamos nuevamente que pertenece al marco de la literatura oral. La discusión bibliográfica acerca de

---

[1]   Andreas T. Zanker, *Metaphor in Homer. Time, Speech, and Thought*, Cambridge, Reino Unido, Cambridge University Press, 2019, 30-60.

[2]   *Ibidem*, 61-102; Irene de Jong, "Homer", en *Characterization in Ancient Greek Literature: Studies in Ancient Greek Narrative*, vol. 4, Koen de Temmerman y Evert van Emde Boas (eds.), Leiden-Boston, Brill, 2017, 27-45. ProQuest Ebook Central, disponible en ‹https://ebookcentral.up.elogim.com/lib/updf-ebooks/detail.action?docID=5124296›.

[3]   Denis Lionel Page, *History and the Homeric Iliad*, Berkeley-Los Ángeles-Londres, California University Press, 1959, 97-117.

cuánto tiempo duraba la jornada de recitación pública es sumamente abun-
dante y resulta crucial para conjeturar cómo se dividía la obra para ser reci-
tada; así se ha argumentado que la actuación o *performance* se extendía a
lo largo de tres días.[4] Una división tripartita, como proponen los críticos citados, se adapta muy bien a la estructura de la acción, si tenemos en cuenta que los cantos VII, VIII y IX y XVI, XVII y XVIII muestran un detenimiento en
el avance de la acción; al final del VII y al comienzo del VIII encontramos dos
asambleas de los dioses, en la segunda de las cuales Zeus prohíbe a los inmortales tomar partido y cambiar el rumbo de las acciones. Como consecuencia de esta decisión divina, tiene lugar la gran batalla narrada entre los
cantos XI y XVII; en el canto IX se vuelve sobre el núcleo de la *Ilíada*, es decir,
la ira de Aquiles que cierra la primera parte del poema.

A fin de sostener de manera dinámica estos cierres en grupos de tres,
debemos tener en cuenta que en el canto XVI la acción de la gran batalla tiene su punto culminante: Héctor da muerte a Patroclo. Hay, entonces, una su-
cesión de tres movimientos, que se pueden considerar independientemente
de las censuras que se establezcan: *a)* visión retrospectiva de la guerra (cólera de Aquiles, la peste enviada por Apolo, diálogo Tetis-Aquiles); *b)* muerte
de Patroclo a manos de Héctor durante la gran batalla, y *c)* regreso de Aquiles a la acción bélica.[5]

En cuanto a la organización de la trama, la narración de los acontecimientos depende del modelo que hemos presentado anteriormente, pues
puede observarse con cierta claridad que el desarrollo de los acontecimientos

---

[4] Bruce Heiden, "The Three Movements of the Iliad", *Greek-Roman and Byzantine Studies*, 37/1, 1996, 5-22; James Notopoulos, "Studies in Early Greek Oral Poetry", *Harvard Studies in Classical Philology*, 68, 1964, 1-77.

[5] Gregory Nagy, "Epic as Genre", en *Epic Traditions in the Contemporary World: The Poetics of Community*, Margaret H. Beissinger, Jane Tylus y Susanne Lindgren Wofford (eds.), California, University of California Press,
1999, 21-32; Richard P. Martin, *The Language of Heroes: Speech and Performance in the Iliad*, Ithaca, Nueva
York, Cornell University Press, 1989; Jean-Marcel Paquette, "Épopée et roman: continuité ou discontinuité?",
Études littéraires, 4/1, Quebec, 1971, 9-38; Minna Skafte Jensen, *The Homeric Question and the Oral-Formulaic Theory. Opuscula Graeco-Latina*, Copenhague, Museum Tusculanum Press, 1980, 46-60. Como señala
Minna Skafte Jensen, los estudios deberían tomar en cuenta que la organización por cantos de la *Ilíada*, tarea
que ha sido atribuida a los editores alejandrinos, pudo haberse mantenido inalterada desde una época bastante temprana, y que cada sesión de recitado se ocupaba del contenido de un canto; esta teoría de la estu-
diosa dinamarquesa tiene a su favor un dato no menor: el poema tiene una trama fuertemente unificada y se
sostiene en episodios individuales.

ocupa un día, en ocasiones separados por "tiempos muertos",[6] o lapsos en que suceden acontecimientos no narrados. En el Libro I (vv. 425 y ss.) encontramos un buen ejemplo de ello, en el tiempo que transcurre entre el final del debate en el ágora y la súplica de Tetis, pues la diosa debe esperar que regresen los moradores del Olimpo. Debido a que el conjunto de la acción está concentrada en ocho días, no resulta fácil seguirla, aunque contemos con el recurso del texto impreso; por ello, en la *Ilíada* (al igual que en la *Odisea*) se echa mano del recurso de la puesta y de la salida del sol para organizar la percepción del tiempo en la trama.[7] Si bien este recurso orienta la comprensión de la dirección temporal de los acontecimientos (pongámonos, por un momento, en el lugar de los miembros del auditorio de un aedo), se requiere de una organización más profunda que colabore estéticamente con la comprensión de aquello (acontecimiento o personaje) que queda en el centro de la narración.

Esta estrategia narrativa o designio compositivo se presenta a partir de dos esquemas que dialogan permanentemente entre sí: el regresivo y el anular. Si consideramos la estructura regresiva, el poema no sólo inicia con la cólera de Aquiles, sino que narra esta cólera, sus consecuencias y su abandono definitivo en el último canto. Inmediatamente después del enfrentamiento de Aquiles y Agamenón y la súbita presencia de la diosa Atenea, que evita el derramamiento de sangre, se narran acontecimientos de los primeros años de la guerra como si dependieran de la apertura del poema; la linealidad de la acción sólo continúa a partir del inicio del canto VIII. La secuencia sigue con el ataque troyano al campamento griego, el incendio de algunas de sus naves y luego con el combate singular de Aquiles y Héctor.

Un segundo modelo de análisis, "la composición anular" o "en anillos" (en alemán *Ringkomposition*)[8] es aquella que descubre una estructu-

---

[6] Édouard Delebecque, *Construction de l'Odyssée*, París, Les Belles Lettres, 1980, 9-14. Si bien el autor se refiere específicamente a la *Odisea*, el concepto se aplica al conjunto de la épica homérica.

[7] Norman Austin, "The Function of Digressions in the Iliad", *Greek Roman and Byzantine Studies*, 7, 1966, 295-312.

[8] Wilhelm Aanton Adolf van Otterlo, *Untersuchungen über Begriff, Anwendung und Entstehung der griechischen Ringkomposition*, Ámsterdam, Noord-Hollandsche Uitgevers Maatschappij, 1944; Bernhard Abraham van Groningen, *La composition littéraire archaïque grecque. Procédés et réalisations*, Ámsterdam, Noord-Hollandsche

ra compositiva quiástica o recurso literario, propio del estadio oral, que se emplea para matizar o enfatizar ideas, disponiéndolas en paralelo.[9] Si bien la idea de narración reclama, en primer término, la linealidad, también observamos el recurso de apartarse de aquélla para luego regresar. Así, la crítica especializada ha ponderado la existencia de cinco anillos en el relato de la *Ilíada*: el primer núcleo está constituido por la batalla que ocupa los cantos XI a XV; luego el que forman los cantos I y XIX (apertura y cierre de la acción épica, simétricos entre sí como veremos más adelante); sobre éste se cierne el tercer anillo (el canto II, que muestra el despliegue de la acción en un marco caótico, y el XXII, aquel mismo mundo con el orden recobrado); seguidamente, las primeras acciones de la guerra (cantos III y VII) y aquellas que nos hacen presuponer el final (cantos XVIII y XXII); por último, encerrando a los cuatro anteriores, la apertura del plan de Zeus (canto VIII) y su cierre (canto XVII).

Dicho esquema, que en lo esencial depende de Whitman,[10] tiene vacíos en la comprensión estructural, pero, sin embargo, hace posible ver la simetría compositiva central: las llegadas de Crises y de Príamo, que abren y cierran la acción heroica. Más allá de estos modelos organizativos, debemos tener presente que el principio de unidad del poema es la cólera de Aquiles y sus consecuencias: primero, su abandono de la lucha, la embajada del canto IX y luego el canto XVI, donde no sólo reaparece, sino que también está presente Patroclo; segundo, su venganza contra Héctor entre los cantos XIX y XXIV, en especial este último, en el que Príamo recibe el cadáver de su hijo. Nuestra interpretación se basa, entonces, en que el poema abre con la palabra "cólera" y cierra con los funerales de Héctor.

Este dispositivo (un episodio o digresión se remata con la repetición de la fórmula con la que se había iniciado) tuvo sin duda su origen en la necesidad de la poesía oral de unir las partes de su relato. Al igual que los resúmenes retrospectivos de la acción, tan propios de la epopeya, este

---

Uitgevers Maatschappij, 1958; Cedric H. Whitman, *Homer and The Heroic Tradition*, Cambridge, Harvard University Press, 1958; Dieter Lohman, *Die Komposition der Reden in der Ilias*, Berlín, W. de Gruyter, 1970, 12-94.

[9] Dieter Lohman, *op. cit.*, 12-94.

[10] Cedric H. Whitman, *op. cit.*

procedimiento regresa la atención hasta un punto en el que los sucesos inmediatos van encontrando una dirección propia; se trata, en efecto, no sólo de un recurso anticipatorio de la acción, sino fundamentalmente de un dispositivo artístico para dar un sentido específico a la composición del poema, puesto que, en una composición paratáctica, podría verse desarticulado.[11]

Un dispositivo como la composición de anillos es una forma de recreación lingüística del arte geométrico. El mismo nombre de "composición en anillo" surge como un análogo del recurso visual, porque la concentración mediante elementos muy similares produce un efecto circular; y los círculos, especialmente los concéntricos, son motivo principal en el arte protogeométrico. Este diseño expresa un principio estético del movimiento perfecto y perpetuo; de hecho, esta circularidad penetra la poesía homérica, especialmente la *Ilíada*, no sólo en las escenas, sino en el poema como un todo. La composición en anillo también sugiere no sólo circularidad, sino también encuadre y equilibrio.[12]

Esta intuición altamente refinada de la composición no es exclusiva de la mente griega (la encontramos, con frecuencia, en los libros de ambos Testamentos), pero, desde Homero en adelante, se realizó de manera consciente, como una tendencia a tratar todas las cosas a la luz de la antítesis o de la identidad. De los dos, la antítesis parecía ser la más atractiva y quizá la más dinámica. La igualdad es estática, pero la antítesis encarna el movimiento alrededor de un punto inmóvil; de ahí surgen sin duda esos innumerables y variados usos de las partículas antitéticas, *men* y *de*, "por un lado", y "por el otro", los que muestran un modo característico de la lengua griega, porque reflejan el gusto por expresar los límites exteriores de un pensamiento, que busca un punto de equilibrio, como un deseo de expresar lingüísticamente la media áurea. Sin duda, podemos tener presente la ética aristotélica, que centró su sistema con referencia a los extremos de la conducta, entre los cuales, aunque no necesariamente en el centro exacto, se

---

[11] Herbert Bannert, *Die Formen des Wiederholens bei Homer: Beispiele für eine Poetik des Epos*, Viena, Verlag der Österreichischen Akademie der Wissenschaften, 1998, 21-25.

[12] Andreas Zanker, *op. cit.*, 165-200.

encuentra el punto medio que es la virtud. Este marco conceptual de Aristóteles es difícilmente concebible sin Homero.

Si el principio de circularidad es una de las fuerzas esenciales compositivas que subyacen a la simetría del diseño de jarrones geométricos; del mismo modo, en la *Ilíada*, el recurso de *hysteron proteron* se ha expandido, trascendiendo ampliamente el simple dispositivo mnemotécnico o un esquema abstractamente arquitectónico. El poema en su conjunto es, en cierto modo, un *hysteron proteron*, en el que los libros equilibran los libros y las escenas equilibran las escenas por similitud o antítesis, con el más asombroso virtuosismo. La mente humana percibe muchas cosas sin alcanzar un conocimiento articulado de ellas, y responde con emociones apropiadas, pero necesariamente vagas. Por ello, podemos postular que leyendo a Homero sentimos más simetría de la que podemos describir. Los opuestos (cólera y reconciliación, en el caso de la *Ilíada*) se emplean, como principio general, en busca del equilibrio; mientras que, con su uso textual y contextual, el poeta crea el carácter del héroe y el significado del poema.[13]

A partir de lo anterior, afirmamos que la *Ilíada* hace evidente su unidad no sólo en las imágenes o símiles y en la acción o inacción de dioses y hombres, sino también en su estructura formal. Como señalamos anteriormente, las escenas de la *Ilíada* y de la *Odisea* son equivalentes a las expresiones formularias diseñadas para ayudar al aedo en la recitación, aunque en ambos poemas se ha alcanzado una gran variedad de matices, mediante la permanente transformación de los motivos básicos. Esta posibilidad de establecer variaciones sobre una fórmula primordial permitió introducir sutiles variantes, que enriquecieron lo que podía ser una simple repetición: en los poemas hay un oído atento a las variantes que produce el contexto.[14]

Homero convierte escenas estereotipadas, mediante la adaptación a contextos variables, en instrumentos de caracterización formal; a través de fórmulas fijas se describen sacrificios, barcos, fiestas, funerales, armas

---

[13] Carl G. Jung, "Acercamiento al inconsciente", en *El hombre y sus símbolos*, Barcelona, Paidós, 1995, 18-103.

[14] Juan Fernando García Castro, "La *Phronesis* en la formulación gnómica homérica y sofóclea", en *A Homero lo trajo el mar*, Óscar Hincapié Grisales y Juan Fernando García Castro (eds.), Medellín, Universidad Pontificia Bolivariana, 2020, 127-146.

y combates; en ellas parece recrearse el mundo en que nació el relato de la epopeya, siempre ligado a rituales. Es natural que una sociedad dominada por el ritual represente sus funciones fundamentales en fórmulas inmutables, normativas y, en cuanto tales, con vocación de eternidad. La escena del sacrificio realizado en Crisa por Odiseo es una de las más completas de todas las descripciones de tal ceremonia; aquí quizá se trata de algo más que de la solemnidad litúrgica, porque la llegada, el desembarque y el regreso del barco se describen extensamente, en contraste con las versiones breves más habituales de tales procesos. Todo el episodio en Crisa tiene un aire pausado, en contraste con la escena dramática que lo ha precedido. Y la razón probablemente radica en el hecho de que el poeta tiene aquí que dar cuenta del paso de 12 días, hasta que Zeus regresa al Olimpo y Tetis puede presentar su súplica por Aquiles.

2. La organización del Libro I

La forma del Libro I no es en sí misma anular, ya que tiene un carácter más bien introductorio, pero forma un círculo con el Libro XXIV, dotando de sentido al conjunto de la acción. Cuando se consideran los detalles, éstos son sorprendentemente precisos en su patrón. Las escenas principales del Libro I, por ejemplo, son *a)* el rechazo de Crises, con la peste y las piras funerarias; *b)* el consejo de jefes y la disputa; *c)* Tetis consuela a Aquiles y acepta llevar un mensaje a Zeus; *d)* Tetis con Zeus, donde este último adopta la causa del héroe; *e)* la disputada asamblea de los dioses, donde Hera se opone a Zeus. El Canto XXIV retoma este esquema, pero lo invierte, comenzando con *e)* la disputa entre los dioses, con Hera todavía liderando la oposición, aunque ahora en un sentido diferente; *d)* Tetis con Zeus, recibiendo aviso de que los dioses ya no apoyan a Aquiles en su maltrato al cadáver de Héctor; *c)* Tetis con Aquiles, consolándolo y llevándole un mensaje de Zeus; *b)* Aquiles con Príamo, donde la restitución magnánima del cuerpo de Héctor invierte la toma egoísta de Briseida y la compasión entre enemigos invierte la hostilidad entre aliados del Libro I; y finalmente, *a)* el funeral de

Héctor en Troya, correspondiente a los primeros funerales del poema, en el campamento griego.

Dos episodios importantes provocan una ligera asimetría: la escena de Crisa y la llegada de Príamo. Ambos son viajes, ambos tienen como propósito la propiciación, pero más allá de esto tienen poco en común y, además, no encajan en el esquema *hysteron-proteron*; de todos modos, se presenta claramente el patrón entre el primero y el último canto de la *Ilíada*. Aquí los elementos en equilibrio reclaman identidad o similitud, como en los funerales, aunque las antítesis son en realidad más importantes. El caso de cólera-pelea *versus* reconciliación-restitución es el más llamativo, pero las dos escenas entre Zeus y Tetis también ofrecen un sutil contraste. En el primero, Tetis visita a Zeus como una suplicante, que está casi de incógnito (Hera la observa con rencor). En el segundo, Tetis es llamada al Olimpo; Atenea le cede su propio asiento, Hera le brinda palabras amables y una copa áurea, y esta vez Zeus apela a ella, porque, como el mismo dios reconoce, está obligado por su promesa de que el cuerpo de Héctor sea restituido a su ciudad. Esta inversión de posiciones entre Zeus y Tetis subraya de manera paradigmática la nueva consideración que Aquiles ha ganado ante los Olímpicos.[15]

El primer canto conduce directamente a la peste, que es causa del conflicto entre Agamenón y Aquiles y de los ulteriores, que dependen de aquél. Ofrecemos una versión del pasaje (I, 1-52), realizada con voluntario apego al original:

Canta, diosa, la cólera del Pelida Aquiles, funesta, que produjo incontables penas a los aqueos y arrastró al Hades muchas almas valerosas de héroes, a quienes hizo presa de perros y de aves de rapiña —se cumplía la voluntad de Zeus—, desde que se distanciaron enfrentándose el Atrida, rey de hombres, el divino Aquiles.

---

[15] Øivind Andersen, "Myth, Paradigm and 'Spatial Form' in the Iliad", en *Homer: Beyond Oral Poetry. Recent Trends in Homeric Interpretation*, Jan Maarten Bremer, Irene J. F. de Jong y J. Kalff (eds.), Ámsterdam, B. R. Grüner, 1987, 1-13.

¿Cuál de los dioses suscitó entre ellos la contienda para que pelearan? El hijo de Leto y de Zeus, el cual, enojado con el rey, causó maligna peste entre el pueblo, los hombres morían debido a que el Atrida despreció al sacerdote Crises. El cual fue entorno de las veloces naves de los aqueos, para liberar a su hija, presentando un inmenso rescate y las ínfulas de Apolo, el flechador, que pendían del áureo cetro en la mano; y a todos los aqueos y en especial a ambos Atridas, comandantes de pueblos, imploraba con estas palabras: "¡Atridas y demás aqueos bien equipados con grebas! Los dioses, que poseen olímpicas moradas, les permitan arrasar completamente la ciudad de Príamo y regresar con bien a cada uno a su casa. Liberen a mi hija querida y acepten el rescate, venerando a Apolo, el flechador". Todos los aqueos aprobaron con aplausos que se respetara al sacerdote y se admitiera el espléndido rescate, pero el Atrida Agamenón, que no sentía gratificación en el corazón, lo echa de allá con malos modos y con fuertes palabras: "Que no te encuentre yo, anciano, ni ahora ni más tarde, cerca de las cóncavas naves, sea que retrases tu partida sea que regreses luego, pues tal vez no te protejan el cetro y las ínfulas del dios. A ella no la voy a liberar; antes le llegará la vejez en mi casa, en Argos, lejos de su tierra natal, trabajando en el telar y durmiendo conmigo. Pero vete sano y salvo y no me irrites". El anciano sintió temor y obedecía la palabra; se fue en silencio, por la orilla del mar estruendoso; mientras se iba alejando, dirigía copiosos ruegos al soberano Apolo, a quien parió Leto, la de hermosa caballera: "¡Óyeme, portador del arco de plata, protector de Crisa y de la divina Cila e imperas en Ténedos poderosamente! ¡Esmintio! Si alguna vez adorné tu gracioso templo o quemé en tu honor pingües muslos de toros o de cabras, cúmpleme este deseo: ¡que paguen los dánaos mis lágrimas con tus flechas!".

Así dijo rogando. Lo oyó Febo Apolo, irritado en su corazón; se encaminó desde lo alto del Olimpo, con el arco y con el carcaj cerrado en el hombro; las flechas hacían un sonido penetrante[16] sobre la espalda enojada, al ponerse en movimiento: iba semejante a la noche. Se sentó lejos de las naves, tiró una flecha y el arco de plata hizo un chasquido terrible. Primero disparaba contra los mulos y los perros ágiles, pero luego enderezó las fatales flechas contra los hombres y continuamente ardían piras atestadas de cadáveres. Nueve días las flechas por doquier volaban contra el ejército; en el décimo, Aquiles convocó al pueblo en el ágora: se lo puso en el corazón Hera, la diosa de blancos brazos, estaba turbada por los dánaos que veía morir.

Enmarcamos la presente lectura en la comprensión estructural y semántica que nos precede en el capítulo; recordamos, por ello, que la primera noción es de cólera y canto (μῆνιν ἄειδε θεὰ), que anuncia vigorosamente el motivo central del poema. La noción de cólera o encono, que se adjetiva como funesta, enmarca toda la acción, porque no sólo señala el enfrentamiento entre los paladines, sino que, más profundamente, hace referencia a un estado de confusión y de desorden en el cosmos heroico. Agamenón y Aquiles están enfrentados, porque el primero rechazó de mala manera el rescate que el sacerdote de Apolo, Crises, había venido a ofrecer por su hija Criseida; es decir, lo ofende y lo amenaza con castigos si permanece en el campamento; sin embargo, nada de esto ocurría sin que lo consintiese Zeus: "Se cumplía la voluntad de Zeus".

El poema nos presenta, en primer término, los efectos del estado de discordia: Apolo, enojado con el rey de hombres, suscitó "maligna peste" (en este momento del relato no sabemos por qué se encuentra "enojado" u

---

[16] Según Liddell-Scott-Jones, πλαγγὴ puede entenderse en Il. 1, 49, como una metáfora del sonido terrorífico de miríadas de mosquitos, aunque señala que también puede referir el ladrido de los perros, el chillido o canto de las aves, el gruñido de los cerdos o el siseo de las serpientes. A. T. Murray, en su edición de Loeb, lo traduce como "twang" ("vibración"), un sonido producido por el entrechoque de las flechas que asemeja un chillido apagado, que se consideraba funesto, pues era señal del inicio de la pestilencia; esta idea está potenciada en el texto homérico por el chasquido que emite el arco, cuando Apolo arroja la primera flecha. En Homero no hay lógicamente una causalidad entre roedor o mosquito y peste, sino que entra en la categoría de "presagio de plaga". Frederick Bernheim y Ann Adams Zener, "The Sminthian Apollo and the Epidemic among the Achaeans at Troy", *Transactions of the American Philological Association*, 108, 1978, 13; Homer, *Iliad*, vol. I, libros 1-12, A. T. Murray (trad.), William F. Wyatt (rev.), Cambridge, Harvard University Press, 1924.

"ofendido", más próximo a la semántica del término χαλωθείς, participio aoristo de χαλόω ["sentirse provocado u ofendido"], que causaba grave mortandad). Inmediatamente se considera la causa: Agamenón no puede saber que la ofensa a Crises, cuando éste se dirige al campamento a rescatar a su hija, llega al mismo Apolo. Se presenta con un rescate cuantioso (ἀπερείσιος, literalmente "que no se puede contar") y con los atributos sacerdotales en su investidura: las ínfulas del dios pendían del cetro que portaba; al mismo tiempo, en el vocabulario del anciano, aceptar el rescate equivale a venerar al dios mediante ἀζόμενοι, participio presente de ἄζομαι.

Dos vocablos nos orientan a comprender la dirección de los acontecimientos: por un lado, en este pasaje, el texto griego recurre a dos palabras distintas que vertimos al español como "sacerdote", pero que expresan dos momentos distintos de quien está al servicio del dios: ἀρητήρ, de ἀράομαι, "el que ruega, el que intercede", y ἱερεύς, *pontifex*, en el vocabulario religioso latino, el que hace manifiesta la voluntad del numen; por otro lado, ἑκηβόλος ("flechador"), uno de los tres epítetos de Apolo en este pasaje. En ambos casos, se nos muestra el castigo de la pestilencia como inevitable.

Pero Agamenón, uno de los enlaces de los ciclos épicos con los trágicos, en un acto de ceguera (propiamente no entiende lo que pasa, es decir, no "ve" lo que acontece detrás de los hechos), reacciona defendiendo su parte del botín; por ello, desoye a los que presencian el pedido del anciano sacerdote, quienes, al modo de un coro trágico, aconsejaban vanamente recibir el rescate, pues "no sentía gratificación en su corazón" (ἥνδανε, imperfecto de ἀνδάνω); motivo por el que echa a Crises, quien sintió temor por sus palabras. La escena que sigue es obra de un orfebre de la palabra: el anciano partió en silencio, se alejó caminando por la ribera del mar estruendoso o "poblado de rumores" (πολύφλοισβος). Se contrapone, de este modo, la actitud sumisa de Crises con su ánimo perturbado, tal como simboliza el movimiento incesante de las olas; en estas condiciones psicológicas, eleva su oración —venganza a Apolo, al que se denomina "soberano", "portador del arco de plata" y con un tercer epíteto, determinante en la acción, el vocativo Σμινθεῦ (v. 39), "Esminteo".

De este modo, se expresa la dualidad de Apolo: dios que cura con la medicina y con la música y dios que hiere o enferma, el dios de la fiebre y de la profecía. Σμινθεύς hace referencia a su condición de cazador/protector de roedores y de las enfermedades que transmiten: el dios que libra de la plaga también puede enviarla. Tal vez este pasaje nos regresa al origen más remoto del culto, la zoolatría, es decir, tanto a la protección de los campos, cuanto al aprovechamiento de los poderes curativos de la tierra que se pondrían de manifiesto en los roedores, pues parecen emerger de ella (este contacto con el mundo ctónico sería el origen también de las capacidades adivinatorias de Apolo).[17] En este contexto parece claro que Apolo Esminteo era el dios de la peste bubónica y, por extensión, el dios de las pestilencias severas; esto significa que se correlacionaron empíricamente los síntomas de la epidemia con la presencia de los roedores.[18]

En efecto, luego de las amenazas de Agamenón, el anciano sacerdote se retira y, mientras se aleja del campamento, ruega por la venganza, pues se había presentado en su condición de consagrado al dios, llevando las ínfulas (στέμμα, también "guirnalda", "corona") que así lo manifestaban. En principio, el término para designar "sacerdote" pone de manifiesto esta posibilidad, pues ἀρητήρ significa "el que eleva preces a los dioses" (en relación con ἀράομαι); por ello, si el Atrida despreció a Crises (ἠτίμασεν, aoristo de ἀτιμάω), esta actitud fue percibida por el dios, pues se sentía provocado en la ofensa, como lo indica el participio presente χαλωθείς (χολόω). Los epítetos con que se menciona al dios Apolo o que refuerzan su presencia hacen referencia a su condición de "arquero" o "flechador". El rescate que envía ahora es dolor y padecimiento: "¡Que paguen los dánaos mis lágrimas con tus flechas!" (τίσειαν Δαναοὶ ἐμὰ δάκρυα σοῖσι βέλεσσιν). El pedido es escuchado y el dios recibe como propia la ofensa (de hecho —como dijimos— el sacerdote invocó la protección de Apolo), "irritado en su corazón" (v. 43), con el arco sobre el hombro y el carcaj cerrado, en cuyo espacio las flechas se sacuden y chocan

---

[17] Louis Séchan y Pierre Lévêque, *Les Grandes Divinités de la Grèce*, París, Boccard, 1966, 213-214. Las evocaciones "Parnopio" lo pone en vínculo con las langostas, y "Culicarius" con los zancudos. Antonia García Velázquez (ed.), *Himnos homéricos. Batracomiomaquia*, Madrid, Akal, 2000, 74-76.

[18] Frederick Bernheim y Ann Adams Zener, *op. cit.*, 11-14.

entre sí, produciendo un golpeteo penetrante que parece anunciar el silbido de la muerte, que llega al campamento de ambos Atridas: el enojo del dios anuncia la muerte y el dolor.

Resulta significativa la comparación "Iba semejante a la noche" dicha de un dios solar: por un lado, la ira divina va dejando a su paso la noche del mundo o la peste que está a punto de desatarse y, por otro, el modo de restitución del orden, que, en el mundo heroico, puede incluir la venganza, la cual resuena en el "terrible chasquido" (δεινὴ δὲ κλαγγὴ, v. 49)[19] de la primera flecha (también lo imaginamos en las sucesivas durante nueve días) e inmediatamente la consecuencia: arden piras atestadas de cadáveres. Otra intervención divina es necesaria para poner en movimiento la restitución del orden: al noveno día de pestilencia, Hera mueve al ánimo de Aquiles para llamar a asamblea, a fin de solicitar una interpretación a alguno de los vates, acerca de lo que está sucediendo. Esto será puesto en evidencia por otro sacerdote de Apolo, Calcantes, lo que producirá el enfrentamiento de Agamenón y Aquiles, la presencia de Atenea (sólo visible al hijo de Peleo), la restitución de Criseida, la ceremonia de propiciación de Apolo y el cumplimiento de la amenaza de Agamenón respecto de la cautiva de Aquiles. Se van extendiendo, así, los anillos concéntricos, cuyo núcleo es la peste desatada por Apolo y el camino de restablecimiento del orden o "voluntad de Zeus" o, en el venerable griego de Homero, Διὸς βουλή.

---

[19] La palabra κλαγγὴ puede referir, según el contexto, tanto el ladrido de los perros, el gruñido de los cerdos, al canto o chillido de las aves o el siseo de la serpiente; el Liddell-Scott-Jones propone para este pasaje el término "twang" ("tañido", "vibración"), es decir, un sonido producido por una vibración que asemeja un chillido apagado; esta idea es confirmada por el chasquido que emite el arco, cuando Apolo arroja la primera flecha. Frederick Bernheim y Ann Adams Zener (*op. cit.*, 13) proponen una interpretación curiosa: se trataría de una metáfora por miríadas de mosquitos, que transmitirían encefalomielitis, pues proponen que la peste se trataría de esta infección. No tiene sentido preocuparse por determinar una enfermedad que no se describe, más allá de que primero mueren animales específicos. Obviamente hay una función mítica que detallar antes que pensar en una descripción clínica.

Conclusión

En la épica homérica se transparentan los encuentros y desencuentros de los héroes y, detrás de estas escenas, los dioses toman decisiones que constituyen la verdadera fuente de afecciones y de alegrías de aquellos héroes, hasta llegar al propio Zeus, cuya voluntad se abre paso no sólo sobre los hombres sino también sobre los dioses; no se trata de un ejercicio tiránico, sino sujeto al decoro de la persuasión y de la súplica. En el mundo heroico, dioses y hombres comparten pasiones egoístas y comportamientos generosos, aunque el mundo divino tenga siempre el horizonte de la eternidad y de la felicidad de saberse quiénes son, fuente tal vez de aquella risa inextinguible que resuena en los banquetes olímpicos, más allá de la miseria en que viven los seres humanos. El mundo heroico sobrelleva el signo de una estabilidad precaria, pues allí convive, casi ajeno al pueblo llano, una generación de héroes que comparten altivez, gallardía, generosidad y egoísmo. Signo de este mundo inestable es la guerra que, al mismo tiempo, les permite brillar (también muriendo) a la altura de sus progenies ilustres. En un mundo de estas características, la venganza es un modo de restituir aquel orden inestable y precario.

Sobre este escenario tiene lugar la peste, que ocupa un lugar central entre los acontecimientos de la guerra de Troya. En la traducción que ofrecemos del pasaje y en la descripción de los elementos, consideramos que sobresalen *a)* la cólera y el canto, y *b)* la acción, en distintos momentos del L. I, de los dioses Atenea y Apolo. Por cólera se entiende un estado de desequilibrio emocional que afecta la conducción y planificación de la guerra, producto de la contienda entre Agamenón y Aquiles; en los términos paradigmáticos de la *Ilíada*, la decisión de Aquiles de retirarse del combate pone en riesgo la victoria. Sin embargo, Homero no comienza la *Ilíada* con la boda de Tetis y Peleo, el nacimiento de Aquiles, el juicio de Paris, el rapto de Helena o el comienzo de la guerra de Troya, sino que, como sabemos, comienza el relato en el núcleo de la acción, en el décimo año de la guerra, en un momento de crisis, cuando disputan Aquiles y Agamenón, desde donde retrocede hasta un momento igualmente crítico: el rechazo de Agamenón al sacerdote de Apolo, Crises.

Por este motivo, nos ocupamos, en el cuerpo del trabajo, de la estructura compositiva y por el modo en que esta forma parte del conjunto de lo que llamamos, desde una perspectiva semántica, sentido (a esto hemos denominado "designio compositivo") y que depende de su forjadura oral. En efecto, el principio de circularidad o "composición anular" es el recurso organizativo fundamental que planteamos en los términos de una presentación lingüística según la simetría del diseño de jarrones geométricos; así, en la *Ilíada*, con el recurso del *hysteron proteron*, se ha trascendido por completo el dispositivo mnemotécnico, pues el poema en su conjunto es, en cierto modo, un *hysteron proteron*, que equilibra la obra con enorme complejidad y con el virtuosismo estilístico que la tarea requiere (afirmamos, por ello, que en Homero percibimos más armonía de la que podemos conceptualizar).

Así, la cólera y la reconciliación, en cuanto opuestos, expresan una búsqueda de equilibrio, tanto en la unidad de las imágenes y en la acción o inacción de dioses y hombres, cuanto también en su estructura formal. Nos hemos detenido en este segundo aspecto, pues la funcionalidad de la peste nos lleva a discernir los siguientes significados: *a)* los seres humanos tenemos asignado un destino, que nuestras acciones pueden agravar a causa de la propia imprudencia o de la propia desmesura; *b)* el mundo de los dioses no es ajeno a este ámbito y actúan las más de las veces (no siempre) para regresar la armonía perdida; *c)* en el contexto anterior, Apolo, ofendido por la afrenta a su sacerdote, pone en movimiento la peste con sus flechas, estableciendo de este modo las condiciones para que el mundo heroico encuentre una nueva armonía. El vocabulario, las escenas de Agamenón y Aquiles, de Crises y, por último, la peste abren una comprensión del mundo desde lo que verdaderamente acontece: la "voluntad de Zeus" o Διὸς βουλή.

Referencias

Andersen, Øivind, "Myth, Paradigm and 'Spatial Form' in the *Iliad*", en *Homer: Beyond Oral Poetry: Recent Trends in Homeric Interpretation*, Jan Maarten Bremer, Irene J. F. de Jong y J. Kalff (eds.), Ámsterdam, B. R. Grüner, 1987.

Austin, Norman, "The Function of Digressions in the *Iliad*", *Greek Roman and Byzantine Studies*, 7, 1966.

Bannert, Herbert, *Die Formen des Wiederholens bei Homer: Beispiele für eine Poetik des Epos*, Viena, Verlag der Österreichischen Akademie der Wissenschaften, 1998.

Bernheim, Frederick, y Zener, Ann Adams, "The Sminthian Apollo and the Epidemic among the Achaeans at Troy", *Transactions of the American Philological Association*, 108, 1978.

Delebecque, Édouard, *Construction de l'Odyssée*, París, Les Belles Lettres, 1980.

García Castro, Juan Fernando, "La Phronesis en la formulación gnómica homérica y sofóclea", en A Homero lo trajo el mar, Óscar Hincapié Grisales y Juan Fernando García Castro (eds.), Medellín, Universidad Pontificia Bolivariana, 2020.

García Velázquez, Antonia, *Himnos homéricos. Batracomiomaquia*, Madrid, Akal, 2000.

Groningen, Bernhard Abraham van, *La composition littéraire archaïque grecque. Procédés et réalisations*, Ámsterdam, Noord-Hollandsche Uitgevers Maatschappij, 1958.

Heiden, Bruce, "The Three Movements of the *Iliad*", *Greek-Roman, and Byzantine Studies*, 37, 1996.

Homer, *Iliad*, vol. 1, libros 1-12, A. T. Murray (trad.), William F. Wyatt (rev.), Cambridge, Harvard University Press, 1924 (Loeb Classical Library).

Jensen, Minna Skafte, *The Homeric Question and the Oral-Formulaic Theory. Opuscula Graeco-Latina*, Copenhague, Museum Tusculanum Press, 1980.

Jong, Irene de, "Homer", en *Characterization in Ancient Greek Literature: Studies in Ancient Greek Narrative*, vol. 4, Koen de Temmerman y Evert van Emde Boas (eds.), Leiden-Boston, Brill, 2017. ProQuest Ebook Central, disponible en ‹https://ebookcentral.up.elogim.com/lib/updf-ebooks/detail.action?docID=5124296›.

Jung, Carl G., "Acercamiento al inconsciente", en *El hombre y sus símbolos*, Barcelona, Paidós, 1995.

Lohman, Dieter, *Die Komposition der Reden in der Ilias*, Berlín, W. de Gruyter, 1970.

Martin, Richard P., *The Language of Heroes: Speech and Performance in the Iliad*, Ithaca, Nueva York, Cornell University Press, 1989.

Nagy, Gregory, "Epic as Genre", en *Epic Traditions in the Contemporary World: The Poetics of Community*, Margaret H. Beissinger, Jane Tylus y Susanne Lindgren Wofford (eds.), California, University of California Press, 1999.

NOTOPOULOS, James, "Studies in Early Greek Oral Poetry", *Harvard Studies in Classical Philology*, 68, 1964.

PAGE, Denis Lionel, *History and the Homeric Iliad*, Berkeley-Los Ángeles-Londres, California University Press, 1959.

PAQUETTE, Jean-Marcel, "Épopée et roman: continuité ou discontinuité?", *Études littéraires*, 4/1, Quebec, 1971.

OTTERLO, Wilhelm Aanton Adolf von, *Untersuchungen über Begriff, Anwendung und Entstehung der griechischen Ringkomposition*, Ámsterdam, Noord-Hollandsche Uitgevers Maatschappij, 1944.

SÉCHAN, Louis, y Lévêque, Pierre, *Les Grandes Divinités de la Grèce*, París, Boccard, 1966.

WHITMAN, Cedric H., *Homer and The Heroic Tradition*, Cambridge, Harvard University Press, 1958.

ZANKER, Andreas T., *Metaphor in Homer. Time, Speech, and Thought*, Cambridge, Cambridge University Press, 2019.

Semblanzas

Claudio Calabrese
Licenciado en Letras por la Universidad Nacional de Mar del Plata (Argentina) y doctor en Letras por la Universidad del Salvador (Argentina); maestro y doctor en Filosofía por la Universidad de Barcelona (España). Profesor investigador de tiempo completo por el Instituto de Humanidades de la Universidad Panamericana (México). Responsable de la línea de investigación "Mito, conocimiento y acción" de la Universidad Panamericana. Miembro (nivel 2) del Sistema Nacional de Investigadores de México.

Ma. Inmaculada Delgado Jara
Doctora en Filología Bíblica Trilingüe, es profesora titular de Lengua y Cultura Griega en la Universidad Pontificia de Salamanca. Integrante del Instituto de Humanismo y Tradición Clásica de la Universidad de León. Sus líneas de investigación versan sobre la traducción de textos griegos (Septuaginta, san Juan Crisóstomo, san Atanasio) y latinos (Erasmo de Róterdam). También ha publicado artículos y libros sobre humanistas españoles, como Alfonso de Madrigal, Lorenzo de Zamora, Pedro de Valencia, fray José de Sigüenza y León de Castro, entre otros.

Gabriel Dumont
Licenciado en Artes Mención Artes Cinematográficas por la Universidad Central de Venezuela (ucv). Se ha desempeñado como profesor de cine en la ucv y la Escuela Nacional de Cine, además fue documentalista en la productora cinematográfica Cinesa Soluciones Audiovisuales. Asimismo, es investigador y crítico de cine y literatura, y ha publicado diversos escritos en revistas académicas, libros y medios digitales de Venezuela, Colombia, México, Argentina y España.

Gustavo Adolfo Esparza Urzúa

Doctor en Ciencias Sociales y Humanidades por la Universidad Autónoma de Aguascalientes. Profesor investigador adscrito a la línea de investigación mito, conocimiento y acción dentro del Instituto de Humanidades, Universidad Panamericana (Aguascalientes, México). Ha sido profesor visitante de la Academia de Cultura Social y Mediática, Toruń, Polonia, mediante el programa Erasmus+. Entre sus publicaciones destacan *The Bounds of Myth. The Logical Path from Action to Knowledge* (Brill, 2021). Es miembro del Sistema Nacional de Investigadores nivel 1 (México).

Vicente de Haro

Forma parte del Instituto de Humanidades de la Universidad Panamericana, campus México. Doctor en Filosofía por la Universidad Panamericana, miembro nivel 1 del Sistema Nacional de Investigadores. Ganó el Premio Nacional en Filosofía por su tesis de licenciatura en 2002. Autor de *Duty, Virtue and Practical Reason in Kant´s Metaphysics of Morals* (Olms, 2015) y otros libros, capítulos y artículos de investigación y divulgación.

Ethel Junco

Licenciada en Letras por la Universidad Nacional de Mar del Plata (Argentina) y doctora en Letras por la Universidad del Salvador (Argentina); maestra y doctora en Filosofía por la Universidad de Barcelona (España). Profesora investigadora de tiempo completo por el Instituto de Humanidades de la Universidad Panamericana (México). Miembro de la línea de investigación mito, conocimiento y acción de la Universidad Panamericana. Forma parte del Sistema Nacional de Investigadores de México nivel 1.

Ignacio Leonetti

Doctor en Filosofía (UM, Argentina). Se desempeña como docente universitario e investigador en la Universidad Católica de La Plata (Argentina). Sus áreas de interés son la filosofía contemporánea, la antropología y la estética. Participa como conferencista de congresos referidos a sus temas de estudio, y ha publicado en diversas revistas especializadas, tanto en su país de origen como en el extranjero.

Jesús María Nieto Ibáñez

Catedrático de Filología Griega de la Universidad de Valladolid y autor de diversos estudios sobre la literatura judía en lengua griega, los apócrifos bíblicos y los primeros textos cristianos. Desde hace dos décadas dirige proyectos de investigación sobre el humanismo y la tradición clásica.

Luis Alberto Pérez Amezcua

Profesor investigador adscrito al Departamento de Artes y Humanidades del Centro Universitario del Sur de la Universidad de Guadalajara. Es autor del libro *Hermes en la encrucijada: análisis mitocrítico de las novelas líricas de los Contemporáneos* (2019). Es miembro del Sistema Nacional de Investigadores nivel 1. Sus líneas de investigación son: mitocrítica transmedia (literatura comparada), literatura mexicana y literacidad académica.

Miriam Darnok Sandoval Gómez

Estudiante de la licenciatura en Letras Hispánicas del Centro Universitario del Sur (Universidad de Guadalajara). Ha sido becaria del Programa Interinstitucional para el Fortalecimiento de la Investigación y el posgrado del Pacífico "Delfín", también ha publicado en *La gaceta del CUSur*.

Sandra Julissa Timaure Gómez

Licenciada en Letras, maestra y doctora en Filosofía. Se destaca por su experiencia en docencia e investigación en distintas instituciones de educación superior de Venezuela, como la Universidad Simón Bolívar, Universidad Metropolitana y Universidad Monteávila, donde también fue decana de la Facultad de Educación. Actualmente dirige el doctorado en Humanidades con mención en Estudios sobre Cultura en la Universidad de Piura (Perú).

Pablo Úrbez Fernández

Doctor en Comunicación por la Universidad de Navarra. Actualmente es profesor de la Universidad Villanueva (Madrid), donde imparte docencia en las áreas de comunicación audiovisual y educación. Su principal área de investigación es la representación de la historia y de las biografías en los largometrajes y series de ficción.

Pablo Zambruno

Teólogo, arqueólogo y canonista. Exvicedecano de la Facultad de Teología de la Pontificia Universidad Angelicum in Urbe. Actualmente es consultor del dicasterio de las causas de los santos y defensor del vínculo en el Tribunal Eclesiástico Interregional del Triveneto (Italia).

Nelu Zugravu

Doctor en Historia (Historia Antigua). Director del Centro de Estudios Clásicos y Cristianos de la Facultad de Historia de la Universidad "Alexandru Ioan Cuza" de Iasi (Rumania). Imparte cursos acordes con sus áreas de interés: historia y civilización clásicas y tardorromanas (ideología imperial, religión romana, historiografía latina), historia del cristianismo antiguo en la zona del Danubio.

Este libro se imprimió en la Ciudad de México,
el 11 de febrero de 2024,
fiesta de la Virgen de Lourdes y día
de la Jornada Mundial del Enfermo,
en Litográfica Ingramex S. A. de C. V.
Centeno 162-1, Granjas Esmeralda, Iztapalapa,
C. P. 09810, Ciudad de México, México